Thomas Riecke-Baulecke/Hans-Werner Müller

Schulmanagement

Leitideen und praktische Hilfen

westermann

1. Auflage Druck 5 4 3 2 1
Herstellungsjahr 2003 2002 2001 2000 1999

www.westermann.de

Lektorat: Frank Sauer
Titelfoto: Bavaria Bildagentur
Herstellung: Gisela Halstenbach
Druck und Bindung: westermann druck, Braunschweig

ISBN 3-14-**16 2039**-3

Inhalt

Kopiervorlagenverzeichnis Seite

Vorwort

Was ist Management? Was bedeutet Management von Schule in der Praxis? Das sind die Fragen, zu denen wir mit diesem Buch Antworten und Hilfestellungen geben wollen. Grundlagen des Managements, *Führungshandeln, Qualität, Kommunikation* und *Effizienz* stehen im Zentrum des Buches.

Bekanntlich muss Management immer auf die jeweilige Situation bezogen sein: Für das eine Kollegium mag es sinnvoll sein, Visionen in einem Leitbild der Schule zu fixieren, an einer anderen Schule löst dies resignative Abwehr aus, da jahrelangen Debatten und zahlreichen Beschlüssen keine Taten folgten. Schulprogramme der einen Schule können nicht einfach auf eine andere übertragen werden.

Die Transferproblematik ist zwischen verschiedenen Arbeitsbereichen noch gravierender: Die Steuerungsmechanismen von Unternehmen können ebenso wenig geradlinig auf Schulen übertragen werden, wie Schule auf einen Zulieferbetrieb für die Wirtschaft zu reduzieren ist. Handlungsfähigkeit von Kindern, Jugendlichen und jungen Erwachsenen ist in der heutigen Gesellschaft mehr denn je mit der Fähigkeit zur kritischen Distanz und zum Erkennen von Handlungsalternativen verbunden, um den je eigenen Weg ins Leben zu finden. Dieser Hinweis führte jedoch ins Abseits, erkannte Schule nicht die gesellschaftlichen Umbrüche als Herausforderungen zum Wandel und als Chance der Erneuerung insbesondere des Unterrichts. Qualität von Unterricht ist zwar nicht alles, wohl aber zentrales Ziel des Schulmanagements. Allein, Unterrichtsqualität wird nicht über Appelle und Vorschriften zu erreichen sein. Guter Unterricht verlangt eine Professionalisierung der Lehrtätigkeit, erfordert Kompetenz, Kooperation und Verantwortungsübernahme für die Schule als Ganzes, ist ohne ein Schulklima der Neugier, der Anstrengungs- und Veränderungsbereitschaft nicht denkbar. Die Kolleginnen und Kollegen für diesen Prozess der Erneuerung zu gewinnen, ihn bewusst und zielgerichtet zu steuern, darum geht es in diesem Buch.

Kritische Distanz schließt tatkräftiges Handeln ein, es setzt Kenntnisse voraus. Ablehnung neuer Entwicklungen auf Grund von Vorurteilen führt nicht zur Mündigkeit, sondern zu Denkschablonen. Eine Kultur der Vergewisserung *und* des Hinterfragens, des Zuhörens *und* des konstruktiven Streits ist nicht nur ein wertvolles Ziel von Unterricht, sondern ebenso Grundlage für die Gestaltung des Wandels in Schule und Gesellschaft. Schulreform ist jedoch kein Projekt, dass modischen Trends unterworfen werden darf. Gerade weil Schule auch Stabilität in Umbruchsprozessen vermitteln muss, sind neben dem Wandel Kontinuitäten des Schulemachens wichtig.

Wir wollen mit diesem Buch die Diskussion über das Management beleben. Deshalb werden Sie in diesem Buch neben konkreten Hilfestellungen provokante Thesen und Fragen finden. Eine Theorie des Schulmanagements wollten wir nicht konzipieren. Wir argumentieren aus verschiedenen Perspektiven, da wir in zwei unterschiedlichen Bereichen – der eine in Schule und Universität, der andere in der Unternehmensberatung – tätig sind. Dass diese Perspektiven alles andere als deckungsgleich sind, versteht sich von selbst. Das Buch spiegelt einen Diskussionsprozess mit offenen Ausgang wider.

Thomas Riecke-Baulecke,
Hans-Werner Müller
Norderstedt/Dresden, Dezember 1998

Grundlagen des Schulmanagements

Schule machen in Zeiten des Wandels: Verantwortung übernehmen – Verantwortung zutrauen

„Ich muss noch Hausaufgaben machen", sagt Nadja, erste Klasse.
„Hattet ihr im Schülerhort nicht genügend Zeit für die Hausaufgaben?", fragt der Vater.
„Doch, aber wir machen mit Anna noch selbst ausgedachte Aufgaben. Heute haben wir sogar einen Mathe-Test bei ihr geschrieben."
Anna ist in der dritten Klasse und geht mit Nadja in den Schülerhort.

Zwei Tage später klingelt es an der Tür, und ein Klassenkamerad aus der 1d überreicht Nadja eine Tulpe: „Entschuldigung."
Die beiden Kinder reichen sich die Hand. Am Tag zuvor hatte der Junge Nadja mit Steinen beworfen. Gemeinsam mit der Erzieherin im Hort hatte Nadja den Jungen angesprochen und ihn aufgefordert, das nie wieder zu tun, weil er sie verletzen könnte.
Ein Wochenende im Februar 1998 am Gymnasium Meiendorf in Hamburg: Schülerinnen und Schüler aus Polen, Italien und Schweden treffen zu dem Planspiel „Modell UN" an der Schule ein.
Drei Tage lang simulieren die Schülerinnen und Schüler eine UNO-Vollversammlung. In der Sporthalle sitzen Schüler in Anzügen und Schülerinnen in Kleidern wohl geordnet an Tischreihen – es gelten die *rules of procedure* und die *dress coats*. Das Alter der Schülerinnen und Schüler: Zwischen 13 und 20 Jahren. Am Rednerpult eröffnet der Secretary Guard of the United Nations, der Schüler Wendy Widom aus Radom in Polen, die Tagung. Die Themen: „Trinkwasserversorgung" und „Nah-Ost-Konflikt". An der Veranstaltung nehmen 200 Schüler aus 65 Delegationen teil. Gesprochen wird Englisch.
Die verantwortliche Kollegin ist mit dem Verlauf des Planspiels sehr zufrieden: „Natürlich haben wir als Lehrer zum Gelingen beigetragen, doch wesentlich waren es die Schülerinnen und Schüler, die die Veranstaltung vorbereitet haben, und sie führen sie jetzt eigenverantwortlich durch."

Vielleicht werden Sie fragen, warum diese schülerbezogenen[1] Aussagen am Anfang eines Buches über Management stehen. Schulmanagement – dieser Begriff wird nicht selten als modernes Schlagwort verwendet. Mit den Beispielen wollen wir Wesentliches über unser Verständnis von Schulmanagement veranschaulichen: Kinder, Jugendliche und junge Erwachsene wollen lernen und suchen nach Aufgaben. Sie haben Spaß

---

1 Begriffe wie „schülerbezogen" oder „Schüler" und „Schulleiter" werden in diesem Buch in der Regel als Gattungsbegriffe, die die feminine und maskuline Form einschließen, verwendet.

an Verantwortungsübernahme und setzen dabei große Kräfte frei. Schule muss die Lernenden darin unterstützen und sich selbstkritisch fragen, ob sie die Schüler wirklich adäquat fordert. Dies ist unser Ausgangspunkt für Fragen an das Schulmanagement. Jeder kennt die Schattenseiten von Vermittlungsanstrengungen. Lehren kann fördern, aber auch behindern. Erziehung und Bildung sind ebenso wie Führungshandeln ambivalent: Was als Unterstützung gemeint ist, entpuppt sich nicht selten als Bevormundung.

Die Verbesserung des Unterrichts als Schule konstituierendes Element ist und bleibt der Dreh- und Angelpunkt des Schulmanagements. Dazu gehört, dass Schule einen verlässlichen Rahmen bietet, in dem Regeln der Toleranz, des Respekts und der Gewaltfreiheit gelten. Die Praxis in sozialen Brennpunkten zeigt, dass Schule dann zu einem „Haus des Lernens“ wird, wenn die Lehrenden Verantwortung zeigen und den Lernenden Verantwortung zutrauen. Die Wege des „Laisser-faire“ oder des „Autoritarismus“ unterschätzen Kraft und Würde der jungen Persönlichkeiten.

Verantwortung übernehmen und Verantwortung zutrauen – diese Leitprinzipien an einer Schule mit Leben zu erfüllen, das verlangt eine Hinwendung zu denjenigen, die im Schulleben tagtäglich Verantwortung übernehmen und den Schülern Verantwortung zutrauen sollen: den Lehrerinnen und Lehrern und ihrer Haupttätigkeit, dem Unterricht. Es ist ein ärgerliches Missverständnis, dass in einigen Dienststellen mit Begeisterung von „Kundenorientierung“ gesprochen und dieses mit verstärkter Unterrichtstätigkeit der Schulleitungen gleichgesetzt wird.

Wenn schon Kundenorientierung, dann konsequent: Kundenorientierung bedeutet *nach außen*, einen Betrieb oder eine Institution auf die Bedürfnisse der Kunden auszurichten, was Qualität, Qualität und nochmals Qualität der Produkte oder Dienstleistungen beinhaltet. Es bedeutet *nach innen*, dass sich das Management auf seine Kunden orientiert, für ihre Bedürfnisse und Anforderungen da ist – und diese Kunden sind nicht die Käufer der Produkte, sondern die Mitarbeiter.

Schulmanagement, das heißt zu allererst, Schule mit den Schülern und für die Schüler zu gestalten, Schule in Kooperation mit den Eltern weiterzuentwickeln und *dafür* das Kollegium als entscheidendes Subjekt ins Zentrum der eigenen Führungstätigkeit zu stellen. Die Prinzipien *Verantwortung übernehmen* und *Verantwortung zutrauen* basieren auf der Erkenntnis, dass Motivation nicht von außen zu verordnen ist. Schüler und Kollegen sind dann motiviert, wenn sie bestimmte Ziele und Inhalte als sinnvoll erachten. Nur so entsteht Anstrengungsbereitschaft, werden Kräfte frei gesetzt.

Ein Wandel in den Einstellungen vom „Ich und meine Klasse“ zum „Wir und unsere Schule“ ist wesentlich von Zielvereinbarungen abhängig, die von der großen Mehrheit des Kollegiums in Kooperation mit Schülern und Eltern erarbeitet, unterstützt und kontinuierlich ausgewertet werden. „Motivieren“ durch gemeinsam abgestimmte und zielgerichtete Anstrengungen – darum geht es beim „Führen mit Zielen“. Verantwor-

tung ist nicht allein auf Entscheiden reduzierbar. Verantwortung bezieht sich immer auch auf die Folgen des Tuns. Ohne spürbare Rückwirkungen der Resultate auf die Handelnden werden Initiative und Erneuerungsfreude schnell erlahmen.
Verantwortung übernehmen und Verantwortung zutrauen, das ist zumeist eine Gratwanderung zwischen den Polen des Dirigismus und der Beliebigkeit. Und diese wird von Schule zu Schule, von Situation zu Situation anders ausfallen. Auch deshalb sind diese Prinzipien mit einer Abkehr vom „Bild des einsamen Entscheiders" verbunden. Gerade weil der Schulleiter einen Großteil der Verantwortung zu tragen hat, plädieren wir dafür, wichtige Entscheidungen mit mindestens vier Augen zu treffen. Partizipative Führungsstrukturen und teamorientierte Arbeit im Kollegium sind logische Konsequenzen dieses Grundsatzes.
Beide Erscheinungen, Dirigismus und Beliebigkeit, finden sich auf den verschiedenen Ebenen des Schulemachens, auf der Ebene der Schulaufsicht, der Schulleitung oder des Unterrichts. Dieser Behinderung der Eigeninitiative und des gemeinsamen Lernens entgegenzuwirken, das ist das Ziel eines Schulmanagements nach den Prinzipien Verantwortung übernehmen – Verantwortung zutrauen.

Professionalität
Ein professionelles Management zeichnet sich gegenüber einem eher intuitiven dadurch aus, dass die genannten pädagogischen Grundsätze nicht im Raum stehen bleiben. Professionalität entsteht dann, wenn sowohl die Rahmenbedingungen als auch die Ziele, Inhalte, Methoden, Organisationsformen und Erfolgskontrollen des Managements eigenständig – und möglichst vor dem Hintergrund wissenschaftlich gesicherter Erkenntnisse – bestimmt werden. Um diesen Anspruch einzulösen, werden wir das Management von Schule sowohl zu gesellschaftlichen Entwicklungstrends in Bezug setzen als auch ganz konkrete Vorschläge für die Umsetzung der genannten Prinzipien machen.
Wir beschränken den Begriff des Managements nicht auf organisatorische Fragen. Vielmehr gehen wir von einem ganzheitlichen Managementkonzept aus, das auf das Führungshandeln in den verschiedenen Bereichen bezogen ist und die enge Wechselwirkung zwischen Strukturen, Prozessen und Ergebnissen berücksichtigt: *to manage*, das heißt aus unserer Sicht, die Bedingungen für den *langfristigen* Erfolg eines Unternehmens oder einer Schule zu schaffen und zu gestalten.
Das Buch ist entsprechend drei zentraler Bereiche des Managements gegliedert, wobei wir uns auf die zur Zeit relevanten Anforderungen konzentrieren und nicht den Anspruch auf Vollständigkeit erheben; so fehlen beispielsweise Bereiche wie Methoden der Personalauswahl über Assessment-Center oder verwaltungs- und arbeitsrechtliche Fragen:

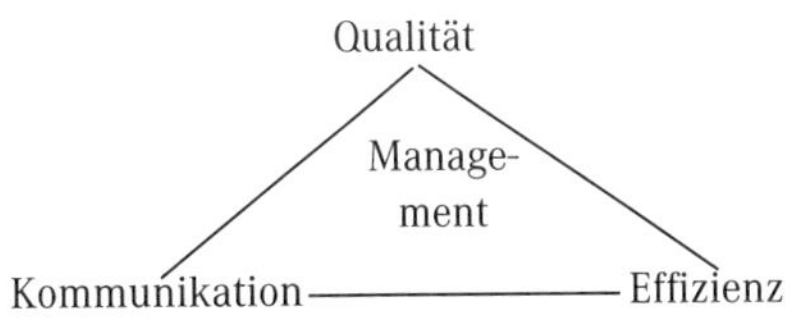

Qualität ist nicht einfach ein Ergebnis zum Beispiel in Form von Abschlüssen, welches eine Schule erzielt. Qualität beziehen wir auf den Zusammenhang von *Strukturen, Prozessen und Ergebnissen*. Die Qualität des Unterrichts trägt maßgeblich zur Qualität der gesamten Schule bei – und umgekehrt ist die Schulkultur, insbesondere Kooperation und Vertrauen, eine Bedingung guten Unterrichts. Die Frage nach der Qualität einer Schule ist immer eine Frage der Effektivität der Arbeit und damit eine kritische Reflexion von Zielen und Inhalten: Sind die Inhalte der Arbeit sinnvoll? Werden die Ziele von uns erreicht?

Kommunikation ist (fast) alles im Management. Statistiken besagen, dass ungefähr 80% des Führungshandelns aus Kommunikation besteht. Die Kommunikation des Führungshandelns zielt in unserem Verständnis vor allem auf Motivation und Beteiligung der Kolleginnen und Kollegen.

Effizienz beinhaltet die kritische Frage nach der Verhältnismäßigkeit der Mittel und den sinnvollen, angemessenen, vor allem auch sorgsamen Einsatz von Ressourcen. Da in verschiedenen Bundesländern flexible Arbeitszeit- und neue Budgetierungsmodelle erprobt werden, stellen wir in diesem Teil erste Erfahrungen aus der Praxis dar.

Erfolgskriterien

Was ist *das* zentrale Erfolgskriterium für professionelles Schulmanagement? Die Antworten einer entsprechenden Umfrage ließen nicht lange auf sich warten: Zufriedenheit und Engagement im Kollegium, guter Ruf im Stadtteil, produktive Lernatmosphäre, hohes Niveau im Unterricht, kooperatives Zusammenwirken von Schülern, Lehrern und Eltern ... Wir stimmen diesen Antworten durchaus zu. Dennoch möchten wir weiterfragen und eine Antwort akzentuieren.

Um Ziele und die Richtung von Veränderungen und somit die Erfolgskriterien von Schulmanagement genauer bestimmen zu können, ist eine Reflexion des Umfeldes, der gesellschaftlichen Veränderungen, der Interessen von Schülern und Eltern notwendig. Da sich in den letzten Jahrzehnten die Welt insbesondere für Kinder und Jugendliche radikal verändert hat, muss jede Schule *differenziert* bestimmen, was denn für das jeweilige Klientel Allgemeinbildung und berufliche Qualifikation, Integration in die Gesellschaft und Mündigkeit konkret bedeuten.

Gesellschaftlicher Umbruch als Herausforderung an Schule

Die Komplexität der gesellschaftlichen Veränderungen kann hier nicht dargestellt werden. Wir wollen uns auf wenige Hinweise beschränken, die veranschaulichen sollen, welche Fragestellungen und Konsequenzen aus den Umbruchsprozessen für das Schulmanagement relevant sein könnten. Für Jugendliche als Heranwachsene mit einer außerordentlichen unsicheren, aber auch chancenreichen Zukunft haben die gesellschaftlichen Veränderungen besonders tief greifende und ambivalente Auswirkungen.

Schule muss sich – genauso Unternehmen – mit der These auseinander setzen, dass Zukunftsunsicherheit keine vorübergehende gesellschaftliche Erscheinung sein wird, sondern als prägend für kommende Zeiten anzuerkennen ist. Für die Eröffnung von Wegen in die Zukunft kommt es darauf an, in der Widersprüchlichkeit gesellschaftlicher Trends die Herausforderungen an Schule und die Handlungs*möglichkeiten* zu erkennen. Schwarzweißmalerei entspricht weder den tatsächlichen Verhältnissen noch fördert das Management damit Veränderungs- und Gestaltungswille.

Umbruch der Arbeitswelt und Qualifikationsdruck des Arbeitsmarktes

Im Zuge der dritten industriellen Revolution entstehen auf der einen Seite eine Vielzahl neuer Berufe, die interessante Tätigkeiten für die Schüler beinhalten. Gleichzeitig wird es für diese immer schwieriger, sich auf dem Arbeitsmarkt zu orientieren. Von zentraler Bedeutung ist, dass die hohe Arbeitslosigkeit Zukunftsängste bei den Jugendlichen hervorruft und Zukunftschancen zu verbauen scheint.

Einerseits gibt es bereits heute kaum gesicherte Laufbahnen und stabile Karrierepfade und andererseits steht der hohen Arbeitslosigkeit in vielen Segmenten der Wirtschaft ein Defizit an qualifizierten Arbeitskräften gegenüber. Unternehmen unterliegen erheblichen Anpassungsprozessen unter hohem Zeitdruck. Neue Produkte, Technologien und Strukturen werden quasi über Nacht eingeführt. Es kommt für die künftigen Mitarbeiter mehr denn je darauf an, sich unter diesen Bedingungen interessante und herausfordernde Aufgaben im Unternehmen oder außerhalb gegebener Unternehmensstrukturen zu suchen, das heißt, sich im Sinne einer *persönlichen Differenzierungsstrategie* „einzigartig" zu machen und die eigenen Fähigkeiten zu erweitern.

Mitarbeiter der Zukunft werden tendenziell weniger nach dem Zeitaufwand ihrer Tätigkeit, sondern nach den erzielten Ergebnissen bezahlt und erhalten eher Honorare mit einem hohen Anteil an Erfolgsbeteiligung als Gehälter. Maßstab dafür wird der Kunde sein. Die Grundtendenz ist, dass jeder selbst verantwortlich ist, seinen Arbeitstag und sein Arbeitsleben mit für den Kunden nützlichen Projekten auszufüllen. Die Alternative zu einer persönlichen Differenzierungsstrategie ist die *individuelle Kostenstrategie*, das Annehmen von Jobs auf verringertem Lohnniveau, das zudem unter einem ständigen Anpassungsdruck nach unten steht.

Schule kann diese gesellschaftlichen Tendenzen nicht ignorieren, aber gesellschaftliche Defizite auch nicht beheben. Schule muss sich deshalb der Frage stellen, ob sie tatsächlich das ihr Mögliche tut, um *ihre* Schüler auf diese veränderten Bedingungen einzustellen. Um dies zu leisten, muss sie zunächst Kenntnisse über Anforderungsprofile besitzen. Es ist Besorgnis erregend, dass gerade diejenigen Unternehmen, die heute Arbeitsplätze schaffen, Auszubildende über Arbeitsämter kaum anfragen. Studien wie die Third International Mathematics and Science Study (TIMSS) oder flächendeckende Vergleichsklausuren sind Hinweise dafür, dass der Druck in Richtung *Transparenz der Qualität von Unterricht und Schule* spürbar wachsen wird. Unternehmen werden dies verstärkt einfordern.

Berufsorientierung und Praxisbezug: Schulen als Zentren der Umgebung, des Stadtteils, der Gemeinde oder des Dorfes ansehen; Kontakte zu Betrieben aufbauen und die spezifische Qualifizierung von Jugendlichen für das Berufsleben verbessern; partnerschaftliche Zusammenarbeit mit Institutionen anstreben ... Dies sollte mit im Zentrum des Schullebens stehen und ebenso wie die Allgemeinbildung wesentlicher Bestandteil des schulischen Lernens sein.

Soziale Differenzierung der Schulen und Wachstum staatlicher Steuerungsprobleme

Die Entwicklungen auf dem Arbeitsmarkt und die wachsende soziale Polarisierung in der Gesellschaft verstärken das seit längerer Zeit zu beobachtende Gefälle zwischen den Schulen und vergrößern soziale Barrieren. Gleichzeitig erschließen Schulen in privilegierteren Gebieten über Schulvereine und andere Möglichkeiten vermehrt finanzielle Ressourcen, um zum Beispiel die Schule umfassend mit Computern oder anderen Medien überdurchschnittlich zu versorgen. Der Stellenwert privat organisierter Lernmöglichkeiten in Form von Nachhilfeangeboten und Privatschulen wächst, sodass der in verschiedenen Bereichen ohnehin existierende, aber derzeit noch eher latent wirkende Wettbewerb zwischen Schulen verstärkt wird. Eine Einschränkung des bereits vorhandenen Wettbewerbs im Schulwesen durch eine Renaissance des Etatismus, durch rigidere staatliche Reglementierung und Steuerung ist nicht realistisch und kaum sinnvoll. Das staatliche Schulwesen ist vielmehr herausgefordert, Bedingungen für einen qualtitätssichernden und -steigernden Wettbewerb zwischen Schulen zu schaffen, das Gesamtniveau zu erhöhen und gleichzeitig eine Deklassierung von Schulen an sozialen Brennpunkten zu verhindern.

Studien über die Wirkung staatlicher Steuerungsinstrumente im Schulwesen deuten seit längerem auf größere Defizite hin. Das gilt beispielsweise für das Einhalten der Richtlinien der Orientierungszahlen bei Klassenfrequenzen (vergleiche beispielsweise das *Kienbaum*-Gutachten: Organisationsuntersuchung zur Effizienz des Lehrereinsatzes im Lande Bremen. Düsseldorf 1998) ebenso wie für die Kenntnis der Lehr- oder Bildungspläne beziehungsweise Rahmenrichtlinien (vergleiche beispielsweise die Studien von *Rauin/Tilmann/Vollstädt*: Lehrpläne, Schulalltag und Schulentwicklung. In: *Rolff*, u.a. [Hrsg.]: Jahrbuch der Schulentwicklung Band 9. Weinheim 1996).

Durch zusätzliche Aufgaben wie die Genehmigung und externe Evaluation von Schulprogrammen oder die Durchführung zentraler Vergleichsarbeiten, um nur zwei Beispiele zu nennen, werden die Steuerungsfunktionen der Schulaufsicht weiter erhöht. Ohne eine grundlegende Veränderung des gesamten Steuerungssystems zwischen Staat und Einzelschule wächst die Gefahr, dass die Steuerungsversuche des Staats zunehmend wirkungsloser werden und dadurch das Primat höherer Effektivität und Effizienz von Schule verletzt wird.

Verknappung der Ressource Geld
Kleine Lerngruppen, Einrichtung von Klassenräumen mit Computern, Betreuungsangebote und anderes kosten bekanntlich Geld. Eine grundlegende Wende in Richtung verstärkter Bildungsinvestitionen ist jedoch nicht in Sicht. Im Gegenteil: Die finanziellen Nöte von Bund und Ländern steigen. Der Geldtransfer in die neuen Länder, die fast dramatisch zu nennende Alterspyramide, die hohe Arbeitslosenquote und die Schuldenlasten sind dauerhafte Probleme, die den Druck auf die öffentlichen Haushalte verstärken.
Gleichzeitig – so lauten die Prognosen – werden die Schülerzahlen auf circa 3 Millionen im Jahre 2004 ansteigen und dann um circa 420.000 über den Zahlen von 1992/93 liegen, was einem Zuwachs von 16,5% entspricht. Erst ab dem Jahre 2005 ist mit einem Sinken der Schülerzahlen zu rechnen. Die Schere zwischen mittelfristigem Mehrbedarf und finanziellen Ressourcen wird damit in den nächsten Jahren größer.
Die Gesellschaft hat generell einen Anspruch auf den effizienten Einsatz materieller staatlicher Ressourcen. Auch für den Bildungssektor muss das *Wirtschaftlichkeitsprinzip* Bedeutung erlangen. Sparpolitik ist – genauso wie in Unternehmen – kontraproduktiv und bestenfalls kurzfristig erfolgreich, zumal wenn sie zentral gesteuert wird. Ein notwendiger effektiver und effizienter Einsatz der knappen personellen und materiellen Ressourcen wird nicht über zentralen Dirigismus zu erreichen sein. Sinnvoll Geld ausgeben setzt größere Rechte und stärkere Beteiligung der Schulen an der Budget- und Personalverantwortung voraus.
Dies wiederum erfordert eine höhere Qualifikation der Entscheider vor Ort, also der Schulleiter, in den Dimensionen Personalführung und Organisation, aber auch Betriebswirtschaft und Marketing. Wird diese Qualifizierung nicht ermöglicht, dann kann größere Autonomie erheblichen Schaden verursachen.

Wissensexplosion, Informationstechnologien und Internationalisierung
Jugendliche sind mit einer Arbeits- und Freizeitwelt konfrontiert, die durch eine ständige Erneuerung des Wissens geprägt ist. Dieses Wissen kann weniger denn je einfach auswendig gelernt werden. Fähigkeiten der Informationssuche, -auswahl und kritischen Reflexion erhalten einen wachsenden Stellenwert. Und gleichzeitig gilt: In Zeiten rasanten Wandels ist Allgemeinbildung, die Vermittlung überdauernder Kenntnisse, Fähigkeiten und Fertigkeiten, notwendiger denn je.
Schule steht einerseits vor der Herausforderung der wachsenden Komplexität der Welt zum Beispiel durch interdisziplinären Unterricht Rechnung zu tragen. Andererseits muss Schule im Kontext von Bildungs- oder Rahmenplänen genau bestimmen, welche Bildungsstandards und fachwissenschaftlichen Grundlagen wesentlich sind.
Das (kreative) Verfassen von Texten ist zum Beispiel auch eine von der Beherrschung formaler Aspekte der Sprache abhängige Fähigkeit. Ein weitgehender Verzicht auf die Vermittlung der jeweiligen Strukturlogik in den Naturwissenschaften reduzierte Unterricht auf die

Erscheinungsebene – eine auch mit Blick auf wichtige Schlüsselindustrien Deutschlands problematische didaktische Position. Fachkompetenz ist und bleibt gerade angesichts der Komplexität des Wissens die Voraussetzung von Vermittlung und Erkenntnis interdisziplinärer Zusammenhänge. Interdisziplinäre setzt disziplinäre Kompetenz voraus.

Schlüsselqualifikationen wie Selbstständigkeit, Kommunikationsfähigkeit und Kreativität stehen nicht im Gegensatz, sondern in enger Wechselwirkung mit elementaren Kulturtechniken wie Lesen, Schreiben, Rechnen. Folgt man den Analysen von TIMSS, dann wird die mathematische Denkfähigkeit unter anderem dadurch gefördert, dass Schüler vor komplexe und kognitiv anspruchsvolle Probleme gestellt werden, die sie selbstständig lösen sollen.

Der Umgang mit Computern ist für viele Schüler bereits eine Selbstverständlichkeit, allerdings noch nicht in der Schule. Das Beherrschen von Informationstechnologien ist das Abc zahlreicher Berufe. Computer gehören in jeden Klassenraum als Werkzeuge des individuellen und kooperativen Lernens. Ebenso sollten die kritische Reflexion von Problemen, die mit den Informationstechnologien verbunden ist, Gegenstand des Unterrichts sein. Dazu gehört, Grenzen für die Benutzung des Computers in der Schule zu ziehen, beispielsweise mit Blick auf das Üben der Handschrift.

Gerade für Schüler wird das Zusammenwachsen Europas ein Schlüsselerlebnis sein. Dieser Prozess beinhaltet für Schulen die Chance, Neugier auf andere Kulturen zu fördern und erfordert, Toleranz gegenüber anderen Nationalitäten zu einer Leitidee des Miteinanders in der Schule zu machen. Fremdsprachen, insbesondere Englisch, werden eine stärkere Gewichtung als (zeitweilige) Verständigungssprache in anderen Fächern (bilingualer Unterricht) erfahren.

Bedeutungsverlust der Familie und Individualisierung

Nicht wenige Schüler erleben den gesellschaftlichen Umbruch, der scheinbar neutral mit dem Schlagwort „Individualisierung“ beschrieben wird, als Vereinzelung und soziale Isolierung. „Schlüsselkinder“ beweisen große Selbstständigkeit, indem sie sich vom Schulschluss bis Arbeitsende der Eltern oder des Elternteils selbst versorgen müssen. Die Probleme des Bedeutungsverlustes der Familie, vorgegebener Regeln und Lebensformen spiegeln sich in einer teilweise drastischen Zunahme von Erziehungsproblemen an den Schulen wider.

Es ist ein Irrglaube anzunehmen, die Bedeutung *sozialer Kompetenzen* würde unter den Bedingungen verschärften Wettbewerbs und Globalisierung in den Unternehmen sinken. Das Gegenteil dürfte der Fall sein. Erfolgreiche Mitarbeiter sind schnell zum Wechsel des Arbeitgebers bereit und in der Lage, sollte die Unternehmenskultur nicht ihren Vorstellungen entsprechen.

Unterricht ist deshalb weniger denn je auf die Vermittlung von Erkenntnissen reduzierbar. Insbesondere die Lehrkräfte sind herausgefordert, im Dialog mit Eltern und Schülern Regeln zu erarbeiten und Konsequenz bei ihrer Einhaltung zu zeigen. Die Schule der Zukunft wird auch mit einem Abschied von einer Vormittagsveranstaltung verbunden sein, indem sie in Kooperation mit Eltern, Vereinen und anderen Institutionen Freizeitangebote über den Unterricht hinaus anbietet.

Erfolg oder Misserfolg?

Bereits heute liegt – durchaus vergleichbar mit der Unternehmenspraxis – der Erfolg des Schulmanagements als letzte Konsequenz des oben Gesagten auch darin, dass die eigene Schule langfristig ihre Überlebensfähigkeit unter Beweis stellt. In einer Welt der Dominanz des Faktors *Wissen* wird der Wettbewerb zwischen den Schulen um Schüler, staatliche und verstärkt auch private Ressourcen zunehmen. Die bereitgestellten Ressourcen werden zunehmend an den Leistungen der Schule gemessen. Und damit sind vor allem auch die Zukunftschancen der Absolventen gemeint. Dieser Gedanke schließt gerade Schulen an sozialen Brennpunkten ein. Professionelles Schulmanagement wird sich deshalb mit dem Begriff der *Leistung* und zwar der Leistung der Mitglieder des eigenen Kollegiums, orientiert an den Zielen der eigenen Schule, auseinander zu setzen haben. Management bedeutet gleichermaßen im Bildungswesen wie in der Unternehmenspraxis: so weit wie möglich Leistungshemmnisse abbauen und Leistungsanreize schaffen.

> **Erfolg oder Misserfolg**
>
> Das zentrale Erfolgskriterium für Schulmanagement ist also letztlich, ob und inwieweit *die Schülerinnen und Schüler* für ihre berufliche Zukunft möglichst gut qualifiziert werden und lernen, als mündige Bürger unsere demokratische Gesellschaft mitzugestalten. Eine Voraussetzung dafür ist, dass sie sich in der Schule wohl fühlen. Vermittelt Schule aber tatsächlich *Bildung* im Sinne von „Können und Orientierung", wie es die Bildungskommission Nordrhein-Westfalen 1995 nennt, fördert sie Selbstbestimmung, Toleranz, Kritikfähigkeit an gesellschaftlichen Verhältnissen und Mitverantwortungsgefühl zur Gestaltung der Welt?

Es ist bekannt: Die genannten Ziele von Schule sind vielerorts beschrieben worden, in Gesetzen, pädagogischen Aufsätzen und Schulprogrammen. Sie spiegeln sich im Übrigen auch im Bewusstsein der Bevölkerung wider – allerdings mit unterschiedlichen Akzentuierungen, was beispielsweise die folgende Rangliste zeigt:

Rangfolge gewünschter Erziehungsziele der wahlberechtigten Bevölkerung
(mit einigen Veränderungen seit 1958):

1. Vielseitiges Wissen (Abnahme der Bedeutung)
2. Persönliche Selbstständigkeit (Zunahme der Bedeutung)
3. Achtung vor Mitmenschen (wechselhafte Ab- und Zunahme der Bedeutung)
4. Eigene Urteilsfähigkeit
5. Ordnung und Disziplin (Abnahme der Bedeutung)
6. Kenntnisse für den Beruf
7. Lebensfreude
8. Gute Umgangsformen (stärkste Abnahme der Bedeutung)
9. Sicheres Selbstbewusstsein

Quelle: Block/Klemm: Lohnt sich Schule?, Reinbek 1997, S. 165 f.

Es stimmt jedoch ebenso und dies macht die Brisanz der Zielbestimmung von Schule aus:

- Wir wissen über die Realisierung dieser Zielsetzungen wenig oder können nur Vermutungen aufstellen.
- Wir wissen kaum etwas Konkretes über die Leistungen und über die Schwächen einer Schule.
- Die in den Fächern vermittelten Fertigkeiten werden zwar mit Noten gemessen. Doch die Aussagekraft der Noten und die Vergleichbarkeit der Maßstäbe sind schon innerhalb einer Schule und noch stärker im regionalen, nationalen oder internationalen Zusammenhang fragwürdig.

Ein Gewinn an Bildung ist nicht einfach zu vermessen. Der emanzipatorische Gehalt von Bildung bleibt weitgehend wissenschaftlicher Objektivierung entzogen, weil individuelle Handlungsfähigkeit als Verfügung über gesellschaftliche Lebensbedingungen eine subjektbezogene Kategorie ist. Grenzen der Vermessung implizieren jedoch, dass es mögliche Bereiche der Messung gibt. Dafür fehlen vielerorts die notwendigen Grundlagen. Konkrete Zielvereinbarungen für die Arbeit in einem Kollegium, gemeinsam abgestimmte Ziele in den Fächern und gemeinsam reflektierte, überprüfte Resultate gehören eher zur Ausnahme als zur Regel des Schulemachens.
Nun war der Versuch, Antworten auf die Frage nach den tatsächlichen Leistungen der eigenen Schule zu finden, eigentlich schon immer eine unabdingbare Aufgabe des Schulmanagements. Neu ist, dass Ergebnisse von Vergleichsstudien die zentrale Bedeutung der Frage nach der Qualität des Unterrichts und der Schule in die Öffentlichkeit gebracht und zu einem Politikum gemacht haben. Qualität von Unterricht und Schule ist aber alles andere als ein Modethema. Qualität ist *das* originäre Ziel und wesentlicher Inhalt des Managements.

Transparenz als Voraussetzung und Aufgabe des Managements

Das Herstellen von Transparenz über die Leistungen, Stärken und Schwächen ist eine Hauptaufgabe und zugleich die *Grundvoraussetzung* für das Management einer Schule. Der Nachweis effektiver und effizienter Ressourcenverwendung ist ein entscheidendes Argument in der politischen Auseinandersetzung um Bildungsinvestitionen als *vorrangige* Zukunftsinvestitionen.

Hinweise auf Stärken und Schwächen von Schule in Deutschland

Vorliegende Untersuchungen über die Stärken und Schwächen von Schulen sind vor allem in den Bereichen „Abschlüsse" und „Chancengleichheit" aussagekräftig. Weniger Informationen liegen zu Fragen der inhaltlichen Qualität von Unterricht und Schule vor.
Die bisher veröffentlichten Ergebnisse von TIMSS deuten – bei aller Umstrittenheit der Validität der Untersuchung – daraufhin, dass deutsche Schülerinnen und Schüler im internationalen Vergleich eher mittelmäßige als gute oder sehr gute Leistungen zeigen. Dabei seien im nationalen Vergleich die Leistungen an den Gesamtschulen besonders Besorgnis erregend. Ähnliche Einschätzungen werden auch von den 1996 veröffentlichten Ergebnissen des Max-Planck-Instituts für Bildungsforschung bestätigt, denen ein Leistungsvergleich von Schülerinnen und Schülern der siebten Klassen in den Fächern Mathematik, Physik und Englisch zu Grunde liegt.
Dass die Ergebnisse dieser Studien heftig umstritten sind, ist angesichts ihrer bildungspolitischen Brisanz nicht verwunderlich und wohl immer mit derartigen Studien verbunden. Für erhebliches Aufsehen und einen scharfen Streit über die Aussagekraft der Ergebnisse sorgte zum Beispiel die 1985 begonnene Studie des MIT (Massachusetts Institute of Technology) über die schwindende Wettbewerbsfähigkeit US-amerikanischer Unternehmen.
Natürlich müssen die verschiedenen Studien auf ihre Gültigkeit und Zuverlässigkeit hin überprüft werden. Allerdings gibt es keine Studie über deutsche Schulen, die ihr eine Spitzenposition in Hinblick auf Qualität von Unterricht und Schule bescheinigt.

Wichtige Aussagen der TIMSS-Studien sind:

- Die Leistungen der deutschen Schülerinnen und Schüler liegen sowohl in Mathematik als auch in den Naturwissenschaften in einem breiten internationalen Mittelfeld.
- Regionale Leistungsunterschiede innerhalb Deutschlands sind im Vergleich zu den Leistungsvorsprüngen, die andere TIMSS-Teilnehmerstaaten erzielen, geringfügig und von nachgeordneter Bedeutung.
- Der internationale Vergleich zeigt, dass die Organisationsstruktur von Schulsystemen und die mathematisch-naturwissenschaftlichen Leistungsergebnisse praktisch unabhängig voneinander variieren. Ob ein Schulsystem zentral oder dezentral verwaltet wird, ob es die Ganz- oder Halbtagsschule präferiert, ob es gegliedert oder integriert organisiert ist, hat offenbar für die Ertragslage des Unterrichts in der Mittelstufe keine eigenständige Bedeutung.
- Erklärungen für Leistungsunterschiede sind vor allem in der die Schule tragenden Kultur – der generellen Wertschätzung schulischen Lernens und der Bereitschaft zu Anstrengung und zu spezifischen Unterstützungsleistungen – sowie in der Gestaltung des Fachunterrichts zu suchen.
- Im Fachunterricht sind es weniger die allgemeinen sozialen Interaktionsformen, sondern vielmehr die Aufgabenstellung und die im Bearbeitungsvorgang ausgelösten kognitiven Prozesse, die für unterschiedliche Leistungsentwicklungen verantwortlich sind.

Zum Vergleich des Mathematikunterrichts in Japan, den USA und Deutschland zeigt TIMSS:

- Japans Schüler nehmen nicht anderen oder mehr mathematischen Stoff durch, sondern denselben Stoff variationsreicher und mathematisch anspruchsvoller. Im Vergleich zu Mathematikstunden in den USA und Deutschland sind japanische Mathematikstunden komplexer und zugleich in sich kohärenter aufgebaut.

- Japanischer Mathematikunterricht ist Problemlöseunterricht. Er schult mathematisches Verständnis und mathematisches Denken. Mathematikunterricht in Deutschland und den USA ist eher Wissenserwerbsunterricht, der auf Beherrschung von Verfahren zielt. In Deutschland werden mathematische Konzepte im Unterrichtsgespräch, das auf eine einzige Lösung hinführt, entwickelt. In den USA werden sie vom Lehrer vorgestellt und von den Schülern angewandt.
- Japanischer Mathematikunterricht zeichnet sich durch intelligente Formen des Anwendens und Übens aus. Die von Schülern erarbeiteten Konzepte werden in variierenden Situationen angewandt und damit verfügbar gemacht. Übungen dazu sind oft abwechslungsreicher und kognitiv anspruchsvoller.
- Die oftmals offenen Aufgabenstellungen im japanischen Mathematikunterricht lassen Lösungen unterschiedlicher Güte zu. Dies scheint eine Form impliziter Individualisierung innerhalb der leistungsheterogenen Jahrgangsgruppe zu sein.
- Die Lehrerin oder der Lehrer bestimmt auch in Japan – nicht anders als in Deutschland und den USA – das Unterrichtsgeschehen. Aber das Interaktionstempo ist im japanischen Unterricht langsamer und lässt den Schülerinnen und Schülern etwas mehr Zeit zur Entfaltung. Sozialformen wechseln häufiger. In Schülerarbeitsphasen ist Gruppen- oder Partnerarbeit öfter als in Deutschland anzutreffen.

Quelle: Baumert, J. & Lehmann, R. u.a.: TIMSS – Mathematisch-naturwissenschaftlicher Unterricht im internationalen Vergleich, Berlin 1997

Auswirkungen der Expansion des Schulwesens

Weiteren Aufschluss über die Stärken und Schwächen deutscher Schulen geben Studien über quantitative Dimensionen wie die Zahl der Abschlüsse und die Integration der verschiedenen Bevölkerungsschichten in der Schule, auf die wir hier kurz hinweisen wollen. Die Daten sind, sofern nicht anders gekennzeichnet, dem Buch von Block/Klemm: Lohnt sich Bildung? Reinbek 1997 entnommen.

Weitgehende Integration der Kinder und Jugendlichen:
Mehr Schülerinnen und Schüler mit höherer Schulbildung und abgeschlossener Berufsausbildung – größere Teilhabe von Frauen an Bildung

- 1960 blieben 17,2% eines Altersjahrganges ohne Schulabschluss, während 6,1% das Abitur bestanden. Die Bildungsexpansion hat dazu geführt, dass die Zustand umgekehrt wurde: 1994 blieben 8,6 % eines Altersjahrganges ohne Schulabschluss, während 27% das Abitur bestanden.

- Aus den Geburtsjahrgängen zwischen 1906–1910 erhielten auf dem Gebiet der alten Bundesländer 51% keine formal abgeschlossene Berufsausbildung. 1990 ist dieser Anteil auf 11% gesunken.

- Unter den 30-35-jährigen besitzen 84% der Frauen (89% der Männer) eine abgeschlossene Ausbildung, während es bei den über 65-jährigen nur 42% der Frauen (82% der Männer) sind.

- Das Schulwesen kompensiert weitgehend den Bedeutungsverlust an Gratiserziehung der Familien. Insbesondere die Grundschulen haben mit ihren verschiedenen Reformansätzen wesentlich dazu beigetragen. Ein Hinweis auf diese Integrationsleistung ist ein Ergebnis der Lernausgangslagenuntersuchung von 13.099 Schülern an 190 Hamburger Schulen: Nur 1% gab an, sich an der Grundschule durchweg nicht wohl gefühlt zu haben (vergleiche die Zusammenfassung von Lehmann/Peek in der Zeitschrift Hamburg macht Schule 5/97, S. 28-30).

Diesen und anderen Leistungen von Schule stehen unter anderem die folgenden Probleme gegenüber:

Ungebrochene Bildungsbarrieren und soziale Differenzierung von Schulen

- Deutlich größere Chancengleichheit für Arbeiterkinder an der höheren Bildung teilzuhaben, ist im Verlauf der Bildungsexpansion nicht erreicht worden: 1972 war die Chance eines Arbeiterkindes ein Gymnasium zu besuchen 12,5-mal geringer als die eines Beamtenkindes – 1989 war die Chance eines Arbeiterkindes ein Gymnasium zu besuchen 11,7-mal geringer als die eines Beamtenkindes. Arbeiterkinder haben vor allem durch eine Ausweitung der mittleren Bildung am Expansionsprozess partizipiert.

- Zwischen 0,75 und 3% der schulpflichtigen Bevölkerung sind Analphabeten. 27% der Absolventen ohne formalen Schulabschluss finden keinen Ausbildungsplatz im dualen System. Die große Mehrheit bleibt dauerhaft ausbildungslos mit drastisch geminderten Chancen einen Arbeitsplatz zu finden.

- In der bereits angesprochenen Lernausgangslagenuntersuchung in Hamburg konnten erhebliche Unterschiede in den Stadtregionen aufgezeigt werden, wobei die Testleistungen im Zusammenhang mit dem jeweiligen sozialen Milieu stehen: „Je höher der erreichte Schulabschluss der Eltern ist, desto bessere Ergebnisse haben die Kinder" (ebenda, S. 29) Das betrifft vor allem den Erwerbsstatus des Vaters. Außerdem zeigte sich, dass leistungsstärkste Schüler benachteiligter Regionen dem Testergebnis entsprechend leistungsschwächere Schüler in den bevorzugten Regionen wären. Schüler aus bildungsnahen Elternhäusern erhalten bei gleichem Testergebnis bessere Zensuren, ähnliches gilt auch für Mädchen. Schüler, bei denen der Vater keinen Schulabschluss hat, müssen deutlich bessere Leistungen vorweisen, um in Hamburg eine Gymnasialempfehlung zu erhalten. Kindern allein erziehender Mütter sind besonders benachteiligt.

Krise der Schule?
Bei allen vorhandenen Problemen von Schule wäre es aus unserer Sicht zu undifferenziert, von einer globalen „Krise der Schule“ zu sprechen. Die These von einer „Krise der Schule“ unterschätzt die Stabilität und Funktionsfähigkeit des Schulwesens, das Engagement der Lehrer und Schulleiter sowie die damit verbundenen Leistungen. Krisenhafte Züge weist ein Teilbereich schulischer Arbeit auf, die Erziehung der Kinder und Jugendlichen, die Gewalt- und Drogenprävention, da Schule mit der Kompensation wachsender gesellschaftlicher Defizite überfordert wird, wenn gleichzeitig die materiellen und personellen Bedingungen der Arbeit verschlechtert werden. Erziehungsprobleme sind eine – nicht aber unbedingt die entscheidende – Ursache für Defizite im Fachunterricht. Die Videoaufnahmen von Unterricht an japanischen Schulen weisen – mit der für alle Aufnahmen notwendigen Einschränkung – auch darauf hin, dass die in den aufgenommenen Stunden vorherrschende Disziplin, Ruhe und Konzentration der Schülerinnen und Schüler an deutschen Schulen wohl eher eine Rarität darstellen.

Mit Blick auf die gesellschaftlichen Trends kann der Druck auf die Schulen in Zukunft durchaus dazu führen, dass sich weitere Krisensymptome, vor allem im Bereich des Unterrichts, herausbilden. Elmar Osswald, Direktor des Instituts für Unterrichtsfragen und Lehrerfortbildung aus Basel, hat 1995 in einem Vortrag ein zugespitztes, aber sehr anschauliches Bild einer (möglichen) Identitätskrise von Schulen gezeichnet. Einzelne Aspekte werden sich wohl auch in der Wirklichkeit deutscher Schulen finden lassen (siehe Schaubild Seite 21).

Visionen und pragmatische Konsequenzen
Welche Konsequenzen zieht das Schulmanagement aus den gesellschaftlichen Veränderungen und Zukunftstrends? Wir plädieren dafür Reflektionen der Ziele von Schule von Zeit zu Zeit aus dem pragmatischen Alltagshandeln herauszulösen. Kraft und Konzentration auf neue Ziele erwachsen zumeist nicht allein aus kurzfristiger Orientierung. Zukunftswerkstätten oder ähnliche Foren zum *Austausch* über pädagogische Visionen und Wünsche sind ein wichtiger Bestandteil der Selbstvergewisserung und Zielbestimmung. Schlussfolgerungen aus solchen Diskussionen können in allgemeinen pädagogischen Grundsätzen einer Schule, den *Leitbildern*, festgehalten werden.

Entscheidend bleibt bei alledem, dass die Schule daraus Handlungsorientierungen ableitet. Nicht (allein) auf den großen Reformwurf kommt es an, sondern auf konkrete, auch kurzfristig umsetzbare und überprüfbare Initiativen, was die folgenden Beispiele veranschaulichen sollen:

- Verankerung regelmäßiger, betriebsbezogener Projekttage/-wochen, von Berufspraxisbezug in den Fächern.
- Bildung von fächerübergreifenden Profilen neben dem Fachunterricht in den Sekundarstufen I und II.
- Ausstattung von Klassenräumen mit mindestens zwei Computern.
- Englisch in der Grundschule und (zeitweiliger) Unterricht verschiedener Fächer auf Englisch.

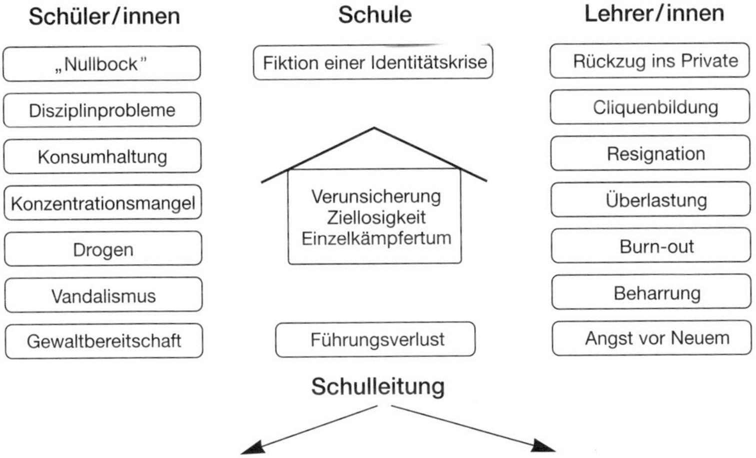

Kreislauf des Misslingens

Geheimdiplomatie
Es wird nicht offen kommuniziert. Probleme werden nur hinter der Hand angesprochen oder vertuscht. Die Gespräche finden vornehmlich in Pausen oder im Vorübergehen statt.

Zielunklarheit
Es fehlen gemeinsame Ziele. Individuelle Ziele bleiben diffus. Lehrer arbeiten bewusst oder unbewusst gegeneinander.

Beschuldigungsmentalität
Für Probleme sind „die anderen" verantwortlich. Die Verantwortung für die Lösung von Problemen wird an andere, insbesondere „an die da oben" delegiert.

Anweisungsgehabe
Beschlüsse werden nicht gemeinsam vorbereitet. Probleme im Schulalltag löst Anweisungsgehabe mit darin enthaltenen Beschuldigungen aus: „Wie konnte Ihnen das passieren, sorgen Sie umgehend dafür, dass ..."

Mangelnde Auswertung
Prozesse werden nicht bilanziert. Leistungen oder Probleme der Kollegen werden nicht gewürdigt oder angesprochen

Kreislauf der Erneuerung

Professionelle Kommunikation
Gespräche über Stärken und Schwächen, über Wünsche und Probleme gehören zum Schulalltag. Solche Gespräche finden in einem professionellem Rahmen statt und nicht zwischen Tür und Angel.

Zielklarheit
Über Zieldiskussionen und entsprechende Vereinbarungen werden Gemeinsamkeiten gefördert und Synergie geschaffen.

Konfliktfähigkeit
Konflikte werden so ausgetragen, dass alle den Konflikt ohne Schaden überstehen. Die eigene Verantwortung für die Lösung von Problemen durch Handeln steht im Vordergrund.

Beteiligung
Beschlüsse werden so vorbereitet, dass alle in die entscheidenden Punkte einbezogen sind und die eigene Position einbringen können.

Feed-back
Anerkennung der Arbeit bestimmt das Betriebsklima. Arbeitsprozesse werden regelmäßig ausgewertet.

- Einrichtung von Hausaufgabenhilfen, Betreuungswerkstätten und Freizeitprojekten nach Unterrichtsende.
- ...

Zukunftsthemen: Steuerungs- und Finanzierungssysteme

Bei solchen Ideen für die Schulentwicklung wird jedoch auch deutlich, dass mit ihnen allein die Leistungsfähigkeit einer Schule nicht notwendig steigt. Die Probleme bei der Verwirklichung von Ideen zur inneren Schulreform sind bekannt. Dass die Beharrungskräfte von Schulen so groß sind, zeigt sich - bei allen Veränderungen insbesondere im Primarbereich - in der relativ großen Kontinuität des Schulemachens der letzten Jahrzehnte.

Der Phase struktureller Schulreformen, welche Ende der 60er, Anfang der 70er Jahre die schulpolitische Diskussion bestimmte und polarisierte, folgte eine Phase der inneren Schulreform, die auch heute noch im Zentrum steht. Bei beiden Strängen der Schulreform, der strukturellen wie der inneren, ist die Frage nach den Steuerungs- und Finanzierungssystemen weitgehend ausgeklammert worden.

Unsere These ist, dass in diesen Bereichen wesentliche Defizite und Bremsmechanismen gerade auch mit Blick auf die Qualität von Unterricht und der Schule insgesamt liegen: Ohne eine Reform der Steuerungs- und Finanzierungssysteme wird es keine tiefgreifende innere *und* äußere Reform von Schule geben.

Umfangreiche Vorschläge zu diesen Bereichen liegen mit der Denkschrift „Zukunft der Bildung - Schule der Zukunft“ der Bildungskommission NRW aus dem Jahre 1995 vor. Dazu zählen beispielsweise veränderte Verantwortungsbereiche der Einzelschule, der Schulträger und des Landes im Sinne einer größeren Eigenständigkeit der Einzelschule, eigenverantwortlicher Budgetierungsformen unter der Voraussetzung eines öffentlich finanzierten und kontrollierten Schulwesens sowie Profilbildungen und Wettbewerb unter Schulen um Qualität und effektiven Ressourceneinsatz.

Eine Schlüsselfrage für Schulentwicklung:

Was hemmt aus Ihrer Sicht die Leistungsfähigkeit der Schule?

Bremsmechanismen

Wer diese Frage stellt, kann davon ausgehen, eine Welle kritischer Fragen oder auch polemischer Kommentare auszulösen. An der oft gereizten Reaktion auf solche Fragen ist verständlich, dass Lehrerinnen und Lehrer von Politikern und Kolumnisten verschiedener Zeitungen nicht selten unsachliche und wenig kompetente Kritik zu hören bekommen. Dass der Arbeitgeber die Leistungen seine Mitarbeiter in vielen Fällen nur wenig oder auch gar nicht würdigt, das ist eine Schlüsselerfahrung von vielen an Schule Beschäftigter. Wenn wir jedoch von einem positiven Verständnis der Schule ausgehen, von den Anstrengen und Leistungen der dort tätigen Lehrerinnen und Lehrer, gerade dann *muss* die Frage interessieren: „Wir machen vieles schon gut, was könnten wir besser machen?“

Als eine Antwort möchten wir die Äußerung eines Schulleiters unterstreichen: „Wir schmoren zu sehr im eigenen Saft. In unserem Stadtteil ist lebendiger Wettbewerb um Ideen und Leistungen nur schwach entwickelt." Dieser Hinweis entspricht auch unseren Beobachtungen: Ob an einer Schule mit großem Engagement gearbeitet und hervorragende pädagogische Arbeit geleistet wird oder ob eine Schule mehr schlecht als recht *business as usual* praktiziert: Die positiven und negative Folgen mögen als befriedigende oder unbefriedigende Arbeit für den Einzelnen bedeutsam sein – Anreize und Druck für Verbesserungen stehen dazu in keinem Verhältnis, entsprechende Mechanismen existieren nur rudimentär.

Aus unserer Sicht ist eines der Haupthindernisse, um die Leistungsfähigkeit von Schulen zu verbessern, dass es außer dem zweifelsohne wichtigen pädagogischen Impetus kaum *Anreize* für Kollegien gibt, Verantwortung für die Schule als Ganzes zu übernehmen und die eigene Leistung, insbesondere den Unterricht, zu verbessern. Das hohe Engagement vieler Kolleginnen und Kollegen wird von offizieller Seite wenig gewürdigt. Zum Tun werden Schulleiter und Lehrer von allen Seiten aufgerufen, die Mitbestimmung über grundlegende Fragen der Schulentwicklung – einschließlich der Personalentwicklung und Budgetierung – bleibt jedoch begrenzt.

Von einer anderen Seite aus betrachtet: Natürlich hat es für jeden Lehrer konkrete Folgen, ob es an einer Schule gut oder schlecht läuft. Die Verantwortung für diese Folgen und die entsprechenden positiven oder negativen Konsequenzen erreichen ein Kollegium allerdings nur sehr bedingt.

Als Bremsmechanismus werten wir weiterhin, dass es beispielsweise möglich ist, jahrelang außerordentlich engagiert und erfolgreich zu arbeiten, ohne dass der Arbeitgeber dies würdigt beziehungsweise würdigen könnte. Oder umgekehrt: dass es in einem Beruf, der eine bedeutsame Vermittlungsarbeit mit Kindern und Jugendlichen leistet, möglich ist, kollegiale Kooperation weitgehend abzublocken oder Bewertungskriterien nicht öffentlich zu machen, besonderes Engagement mit dem Hinweis auf „Mehrarbeit" abzuwehren – beide Extremfälle widersprechen dem Leistungsgedanken prinzipiell. Hinderlich ist auch das Entlohnungssystem insgesamt, das Qualifikation, erfolgreiche Lehrtätigkeit und Engagement nicht ausreichend würdigt. Flucht in das Privatleben, Nebenjobs, Resignation und Zynismus sind entsprechende Reaktionen. Für professionelles Schulmanagement sollte dies nicht bedeuten, derzeit (noch) fehlende Anreizmöglichkeiten zu beklagen, sondern schon unter den gegebenen Bedingungen Leistung von Kolleginnen und Kollegen zu thematisieren, zu beurteilen und gegebenenfalls zu belohnen.

Weitere Bremsmechanismen sehen wir darin, dass Schulleitungen keine Möglichkeit haben, den speziellen Anforderungen ihrer Schule entsprechend über Einstellungen neuer Lehrer (mit-) zu entscheiden, dass es keine Probezeiten und nur wenig Möglichkeiten gibt, gegen mangelhafte Leistungen vorzugehen. Somit entfällt derzeit ein im Sinne des Leistungsgedanken durchaus nützlicher Wettbewerb um geeignete Kollegen.

Eigenständigkeit der Schule und staatliche Verantwortung

Doch diese Problematik ist nur die eine Seite der Medaille. Die verbreitete Unsicherheit in Kultusministerien und Behörden bei der Einschätzung der wirklichen Leistungen von Schule – trotz einiger Hinweise der TIMSS-Untersuchungen – ist systematischer Natur. Moderne Instrumente und Methoden, das inzwischen außerordentlich differenzierte und komplexe Schulwesen zu steuern, fehlen weitgehend.

Eine Grunderfahrung im Schulmanagement ist, dass Veränderungsabsichten und Beschlüsse oft folgenlos bleiben. Schulreformer weisen zurecht daraufhin, dass ein Aufbruch nicht von oben verordnet, sondern nur an der jeweiligen Schule erfolgen kann. Wir vertreten die Auffassung, dass eine Reform von Schulen maßgeblich von einem neuen Verhältnis zwischen Eigenständigkeit der Schulen und staatlicher Steuerung abhängt.

Gerade weil Schule auch Stabilität in Umbruchsprozessen vermitteln muss, sind neben dem Wandel Kontinuitäten des Schulemachens wichtig. Die Verlagerung von Entscheidungskompetenzen an die Einzelschule kann zu erheblichen Qualitätsminderungen führen, wenn nicht durch eine umfassende Qualifizierungsoffensive die Handelnden vor Ort bei der Steuerung ihrer Schule unterstützt werden *und* der Staat seine Verantwortung für Qualitätskontrolle wahrnimmt.

Die Ergebnisse vergleichender Qualitätsanalysen zeigen, dass die Qualität als typische Beschaffenheit von Schulen durch sehr unterschiedliche Ausprägungen einzelner Parameter bestimmt ist. Niedrige Qualität von Schule ist dort zu vermuten, wo grundlegende Qualitätsstandards ebenso wenig wie eine Passung zwischen Schulangebot und Klientel erreicht werden.

Untersuchungen der typischen Beschaffenheit von Schule bilden die Basis für eine Qualitätsentwicklung durch die Handelnden an der Schule, indem verallgemeinerte Standards und das Profil in ein schulspezifisches und Entwicklung förderndes Verhältnis gebracht werden. In diesem Verständnis von Qualitätsentwicklung können zentralisierte Prüfungen als vergleichende Tests bestimmter Leistungsstandards einen Stellenwert haben. Mit ihnen wird jedoch immer nur der standardisierte Teil insbesondere des Unterrichts erfasst. Für Qualitätsentwicklung der Schule als Ganzes sind zentralisierte Tests nicht ausreichend.

Moderne Steuerungsmechanismen, die auf großer Eigenständigkeit der Schule und effektivem Controlling des Staates basieren, folgen dem Rückkopplungsprinzip:

Zielvereinbarungen (nicht zu verwechseln mit Zieldiktat) zwischen Behörde und Schule, zum Beispiel mit Hilfe eines Schulprogramms, und *Resultatskontrolle*, zum Beispiel über interne Evaluation, Benchmarking, Berichtswesen und externe Evaluation.

Beispiele für die Verantwortungsbereiche	
Staat	**Schule**
• Artikel 7 GG: „Das gesamte Schulwesen steht unter der Aufsicht des Staates“; Entscheidung über die Zulassung, Umwandlung und Schließung von Schulen.	• Anträge zur Gründung, Umwandlung oder Schließung einer Schule.
• Zuweisung der finanziellen Mittel (Sach- und Personalbudget) nach bestimmten Kriterien.	• Entscheidung über den Einsatz dieser Mittel unter Beachtung arbeitsrechtlicher und anderer Bestimmungen.
• Sicherung der sozialen und kulturellen Integration der Schulen beispielsweise durch Förderprogramme für Schulen in sozialen Brennpunkten.	• Erschließung zusätzlicher personeller und finanzieller Ressourcen durch die Kooperation mit Eltern, Vereinen, Institutionen und Betrieben.
• Regelung der Jahresarbeitszeit für Lehrer (beispielsweise auch über Tarifverträge) mit entsprechenden Bandbreiten für die verschiedenen Arbeitsbereiche.	• Flexibler Einsatz der Lehrer in den verschiedenen Arbeitsbereichen mit unterschiedlichen Verrechnungs- und Dokumentationsformen.
• Rahmenpläne, Bildungs- oder Lehrpläne mit Vorgabe von Mindestanforderungen.	• Didaktisch-methodische Zielvereinbarungen in den Jahrgängen und Fachschaften.
• Festlegung von Mindeststundentafeln, die in den Jahrgängen oder Stufen realisiert werden müssen.	• Ausgestaltung und Umsetzung der Mindestanforderungen sowie weitergehender Angebote.
• Zielvereinbarungen zwischen Staat und Schule zur Qualitätsentwicklung.	• Zielvereinbarungen zwischen Schule und Staat zur Qualitätsentwicklung.
• Genehmigung von Schulprogrammen.	• Schulinterne Zielvereinbarungen (zum Beispiel Schulprogramme), interne Evaluation.
• Beratung und Unterstützung der Schulen bei der Schulentwicklung.	• Schulinterne Lehrerfortbildung.
• Externe Evaluation der Qualitätsentwicklung.	• Berichte zur Qualitätsentwicklung.
Hinweis: Die herrschende Interpretation des oben zitierten Artikels 7 GG meint allerdings weit mehr als Aufsicht im Sinne des allgemeinen Verwaltungsrechts. „Die Schulaufsicht im Sinne des Art. 7 Abs. 1 GG umfasst die Befugnisse des Staates zur Planung und Organisation des Schulwesens … Die organisatorische Gliederung der Schule und die strukturellen Festlegungen des Ausbildungssystems, das inhaltliche und didaktische Programm der Lernvorgänge und das Setzen der Lernziele sowie die Entscheidung darüber, ob und inwieweit diese Ziele von dem Schüler erreicht worden sind, gehören zu dem staatlichen Gestaltungsbereich“ (Bundesverfassungsgericht 59, 360, 377).	

Wettbewerb unter Schulen

Bereits heute existiert ein Wettbewerb zwischen Schulen. Die politische Forderung und die Ansprüche beispielsweise der Eltern nach besserer Qualität von Schule erfordert, das Leistungsniveau nicht nur an einigen wenigen Schulen, sondern in der Breite des Schulwesens zu erhöhen und damit sozialer Differenzierung entgegenzuwirken. Das staatliche Schulwesen darf nicht von Privatschulen abgekoppelt oder in Elite- und Normalschulen aufgeteilt werden. Deshalb ist ein leistungssteigernder Wettbewerb gerade in und zwischen staatlichen Schulen notwendig, was vor allem auch für Schulen in sozialen Brennpunkten gilt. Eigenständigkeit erzeugt und bedingt Wettbewerb. Beides ist kein Selbstzweck, sondern muss sich daran messen, ob die Qualität der Schulen insgesamt steigt.

Mehr Wettbewerb zwischen Schulen bedeutet also nicht, einem ruinösen Verdrängungsprozess das Wort zu reden. Wettbewerb zwischen Schulen bezieht sich nicht auf „Übernahme anderer Schulen“, sondern auf Wettbewerb um den Ruf und die Qualität der Schule, welcher natürlich Auswirkungen auf Anmeldezahlen und Bewerbungen von Lehrern für diese Schule haben wird.

Auch im Rahmen eines primär öffentlich finanzierten Schulwesens gibt es vielfältige Möglichkeiten, erste Schritte in Richtung Wettbewerb unter Schulen bei Sicherung der Qualität aller Schulen zu gehen. Die Ausgangsvoraussetzung ist, dass das Land und die Kommunen eine für alle Schulen ausreichende Grundfinanzierung sicherstellen. Auf dieser Basis sind folgende Anreiz- und Fördersysteme denkbar:

- Stärkere Berücksichtigung der Anmeldezahlen für die Budgethöhe.
- Berücksichtigung der Qualitätsentwicklung einer Schule für die Budgethöhe, wobei Schulen in sozialen Brennpunkten besondere Fördermittel erhalten können.
- Wettbewerb um zusätzliche öffentliche Ressourcen für innovative Projekte.
- Rechte zum Verkauf von Leistungen der Schule auf dem Markt.
- Pauschalbudgets mit einen bestimmten Anteil deckungsfähiger Mittel, über die die Schule entscheidet.
- Eigenständige Personalpolitik, zumindest bei der Auswahl, möglichst auch bei der Besoldung im Rahmen tarifrechtlicher Bestimmungen.

Welche Möglichkeiten es für größere Eigenständigkeit der Schulen im Rahmen einer staatlichen Gesamtverantwortung für das Schulwesen gibt, zeigen Beispiele aus anderen Ländern:

Anregungen aus dem Modell der Niederlande

Das Schulwesen in den Niederlanden basiert mit seinem französischen (napoleonischen) Ursprung auf einer Dreiteilung in die

- römisch-katholische,
- protestantische und
- außerkirchliche Bevölkerung,

wobei die privatrechtlichen Schulträger die öffentlich-rechtlichen dominieren. Die Staatsschule hat einen Anteil von 25%.

Alle Schulen werden zu 100% vom Staat subventioniert. Schulen können bei entsprechender Nachfragesituation frei gegründet werden und wählen ihr Personal selbst aus, wobei sie folgende Punkte realisieren müssen:

- Einhaltung der allgemeinen Gesetze, auch der arbeitsrechtlichen Bestimmungen, die zwischen Arbeitnehmervertretungen und Staat ausgehandelt werden,
- Teilnahme an der nationalen Abschlussprüfung am Ende der Sekundarstufe, die 50% der Endbeurteilung ausmacht,
- Teilnahme an einer nationalen, schulübergreifenden Inspektion und Berichtspflicht.

Die Stundentafel gibt eine Pflichtstundenzahl als Minimum pro Fach vor.

Die Budgetierung wird über eine Pauschalfinanzierung (*lump-sum-Finanzierung* = Totalsumme) geregelt, wobei eine normative Berechnung der Bildungskosten inklusive aller materiellen und personellen Komponenten erfolgt. Die Schulleitung hat Ausgabenfreiheit, wobei in bestimmten Grenzen, Personal- in Sachmittel und umgekehrt verwandelt werden können. Die Schule kann also das Geld auf der Basis eines eigenen Mehrjahresplans ausgeben. Vielerorts sind die Schulen inzwischen auch Eigentümer der Gebäude.

Für die Schule bedeutet das, eine eigenständige Finanz- und Personalpolitik zu betreiben. Dazu gehört die Möglichkeit, „Kontraktkurse", Kurse auf dem freien Markt, für Betriebe, Gemeinden und andere anzubieten.

Das Management der Schule wird in vielen Fragen von einem Mitbestimmungsrat kontrolliert, in dem Lehrer, das übrige Personal, Eltern und Schüler vertreten sind. Außerdem wirken die Gewerkschaften in vielen Schulen direkt an der Mitbestimmung mit.

Quelle: *Liket, T.M.E.*: Freiheit und Verantwortung. Das niederländische Modell des Bildungswesens, Gütersloh 1995

Anregungen aus dem Modell von Schweden

Die Gesamtzuständigkeit für das Schulwesen ist vom Staat auf die Gemeinden übergegangen.

Die Finanzierung erfolgt über einen Staatszuschuss an die Gemeinden, wobei

- demographische und geographische Verhältnisse sowie
- die Zahl der Einwanderer u.a.

berücksichtigt werden.

Viele Gemeinden haben einen *Schulpfennig* eingeführt (Kosten pro Schüler), sodass jede Schule ein eigenes Budget erhält und mit anderen Schulen um Schüler und damit um den Schulpfennig konkurriert. Der Unterricht ist gebührenfrei.

Es können Alternativschulen gegründet werden, die mindestens 85% der Zuschüsse pro Schüler, die die staatliche Grundschule erhält, bekommen.

Vorgeschrieben ist eine garantierte Gesamtstundentafel. Über etwa 6% der Gesamtstundentafel können die Schulen selbst bestimmen.

Jede Schule erstellt einen eigenen Arbeitsplan und einen Bericht über die Umsetzung. Die Berichte gehen auch dem Zentralamt zu. Örtliche Ausschüsse kontrollieren die Tätigkeiten der Schulen.

Ein Zentralamt für Schule und Erwachsenenbildung übt die Auswertung, Beobachtung und Aufsicht über die Schulen aus. Es berichtet alle 3 Jahre dem Reichstag und der Regierung.
Quelle: Schwedisches Institut (Hrsg.): Aktuelles über Schweden, Stockholm 1993

Führungsaufgaben von Schulleitungen: Primus inter pares?

Führungstätigkeit ist eine zentrale Funktion von Schulleitungen. Dieser Satz klingt wie eine Selbstverständlichkeit. Tatsächlich aber existieren zwischen den Schulen erhebliche Unterschiede in der Aufgabenbestimmung von Schulleitungen. Es gibt kein einheitliches Selbstverständnis über die primären Aufgaben des Schulleiters. In Schulverwaltungshandbüchern und neueren Leitfäden für Schulleitungen finden sich eine Vielzahl von Aufgaben, die Schulleiter erfüllen sollen. Unter den Bereichen Gestaltungs-, Hierarchie- und Verwaltungsverantwortung differenziert der Autor eines 1997 erschienenen Standardwerkes 42 Einzelaufgaben, die teilweise einer weiteren Aufgliederung unterliegen. Wer soll diese bewältigen können?
Angelsächsische Forschungsergebnisse veranschaulichen die Probleme des Führungshandelns von Schulleitern. Die häufigsten Tätigkeiten neben dem Unterricht sind der Rangfolge nach: Ungeplante Treffen, kurze Wortwechsel und Telefonate, Schreibtischarbeiten, Kontrollgänge im Gebäude, Schüleraufsicht, Personalverwaltung, geplante Treffen und Konferenzen. Eine Studie über die Unterrichtsverpflichtung der Schulleiter an Schulen in Bayern zeigt, dass viele Schulleiter – im Unterschied zu anderen europäischen Ländern – außerordentlich stark mit Unterricht belastet sind: Knapp die Hälfte der Schulleiter an bayerischen Grund- und Hauptschulen unterrichtet 14-17 Stunden, über ein Drittel sogar 18 und mehr Stunden – hinzu kommen Vor- und Nachbereitungszeiten (vergleiche Wissinger, J.: Schulleiter – Beruf und Lehreridentität. In: Zeitschrift für Sozialisationsforschung und Erziehungssoziologie, Heft 1/1994, S. 38-57). Systematisches Management ist bei einer solchen Arbeitsstruktur nur schwer möglich.

Schulleiter: Primus inter pares?
Das Verständnis „Erster unter Gleichen“ zu sein, ist auf Grund des zum Teil hohen Unterrichtsanteils an der Gesamtarbeitszeit eine weit verbreitete Funktionsbestimmung von Schulleitern. Diese Auffassung hat solange eine Berechtigung, wie Schulleitung und Kollegium im Wesentlichen mit den gleichen Aufgaben befasst sind, also in erster Linie mit dem Unterricht, der Vor- und Nachbereitung, mit Schüler- und Elterngesprächen.
Die Praxis zeigt, dass die *besondere* Qualifikation von Schulleitung *nicht* notwendigerweise im Bereich Unterricht liegt. Teilweise sind Mitglieder der Schulleitung auf diesem Gebiet eher „Zweiter unter gleichen“. Dies gilt vor allem mit Blick auf die verschiedenen didaktisch-methodischen Konzepte, die miteinander in Konkurrenz stehen. In den pädagogischen Fragen ist es die

Weisheit des jeweils unterrichtenden Kollegiums, mit dessen Hilfe sinnvolle Entscheidungen über Unterricht, Erziehung und Schullaufbahnen getroffen werden.

Zeugniskonferenzen werden zwar von Mitgliedern der Schulleitung geleitet, insofern – und mit Blick auf die im Zweifelsfall ausschlaggebene Stimme des Schulleiters – stimmt die oben beschriebene Auffassung. Doch gerade in diesen Prozessen erhält der Schulleiter eher moderierende Funktionen, um abgewogene Entscheidungen des betreffenden Kollegiums zu ermöglichen.

> **Führen: Orientieren, entscheiden, umsetzen**
>
> Die Aspekte des Unterrichtens, der Moderation und die damit verbundene Funktionsbestimmung der Schulleitung als primus inter pares machen aus unserer Sicht *nicht* das Wesen von Führungstätigkeit aus. Führungstätigkeit ist vielmehr gekennzeichnet von Orientierungs-, Entscheidungs- und Umsetzungsfähigkeit.

Bedeutungszuwachs von Führungstätigkeit

Mit zunehmender Eigenständigkeit von Schulen wächst der Bedarf an adäquaten Steuerungsmechanismen und Qualifikation für die verschiedenen Bereiche des Schullebens. Das verlangt eine erheblich stärkere Verantwortungsübernahme der Schulleitung für die Schule als Ganzes, von der Personalentwicklung bis hin zur Budgetierung, und damit die Ausprägung von Führungstätigkeit. Dass mit dieser Ausweitung von Funktionen eine zum Teil deutliche Entlastung von unterrichtlichen Verpflichtungen verbunden sein muss, ist logisch – obgleich Unterricht ein konstitutiver Teil der Schulleitungstätigkeit bleiben sollte.

Führungsfähigkeit ist untrennbar mit *Entscheidungsfähigkeit* verbunden. Man verkürzte allerdings die komplexe Problematik des Entscheidens, wollte man diese auf den Aspekt, schnelle Entscheidungen treffen zu können, reduzieren. Sicherlich ist schnelles Entscheiden in einigen Situationen ein wichtiges Kennzeichen von Führungsfähigkeit.

Entscheidungsfähigkeit wird leicht mit einem voluntaristischen Akt verwechselt, bei dem allein oder vor allem der Wille zur Entscheidung und Umsetzung zählt. Entscheidungsfähigkeit beinhaltet verschiedene Ebenen des Führungshandelns:

> **Ebenen von Entscheidungsfähigkeit**
>
> 1. *Entscheidungsbedarfe erkennen*
>   ➪ Umsicht und Analyse
> 2. *Entscheidungen vorbereiten*
>   ➪ Meinungsbildung: „Betroffene zu Beteiligten machen“
> 3. *Entscheidungen treffen*
>   ➪ Kompromisse, aber eindeutige, verschriftlichte Beschlüsse
> 4. *Entscheidungen umsetzen*
>   ➪ adäquate Maßnahmen und tiefenscharfe Kontrolle

Mangel an Führung

In der Praxis werden diese Ebenen des Führungshandels deutlich relativiert. So ist es kein Einzelfall, dass Führungskräfte mit dem Verweis auf unflexible

Mitarbeiter oder Kollegen besondere Taktiken entwickeln, um Fakten am Kollegium vorbei zu schaffen, oder aber auf Drängen von Kollegen Beschlüsse fassen lassen, zu denen sie keine klare Haltung haben.
In Unternehmen, aber auch in Schulen, kann man nicht selten einen Mangel an Führungstätigkeit feststellen. Es ist kein Zeichen von Führungsstärke, wenn eine sehr engagierte Schulleitung dem Kollegium wichtige Entscheidungen und Aufgaben abnimmt. Führung heißt zwar, Verantwortung zu übernehmen, aber nicht im Sinne operativer Betriebsamkeit und Aktionismus.
Zum Führungshandeln gehört Orientierung zu schaffen, Ziele und Vorschläge zur Diskussion zu stellen, sodass sich Mitarbeiter oder Kollegen in die Gestaltung der Prozesse einbringen können. Wenn Leitungen ihrer Führungsverantwortung ausweichen, so wirkt das behindernd für die Kollegien, da die Kollegen ihre Kompetenzen nicht in ausreichendem Maße entfalten können. Sie werden ebenso wenig gefordert wie gefördert. Die Konsequenz: Die einzelnen Teile des Systems arbeiten mehr oder weniger effektiv und effizient vor sich hin.

Die folgende Gegenüberstellung soll in vereinfachter und undifferenzierter Form problematische Führungsstereotype veranschaulichen. Den autoritären Führungsstil – „Ich schließe einfach um 8.00 Uhr das Schulgebäude, sodass die zu spät kommenden Lehrer und Schüler den Hausmeister um Einlass bitten müssen" – haben wir nicht näher beschrieben, da dieser hinreichend bekannt ist und vielfach kritisiert wurde.

Führungsstereotype

Taktizismus
Taktizismus ist ein Verhalten einer führungsambitionierten Schulleitung. Die Schulleitung möchte mit einigen aktiven Kollegen ein Projekt durchsetzen. Bevor die Ideen im Kollegium diskutiert werden, schafft die Schulleitung durch Umfragen oder Beschlüsse in der Elternschaft erste Fakten. Das Kollegium wird mit diesem „Anliegen der Eltern" konfrontiert und dazu bewogen, entsprechende Beschlüsse zu fassen. Die Gesamtkonzeption bleibt dem Kollegium vorenthalten. Die Führung ist zufrieden, da die ersten Beschlüsse gefasst werden.
Was im ersten Augenblick vielleicht als gewiefte Taktik erscheinen mag und vielleicht in einigen Situationen seine Berechtigung hat, ist als grundlegendes Herangehen an Führungstätigkeit kontraproduktiv. Mit solcher Art von Taktik wird kaum ein Kollegium für die aktive Mitgestaltung des Schullebens zu gewinnen sein. Wer sich umgangen fühlt, geht entweder in die innere Emigration oder in die Opposition zur Schulleitung.

Beliebigkeit
Das eher gegenteilige Extrem ist scheinbare Liberalität. Vonseiten der Schulleitung werden wenig klare Vorgaben gemacht. Die Schulleitung greift Vorschläge aus dem Kollegium auf und stellt sie zur Diskussion. Sie nimmt prinzipiell positiv Stellung zu den verschiedenen Überlegungen.
Eigene Positionen und vor allem Konzeptionen werden von der Schulleitung allerdings nicht dargelegt und existieren auch nicht in entwickelter Form.
Damit entsteht das Problem weitgehender Beliebigkeit. Je nach der Stimmungslage im Kollegium wird das eine oder andere Projekt verfolgt. Eine entschlossene Umsetzung und Kontrolle der Projekte durch die Schulleitung fehlt, da die Identifikation mit den Projekten eher gering ist. Die Schulleitung vertritt den Standpunkt, für die Umsetzung seien die Kollegen verantwortlich.
Was zunächst als Ermutigung für eigene Ideen erscheint, erweist sich auf längere Sicht als folgenlos und demotivierend.

Es ist zu vermuten, dass beide Führungsstereotype weitgehende Folgen nicht nur für die gemeinsame Gestaltung des Betriebes oder der Schule, sondern ebenso für die konkrete Arbeit mit den Kunden oder der Kollegen in Klassen haben:
Wenn es nicht gelingt, verbindliche und von allen akzeptierte Vereinbarungen, zum Beispiel für den Unterricht, zu treffen, dann ist es relativ wahrscheinlich, dass

- größere Beliebigkeit im Umgang mit Regeln im Unterricht entsteht,
- größere Beliebigkeit im Umgang mit Leistungskontrollen und -bewertungen entsteht,
- die Schüler einer „Schaukel-Diät" ausgesetzt werden, bei der sie sich von Stunde zu Stunde auf andere Regeln, Erwartungen und Anforderungen einstellen müssen.

Die Erfahrung in Unternehmen zeigt, dass sich die Stärken und Schwächen der Führungsarbeit immer bis in die einzelnen Arbeitsbereiche und Verhaltensweisen der Mitarbeiter auswirken.

Delegation von Aufgaben *und* Entscheidungen

Je komplexer Unternehmen oder Schulen werden, je komplexer die Anforderungen an die Führungstätigkeit durch neue Aufgabenbereiche wie Budgetierung von Schulen, desto notwendiger ist die Delegation von Aufgaben und Entscheidungen. Wichtige Bereiche können beispielsweise durch die Kooption von Kollegen in die Schulleitung bearbeitet werden.

Delegation zielt nicht einfach darauf, mehr Arbeit auf mehr Kollegen zu verteilen, Delegation ist nicht primär eine Entlastungstechnik. Es geht vielmehr darum, neue Entscheidungskompetenzen zu schaffen. Diejenigen, die die Arbeit leisten, sollen auch (mit-) entscheiden können und Verantwortung tragen. Werden komplexere Systeme von Personen geführt, die nicht mehr den genauen Überblick und die Einsicht in die konkreten Prozesse haben, dann sinkt die Steuerbarkeit der Systeme drastisch ab. Es werden zwar zahlreiche Entscheidungen getroffen, die Wirksamkeit der Maßnahmen ist jedoch außerordentlich gering.
Aus diesem Grund ist es notwendig, Aufgabenbereiche so zu gestalten, dass die jeweilige Führungsperson tatsächlich die zu steuernden Prozesse kennt und verfolgen kann. *Sachverstand*, die Kenntnis über den jeweiligen Inhalt oder Prozess, ist und bleibt eine entscheidende Voraussetzung für wirkungsvolle Führungsarbeit. Daraus folgt auch, dass durch das Führungshandeln tatsächlich überschaubare Entscheidungsgebiete organisiert werden und nicht eine Zunahme an Komplexität durch Doppelverantwortungen.

Kraftzentrum Leitungsteam

Wirkungsvolle Führungsarbeit fängt damit an, dass der Schulleiter ein Leitungsteam um sich herum aufbaut: Vordergründig ist das in den meisten Fällen zur Bewältigung der verschiedenen Aufgabenbereiche ohnehin notwendig. Noch wichtiger ist der Aspekt, dass das Leitungsteam die entscheidende Gruppe für den Schulleiter ist oder sein sollte, mit der er wichtige Fragen erörtern kann. Die Bedeutung von Leitungsteams in Hinblick auf die Arbeit des Schulleiters ist gar nicht hoch genug einzuschätzen. Das gilt insbesondere deshalb, weil die Struktur der Führungsaufgaben oft Vereinzelung und Einsamkeit bei der Arbeit bewirkt.

Ein funktionsfähiges Leitungsteam ist schließlich *die* Voraussetzung für eine ausstrahlungskräftige und kooperative Führungsarbeit. Nur wenn die Schulleitung als Team Vorbild ist, wird sie vom Kollegium Verantwortungsübernahme für die Gestaltung der Schule erwarten können.

Ein scheinbarer Hinderungsgrund für die Bildung von Leitungsteams mit 3-4 Mitgliedern ist in kleineren Schulen die geringe Zahl an Funktionsträgern. Oftmals besteht die offizielle Schulleitung aus dem Schulleiter und dem Stellvertreter. Doch auch in kleineren Schulen können Kollegen auf freiwilliger Basis oder durch Stundenentlastung in die Leitungstätigkeit einbezogen werden. Einige Kollegen würden es als Auszeichnung ihrer Arbeit empfinden – und genau dies ist es –, für eine bestimmte Zeit Leitungsverantwortung zu übernehmen.

Mit Blick auf einen engen Kontakt zum Kollegium könnten die einzelnen Leitungsmitglieder verantwortlich sein für ein regelmäßiges Feed-back mit bestimmten Kollegen. Die Aufteilung ergibt sich zumeist aus bestimmten Schwerpunkten des Unterrichts der Kolleginnen und Kollegen, zum Beispiel Jahrgangsteams, Fachschaften, Stufenschwerpunkte ...

Beispiel für Kooperationsstrukturen
Schulleitung einer Grund- und Hauptschule (30 Kollegen)

Schulleiter	Stellvertreter	Kollege	Kollege
Kollegium der Hauptschule mit Schwerpunkt Klassen 7-9/10	Jahrgangsteams der Grundschule Klassen 1+2	Jahrgangsteams der Grundschule Klassen 3+4	Kollegium der Hauptschule mit Schwerpunkt Klassen 5+6

Ohne Kontrolle kein Abschied von der Beliebigkeit

Kontrolle ist und bleibt ein entscheidendes Moment von Führungstätigkeit. Jeder kennt den Aufwand von Analysen zur Bestandsaufnahme, die langen Debatten über Anträge, die Schwierigkeiten bei der Beschlussfassung – erstaunlich ist, dass die Arbeit nach Abschluss dieser Phasen im Wesentlichen als erledigt erscheint.

Die tiefenscharfe Kontrolle, was aus den Beschlüssen gemacht, ob die Terminierungen und Verantwortlichkeiten eingehalten worden sind, erfordert zwar ein wenig Buchhaltermentalität, sie ist jedoch unerlässlich für Realitätsnähe. Nur so ist genaue Reflexion der konkreten Prozesse, der wirklichen Praxis möglich. Über die Beschlusskontrolle entstehen wichtige Erkenntnisse über erste Erfolge von Beschlüssen, aber auch über die Probleme und über neue Handlungsbedarfe.

Verfahrensschema bei der Beschlusskontrolle: Ist der Beschluss umgesetzt worden?

Ja	Nein
Welche Auswirkungen sind sichtbar?	Was sind die Ursachen dafür?
Was ist jetzt zu tun?	Welche Konsequenzen ziehen wir?
Wer ist dafür verantwortlich?	Wer ist für die Veränderung verantwortlich?
Welche Terminierung gilt?	Welche Terminierung gilt?

Führungstätigkeit lässt sich natürlich nicht auf Entscheidungsfähigkeit und Beschlusskontrolle beschränken. Eine zentrale Aufgabenstellung ist die *Motivation* des Kollegiums. Ein Kollegium motivieren zu können, das hängt wesentlich von der Ernsthaftigkeit des Führungshandelns und damit von Entscheidungsfähigkeit und Beschlusskontrolle ab.

Es ist eine auf Fortbildungsseminaren oft verbreitete Fehleinschätzung, Motivation eines Kollegiums ließe sich durch bestimmte Methoden oder Tricks erzielen. Natürlich haben Methodenwechsel bei einem Vortrag ebenso ihren Sinn wie abwechslungsreich gestaltete Konferenzen. Ersetzen können die besten Methoden jedoch nicht die Ziele und Inhalte der Arbeit, über die Motivation erreicht werden kann.

Anstrengungsbereitschaft für als bedeutsam erkannte Ziele und Inhalte

Motivation kann nicht verordnet oder von außen an Kollegen herangetragen werden. Motivation entsteht, wenn Kollegen Ziele und Inhalte als sinnvoll erachten und als persönlich bedeutsam erkennen.
Motivation ist nicht auf Freude am Erlebnis reduzierbar, sondern untrennbar mit Anstrengungsbereitschaft verbunden.

Motivation bei der Arbeit an der Schule ist unter anderem abhängig

- vom Sinn der Tätigkeit,
- von Einflussmöglichkeiten,
- von Erfolgserlebnissen und
- vom Handeln, dem aktiven Gestalten der Prozesse, von Innovation.

So gesehen erklärt sich, dass ein motiviertes Kollegium immer über gemeinsam bestimmte Ziele und Inhalte verfügt. Führungshandeln, dass auf Entmündigung des Kollegiums, Taktizismus oder Beliebigkeit beruht, wird auch mit modernsten Tricks aus der Motivationsforschung wenig bewirken können.

Integrations- und Konfliktfähigkeit

Jeder weiß aus der Praxis, dass Aussagen wie „motiviertes Kollegium" relativ und begrenzt sind. Entscheidungen und die damit verbundenen Veränderungen sind zumeist mit Widerständen verbunden. Wer Veränderungen ins Auge fasst, wird Widersprüche erzeugen. Dass für Schulleiter die Integration der verschiedenen Interessen und die Zusammenführung unterschiedlicher Denkansätze eine Schlüsselaufgabe ist, versteht sich von selbst. Doch was bedeutet „Integration"?

Wie bereits angedeutet, findet Integration immer auf bestimmten inhaltlichen Plattformen statt. Je geringer die inhaltliche Klarheit von Positionen bei Führungskräften, desto geringer ihre Integrationskraft: Inhaltliche Klarheit hat nichts mit Wahrheitsansprüchen auf den Stein der Weisen zu tun, sondern basiert auf Argumentationsfähigkeit und Offenheit für andere Auffassungen.

Die andere Seite integrativen Führungshandelns ist Konfliktfähigkeit, die nur scheinbar zur Integration im Widerspruch steht. Konfliktfähigkeit ist vielmehr eine wichtige Voraussetzung, für Integration. Da jeder Wandel von Systemen die Interessen der Beteiligten auf unterschiedliche Weise berührt, wird es der Ausnahmefall sein, wenn Schulreform mit Zustimmung aller Beteiligten gestaltet werden kann.

Konfliktfähig sein bedeutet zunächst, das Vorhandensein unterschiedlicher Interessenlagen zur Kenntnis zu nehmen und den *rationalen Kern* von Widerständen oder anderen Auffassungen zu erkennen. Auf dieser Grundlage kann gefragt werden, ob es überhaupt für die große Mehrheit einen gemeinsamen Nenner an der jeweiligen Veränderung und worin dieser bestehen *könnte*.

Zur Konfliktfähigkeit gehört besonders, kontroverse Positionen in der *Sache* auszutauschen und zu überprüfen, inwieweit die andere Auffassung wichtige und noch nicht bedachte Argumente für den eigenen Standpunkt enthält. Die Kunst des Führungshandelns besteht in vielen Situationen darin, Konsequenz und Klarheit bei inhaltlichen Fragen zu wahren *und* dem Gegenüber Respekt und Anerkennung als Persönlichkeit zu vermitteln.

Mit einem Führungsstil, der Missstände eher verdeckt als aufgeklärt und verändert, kann eine Schulleitung ebenso wenig Ausstrahlungskraft entfalten wie mit autoritärem Anweisungsgehabe. Beide Varianten sind eher Ausdruck von Unsicherheit oder Unterschätzung der Kollegen.

Bei alledem gilt: Trotz vielfältiger Versuche, einen Konsens über bestimmte Entscheidungen zu erlangen, wird es – je nach Lage – nicht immer gelingen, alle oder die übergroße Mehrheit für ein Projekt zu gewinnen. Konfliktfähigkeit beinhaltet deswegen die Fähigkeit, mit Konflikten und Widerständen in der täglichen Arbeit zu leben, sie als Stück Normalität zu begreifen und akzeptieren.

„Mit dem Widerstand gehen, nicht gegen ihn“

Es ist nur in Ausnahmefällen sinnvoll die Konfrontation mit Widerständen zu suchen. Zumeist enthalten Widerstände wichtige Hinweise auf Mängel in der vertretenen Auffassung. Deswegen sollten Widersprüche ernst genommen und mit Konsequenzen verbunden werden. Dazu gehört, die Beteiligten mit in die Verantwortung für das Ganze einzubeziehen.

Mehrheiten: ein Planspiel

Wie wurden Sie mit folgender taktischen Situation umgehen? Was wären aus ihrer Sicht Fehler im Führungshandeln?

- Eine große Mehrheit (80%) im Kollegium ist abwartend.
- Die eine Hälfte dieser Mehrheit (40%) steht neuen Projekten eher positiv, die andere Hälfte (40%) eher negativ gegenüber.
- Eine kleine Gruppe im Kollegium (10%) bildet den aktiven, auf Veränderungen drängenden Teil.
- Eine andere kleine Gruppe im Kollegium (10%) verhält sich gegenüber Erneuerungen stark ablehnend.

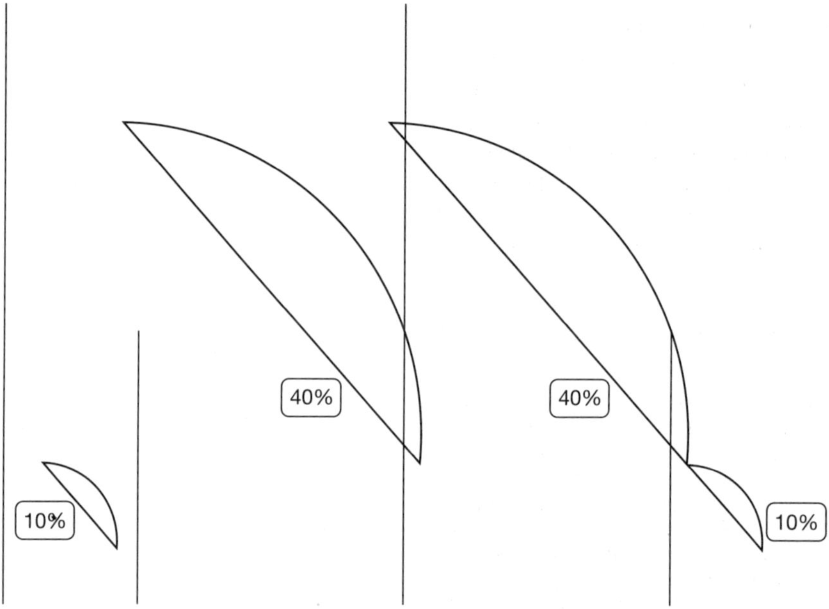

Mögliches Handeln der Schulleitung

Vermeiden:	Tun:
• sich vor allem auf die aktive Gruppe stützen, sie besonders fördern	• sich auf die Mehrheit beziehen, Kollegen aus der Mehrheit für Projekte gewinnen
• die negativ eingestellte Gruppe meiden oder ausgrenzen	• Argumente gerade auch dieser Gruppe ernst nehmen • Angebote der gemeinsamen Arbeit machen
• Konflikte mit der positiv gestimmten Hälfte der Mehrheit austragen; vor allem Inkonsequenzen dieser Gruppe kritisieren	• die positiv gestimmte Hälfte der Mehrheit als entscheidende Kraft zur Überzeugung der anderen Kollegen erkennen und in die Arbeit einbeziehen
• die aktive Gruppe links liegen lassen	• die aktive Gruppe in die Vorbereitung von Entscheidungen einbeziehen und offen die taktische Situation besprechen • auf die Rückkopplung zwischen aktiver Gruppe und Mehrheit achten

Zusammenfassung: Ebenen des Führungshandelns	
1. Strategisches Denken	• Situationen erfassen und analysieren • eigene Ideen entwickeln • Strategien der Realisierung entwerfen
2. Teamführung	• ein Leitungsteam schaffen • das Leitungsteam zu einem entscheidenden Teil der eigenen Arbeit machen • das Leitungsteam zu einem Kraftzentrum im Kollegium machen • die einzelnen Leitungsmitglieder profilieren und ihnen Verantwortung übergeben • die Arbeit des Teams reflektieren und Beschlüsse kontrollieren
3. Moderation	• Prozesse im Kollegium moderieren • möglichst viele Kollegen in die Arbeit einbeziehen • Sitzungen von Gremien, insbesondere der Schulkonferenz, moderieren
4. Vorbild an Konsequenz	• Orientierung auf die unmittelbaren Kunden, Schülerinnen, Schüler und Eltern, durchhalten • Beschlussdisziplin
5. Effizienzverantwortung	• Reflexion des Einsatzes der Ressourcen im Verhältnis zu den Resultaten • Verantwortlicher Umgang mit personellen, finanziellen und anderen Ressourcen
6. Außenvertretung	• Repräsentation der Schule nach außen • Zielvereinbarungen und Resultatskontrolle mit dem Schulträger, der Schulbehörde • Kontakte zum schulischen Umfeld und Zusammenarbeit mit Gemeinden, Kommunen, Institutionen, Betrieben und Vereinen

Siehe hierzu auch die Kopiervorlage 1 *Training: Handlungsfelder für Schulleitungen*, Seite 81 und Kopiervorlage 2 *Musterbeispiel*, Seite 82.

Erfolgreiches Schulleiter handeln:

Praxisbeispiel von
Holger Arpe, Schulleiter der Grund- und Hauptschule Schönberg und
Michael Doppke, Schulleiter der Grundschule Kaltenweide und Vorsitzender des Schulleiterverbandes Schleswig-Holstein

Eine Schule kann nur erfolgreich geleitet werden, wenn der Schulleiter zu seiner Führungsrolle steht, den gesellschaftlichen Auftrag der Schule annimmt und diesen mit seinem Selbstkonzept in Einklang bringt. Seine Grundhaltungen beeinflussen seine Handlungen entscheidend. Um authentisch zu sein, muss der Schulleiter über passende Methoden und Instrumente verfügen, die es ihm ermöglichen im System Schule die gesteckten Ziele auch zu erreichen.
Seit Beginn der Achtzigerjahre leiten wir Schulen. Unser Alltag ist geprägt durch eine Vielzahl unterschiedlicher, kurzer, überwiegend nicht planbarer Tätigkeiten, durch eine extrem hohe Verdichtung auf wenige Stunden am Vormittag, sowie durch viele Nachmittags - und Abendtermine in Vertretung der Schule nach außen. Erschwerend kommt hinzu, dass an vielen Schulen nicht genügend nichtpädagogisches Personal zur Verfügung steht und die Sachausstattung für die Verwaltung meist veraltet ist. So kommen zu Leitungsaufgaben und der - besonders in kleinen Systemen - viel zu hohen Unterrichtsverpflichtung oft noch Sekretärinnen- oder Hausmeistertätigkeiten hinzu. Auch die Vorbereitung auf das Amt ist überwiegend weder in der Qualität noch vom zeitlichen Umfang her angemessen. So kommt es gerade am Anfang zu extrem hohen Belastungen.
In den letzten Jahren haben sich die gesellschaftlichen Bedingungen entscheidend verändert. In der Folge davon musste sich auch zwangsläufig die Schule entwickeln. Insbesondere das Tätigkeitsfeld der Schulleitung ist insgesamt noch vielfältiger und komplexer geworden. Politische Vorgaben haben die Schwerpunkte verlagert, neue Inhalte und Methoden sind dazugekommen.

Persönliche Einstellungen und „handwerkliches“ Können

Für Berufsanfänger aber auch für viele andere ist es kaum zu überschauen und nur schwer zu entscheiden, was für die Arbeit in der Schulleitung wirklich von Bedeutung ist, welche Prioritäten gesetzt werden sollten. Welches sind die wesentlichen Dinge, die ein Schulleiter beherrschen sollte? Was ist zu allererst zu erlernen, damit anfangs Fehler möglichst vermieden werden? Welche Einstellungen sind nötig? Welche Methoden und Instrumente sind hilfreich? Was ist zu vernachlässigen oder sogar hinderlich? Womit sollte man anfangen?
Leider gibt es auch hier kein Rezept, das für alle gültig ist. Unsere Erfahrungen zeigen aber, dass es unabhängig von den jeweiligen Aufgaben der Schule zwei Bereiche gibt, die den Erfolg des Schulleiterhandelns ausmachen: Sein Selbstkonzept und seine „handwerklichen“ Fähigkeiten. Daraus ergeben sich Empfehlungen, die zwar auf die Person

und das System qualitativ und quantitativ angepasst werden müssen, aber ein Grundgerüst bilden, an dem man sich orientieren kann.

Das Selbstkonzept des Schulleiters

Die Art und damit auch die Qualität der Arbeit des Schulleiters hängt in hohem Maße von seinem Selbstkonzept ab. Seine Wertvorstellungen, sein Menschenbild und seine Zielsetzungen prägen das tägliche Geschäft mehr, als viele glauben. Die Aufgabe eine gute Schule zu erhalten und systematisch zu gestalten ist nur zu erfüllen, wenn der Schulleiter förderliche Grundeinstellungen einbringt. In jeder Handlung spiegeln sie sich und beeinflussen vor allem das Schulklima. Kein Lehrgang, keine Fortbildung kann an diesen Voraussetzungen grundlegend etwas verändern, wenn der Betroffene dies nicht zu seiner Sache macht und etwas verändern will. Dazu muss jeder Schulleiter sich in Bezug auf seine Leitungsfunktion klar sein. Dazu gehört neben Fragen nach tragenden Elementen auch eine Rollenklärung:

- Welche Grundhaltungen prägen mein Schulleiterhandeln?
- Sind meine Ziele klar?
- Welche Kräfte beeinflussen mein Handeln?
- Welche Rollen habe ich?

Die Beantwortung der Fragen macht die Ausgangsbasis für die tägliche Arbeit deutlich. Die Auseinandersetzung damit halten wir für unverzichtbar, weil Unstimmigkeiten aufgedeckt werden und man selbst so die Chance bekommt, theoretische Vorstellungen auch stimmig durch Handlungen zu verdeutlichen. Die einzelnen Bereiche bedingen sich teilweise gegenseitig und müssen aufeinander abgestimmt, „in Balance“ sein. Dieses Selbstkonzept muss am Anfang „ertastet“ werden, wird nach und nach klarer und entwickelt sich dann permanent. Für Außenstehende muss sich das Bild einer glaubhaften, berechenbaren Persönlichkeit mit Ecken und Kanten, Stärken und Schwächen ergeben (siehe die Kopiervorlage 3 *Selbstkonzept Schulleiter*, Seite 83).

Auftrag der Schule

Ein weiterer wesentlicher Faktor ist der Auftrag der Schule. Die Arbeit im System ist nicht Selbstzweck, sondern es müssen Vorgaben eingehalten sowie Ziele verfolgt und erreicht werden. Dies wird nur gelingen können, wenn der Schulleiter förderliche persönliche Einstellungen einbringt. Darüber hinaus muss er über Methoden, Fähigkeiten und Fertigkeiten verfügen, die bei der Umsetzung hilfreich sind. Es hat sich in unserem Erfahrungsbereich herausgestellt, dass aber erst die Kombination von Grundhaltungen und Methoden den Erfolg ausmacht. Handwerkliche Fertigkeiten werden ohne sie tragende Einstellungen langfristig keinen Erfolg haben. Eingesetzte Methoden wirken sonst nicht überzeugend, authentisch und sind oft sogar kontraproduktiv.
So hilft es wenig, wenn ein Schulleiter die perfektesten Planungsinstrumente zur Verfügung hat, aber niemals Konfliktfähigkeit zeigt, oder wenn einzelne Kollegen Planungsvorgaben nicht einhalten und damit die Erreichung des

Zieles gefährden. Auf der anderen Seite wird ein Schulleiter ein Ziel nicht erreichen, wenn er nur Geduld und Vertrauen einbringt ohne Projekt- und Zeitmanagementmethoden einzusetzen. Es ist auch ein bedeutsamer Unterschied, ob Vertrauen oder Misstrauen die Grundlage von Entscheidungen ist. Ebenso wie das Selbstkonzept müssen sich die drei Komponenten

- Ziel,
- persönliche Einstellungen,
- Methoden/Instrumente

im Gleichgewicht befinden, damit der Prozess nicht ins Trudeln gerät und das Ziel verfehlt wird. Den erfolgreichen Schulleiter zeichnet es aus, dass er in der Lage ist, passend zu seinen Grundhaltungen und Grundfähigkeiten das geeignete Werkzeug auszuwählen und sich gezielt in den Bereichen fortzubilden, die für seine spezielle Situation erforderlich sind. Letztlich ist unseres Erachtens aber die Persönlichkeit des Schulleiters wichtiger als seine methodischen Fähigkeiten.

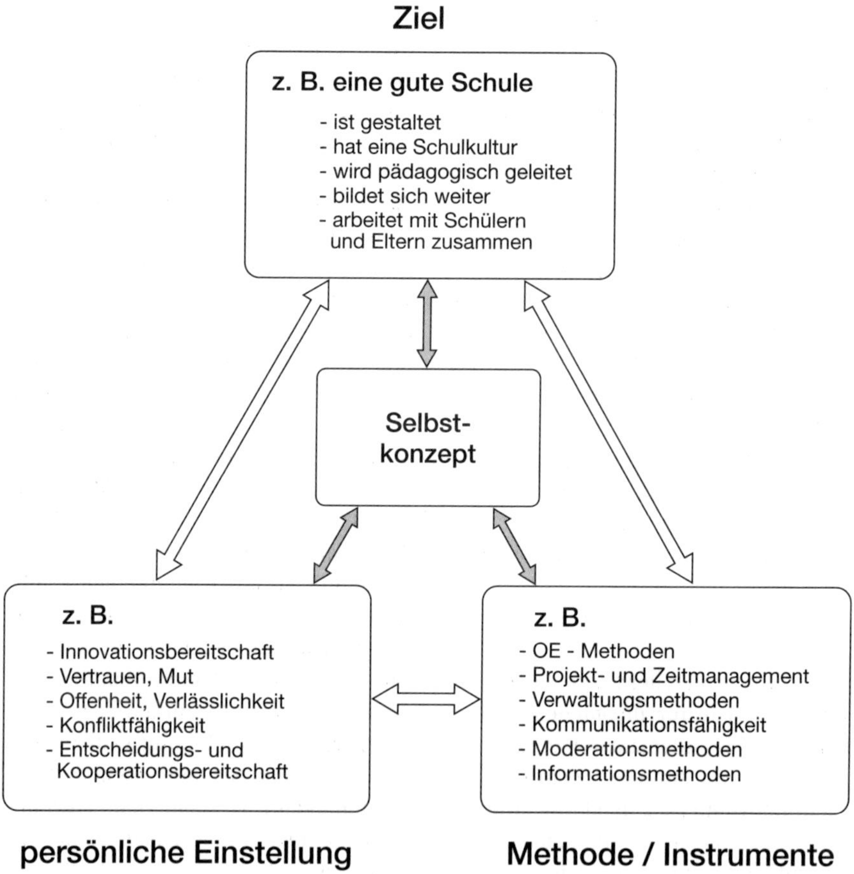

Grundeinstellungen und Arbeitsgebiete

Jeder Bastler kann im Prinzip mit nur wenigen Werkzeugen die meisten anfallenden Arbeiten im Haushalt erledigen und jeder Musiker weiß, dass die meisten Musikstücke mit nur drei oder vier Akkorden zu begleiten sind. Genauso gibt es für ein erfolgreiches Schulleiterhandeln wichtige Grundeinstellungen sowie notwendige Methoden und Instrumente. Welche und wie viele es sind, hängt wie bei handwerklichen Tätigkeiten von den Fähigkeiten und Fertigkeiten des Einzelnen ab. Nach unserer Erfahrung sind es

- drei förderliche Grundeinstellungen und
- drei wesentliche Arbeitsgebiete,

für die es jeweils hilfreiche Methoden und Instrumente gibt.

Nicht nur im eigenen System spielen diese Bereiche eine Rolle, sondern auch gegenüber den Eltern, dem Schulträger und den Partnern der Schule. In der Wirtschaft sind viele der im Folgenden angesprochenen Dinge selbstverständlich, die Schulen können von den Erfahrungen dort profitieren. Methoden und Instrumente müssen unter pädagogischen Gesichtspunkten auf Übertragbarkeit überprüft und gegebenenfalls sinnvoll variiert werden.

Drei förderliche Grundeinstellungen

1. Führen wollen und können

Jeder Schulleiter muss Willens und in der Lage sein, bewusst Verantwortung zu übernehmen, das heißt Entscheidungen auch gegen Widerstände im Kollegium oder im Umfeld der Schule zu treffen und zu verantworten. Dieses ist gerade am Anfang der Tätigkeit sehr schwer und erfordert viel Mut und eine ausgeglichene, starke Persönlichkeit. Außerdem gehört dazu:

- Gesprächspartner für die Sache und die eigene Psyche zu haben,
- Gesetze und Verordnungen lesen und interpretieren zu können,
- Entscheidungsfreude,
- Mut zur Lücke,
- eigene Visionen,
- Mut, Neues auszuprobieren,
- Konflikte aushalten zu können,
- sich mit anderen reiben zu können und zu mögen,
- nicht alles persönlich zu nehmen.

2. Der Schulleiter muss nicht alles (perfekt) können

Der Schulleiter sollte sich seiner Stärken bewusst sein. Diese aber sollte er gezielt nutzen, da sie sonst zu negativen Eigenschaften werden. So wird aus Ordnung schnell Pedanterie oder aus Engagement Aktionismus. Er sollte ebenso seine Schwächen wahrnehmen, zu ihnen stehen und diese ggf. durch Weiterbildung minimieren.

Durch Delegation von Aufgaben und Verantwortung werden Kolleginnen und Kollegen bewusst mit einbezogen und tragen so dazu bei, dass der Schulleiter mit „Schwachstellen“ gut leben kann. Im Team bekommt der Stellvertreter dabei eine entscheidende Funktion. Außerdem ist wichtig:

- gezielt an Fortbildungen teilzunehmen,
- Transparenz zu schaffen,
- ehrlich gegenüber sich und anderen zu sein,

- Vertrauen in sich und andere zu haben,
- gemeinsam statt einsam vorzugehen,
- einen Stellvertreter als Vertrauten zu haben,
- Delegationsfähigkeit zu üben.

3. Zeit für Muße und Entspannung nehmen können
Das Amt des Schulleiters zieht sehr viel Kraft, deshalb ist es wichtig, sich von vorne herein Grenzen zu setzen und Kraftquellen zu erhalten oder sogar neu zu erschließen. Wie in allen Führungspositionen ist die Belastung sehr einseitig, sehr schnell stellen sich körperliche Auswirkungen ein. Die Qualität der Arbeit leidet dann fast zwangsläufig. Es ist gut, wenn Anspannung und Entspannung in einem angemessenen Verhältnis zueinander stehen. Ein Schwerpunkt sollte deshalb die körperliche oder musische Betätigung in der Freizeit sein. Bei der Termingestaltung sollten Freiräume dafür unbedingt mit berücksichtigt werden. Dazu gehören:
- Familie und Hobby zu pflegen,
- Sport zu treiben,
- Freiräume zu schaffen und sich Muße zu gönnen,
- Wesentliches von Unwesentlichem zu unterscheiden.

Drei wichtige Arbeitsbereiche
1. Effektiv kommunizieren
Kommunikation ist nicht alles, aber ohne Kommunikation ist alles nichts: Den größten Teil seiner Arbeitszeit verbringt ein Schulleiter damit, Gespräche aus unterschiedlichsten Anlässen zu führen. Er muss dabei in der Lage sein, Menschen zu verstehen, zu beraten, zu überzeugen. Weiter muss er ständig Informationen aufnehmen, sichten und gezielt weitergeben. Die wichtigste Voraussetzung ist, dass es gelingt, in allen Bereichen Transparenz zu schaffen und dadurch Klarheit und Berechenbarkeit zu erreichen. Missverständnisse können so vermieden werden. Damit dies in guter Qualität gelingt, sollten vorrangig folgende Dinge beachtet werden:

Gespräche
Schulleiter führen fast fortlaufend Gespräche mit Gruppen, einzelnen Personen, Erwachsenen, Schülern. Viele finden *ungeplant* statt, das heißt der Schulleiter ist darauf nicht vorbereitet. Gerade in diesen Fällen muss sich er sofort fragen: Ist es richtig, das Gespräch sofort, an diesem Ort, mit und vor diesen Leuten zu führen? Diese drei Faktoren (Zeitpunkt, Ort, Umfeld) können Besprechungsergebnisse entscheidend beeinflussen.
Geplante Gespräche sollten in einem Besprechungsraum stattfinden. Dies ist in der Regel das Dienstzimmer. Schulleiter müssen darauf achten, dass dieser Raum nach kommunikativen Gesichtspunkten günstig gestaltet ist, zum Beispiel Ausstattung mit bequemen Sitzmöbeln, Pflanzenschmuck und ohne „Barrieren". Am Ende des Gesprächs fasst der Schulleiter, um Missverständnisse zu vermeiden, die Ergebnisse zusammen und dokumentiert sie.

Schriftverkehr
Zunächst ist zu klären, ob der Vorgang überhaupt schriftlich bearbeitet werden muss oder ob die Angelegenheit nicht besser in einem persönlichen Gespräch

bearbeitet werden sollte? Könnte ein Schreiben den Vorgang nur unnötig verlängern und Missverständnisse und Ärger bereiten? Habe ich den Vorgang richtig verstanden oder habe ich dazu noch Fragen, die vorher geklärt werden sollten? Erst wenn diese Fragen geklärt sind, sollte für die Sekretärin ein eindeutiges Konzept erstellt werden, sodass keine Nachfragen notwendig sind, keine sinnentstellenden Wörter in den Text aufgenommen werden und ein abschließendes Korrekturlesen keine große Textbearbeitung nach sich zieht. Der Schulleiter sollte keine Unterschrift unter die Schreiben setzen, ohne den Text noch einmal genau gelesen zu haben. Er ist für Inhalt und Form der Schreiben verantwortlich, nicht die Sekretärin. Wird ein elektronisches Diktiersystem genutzt, ist es noch wichtiger als bei der schriftlichen Vorlage, den Entwurf gründlich zu lesen, damit keine Fehler passieren. Nicht vergessen: Ein Schreiben ist auch eine Visitenkarte der Schule.

Konferenzen und Diskussionen

Die Bedeutung von Konferenzen und Dienstversammlungen wird zwar oft überbewertet, trotzdem sind sie immer noch ein zentrales und wichtiges Element in der Arbeit von Schule. Viele erleben sie als langatmig und unproduktiv und oft ohne greifbare Ergebnisse. Absprachen werden nicht genau genug fest gehalten, wirken deshalb unverbindlich und werden so nicht eingehalten. Deshalb sollte die sorgfältige inhaltliche und methodische Planung und Durchführung nie unterschätzt werden.

Informationsfluss sicherstellen

Um Transparenz zu verwirklichen ist es besonders bedeutsam, dass Informationen allen, die sie benötigen oder Interesse daran haben, zugänglich sind. Die Einrichtung eines einfachen Verteilersystems und eines *„schwarzen Brettes"* haben sich im Prinzip bewährt, sind aber häufig auch eine große Fehlerquelle im Alltag. Kleine Details spielen hier oft eine große Rolle. Damit diese Instrumente ihren Zweck auch erfüllen, müssen sie besonders sorgfältig strukturiert werden. Die Fülle der unterschiedlichen Informationen muss zunächst sortiert werden:

- Was gehört gleich in den Papierkorb?
- Was müssen alle wissen ?
- Was müssen einige wissen ?
- Welche Informationen sind personengebunden?
- Wie eilig sind die Informationen?

Danach ist zu klären, wie und wann diese Informationen weitergegeben werden. Je nach Art und Bedeutung gibt es eine Vielzahl von Möglichkeiten: Mitteilungsbuch, Rundbriefe, Ablage in einem Ordner(system), Lehrerfächer, Lehrerplatz, Ablagen, Briefkästen und so weiter. Die Auswahl hängt von den örtlichen Gegebenheiten ab. Informationen, die noch zusätzlicher Erläuterungen bedürfen, zu denen Rückfragen gewünscht oder Absprachen nötig sind, sollten auf jeden Fall persönlich oder auf Konferenzen an alle weitergegeben werden. Wichtig ist auch, dass das Verfahren nicht dauernd wechselt oder zufällig ausgewählt wird, sonst bleiben wichtige Dinge unbeachtet oder werden Termine nicht eingehalten. Ein neutralgischer Punkt ist das „schwarze Brett". Es scheint manchmal der geheimste Ort in der Schule zu sein. Der Grund hierfür liegt eventuell darin, dass es oft nicht übersichtlich gestaltet ist und niemand sich so recht dafür verantwortlich fühlt. Die Bereiche (Vertretungspläne, Schulleitung, Hausmeister, Fortbildung) müssen deutlich voneinander getrennt und eindeutig beschriftet sein. Für besonders wichtige oder eilige Dinge können Signalfarben oder Symbole vereinbart werden. Es muss ferner klar sein, wer dort etwas anbringen darf und wer die Aushänge auf dem Laufenden hält und für Übersichtlichkeit sorgt.

Öffentlichkeitsarbeit
Tue Gutes und rede darüber: Jeder, der eine gute Arbeit abgeliefert hat, ist zufrieden zunächst mit sich. Ganz zufrieden ist er aber erst, wenn sein Umfeld etwas darüber erfahren hat und Rückmeldung gibt. Deshalb ist es besonders wichtig, erfolgreiche Arbeiten zu veröffentlichen. Qualität bringt Anerkennung und bewirkt, dass sich auch eher Partner für Vorhaben finden lassen. Die Außenwirkung wird leider unterschätzt und oft nicht ernst genommen. Viele scheuen sich sogar davor in der Öffentlichkeit aufzutreten und wirken dann unsicher. Dieser Eindruck kann das Bild der gesamten Schule negativ prägen. So kann man sich zum Beispiel in Rhetorikkursen auf solche Anlässe vorbereiten. Gute Erfahrungen haben wir auch damit gemacht, Informationsveranstaltungen gemeinsam mit dem Stellvertreter durchzuführen. Dabei ist eine gute technische Ausstattung – unter anderem ein drahtloses Mikrofon – hilfreich.

2. Den Alltag bewältigen

Effektiv und flexibel arbeiten
Sehr viele Schulen verfügen nicht über eine Sekretärin mit ausreichender Arbeitszeit. Meist ist diese zudem noch als Schreibkraft und nicht als Sachbearbeiterin, wie es eigentlich nötig wäre, ausgebildet und eingestuft. Hinzu kommt, dass die Schulträger die Büros nur schleppend mit modernen Kommunikationsmitteln ausstatten. Die Verwaltung ist daher nicht so professionell, wie sie es sein müsste. Die Auswirkungen sind Reibungsverluste und Doppelarbeit und somit Zeitverlust und unnötige Konflikte. Diese Situation bewirkt auch, dass die Verwaltung einer Schule sehr häufig ins Zentrum der Arbeitsbelastung für Schulleitungen gerät oder zumindest so wahrgenommen wird, weil eine schlechte Büroorganisation entscheidend dazu beiträgt, dass kein ruhiges Arbeiten möglich ist. Hier gibt es viel Potenzial für Verbesserungen, wenn Zeitressourcen freigesetzt und dann sinnvoller genutzt werden können.

Telekommunikation
Eine Telefonanlage neuerer Technik erleichtert die Arbeit ebenso wie ein Anrufbeantworter, der die Erreichbarkeit sichert. Dies signalisiert Kundenfreundlichkeit. Ansagetexte sollten ansprechend gestaltet sein. Ein Faxgerät sorgt für schnelle, formlose Kommunikation, deren Zeitpunkt der Schulleiter selbst bestimmt. Oft reicht eine kurze handschriftliche Notiz, um ein Projekt weiter bearbeiten zu können. E-Mail und Internet sind in der Zukunft im Bereich Schule nicht mehr wegzudenken.

Die Möglichkeiten, Dateien weiter zu bearbeiten, ohne lange Postwege und unnötigen Papierverbrauch, werden zunehmend an Bedeutung gewinnen. Aufgeschlossenheit gegenüber neuen Medien und PC-Kenntnisse sind daher dringend erforderlich.

Aktenbearbeitung

Die Verwaltungstätigkeiten der Schule liegen mit Ausnahme von kleinen Systemen überwiegend in den Händen einer Schreibkraft. Diese organisiert ihren Arbeitsplatz in Absprache mit dem Schulleiter selbstständig. Auch der Schulleiter braucht für die tägliche Arbeit ein auf ihn zugeschnittenes Aktenbearbeitungs- und Ablagesystem. Dieses sollte nach in der professionellen Verwaltung bewährten Grundsätzen organisiert sein. Eine gute Sekretärin kann den Schulleiter in vielen Fällen dabei beraten. Auf jeden Fall sollte er sich ein thematisch gegliedertes Archiv für die immer wiederkehrenden Ereignisse im Schuljahr anlegen und für jeden aktuellen Vorgang eine Handakte erstellen. Für den Vertretungsfall ist ein Sammelliste mit Kleinvorgängen hilfreich (Was ist noch zu erledigen?).

Schulleiter und Sekretärin müssen ihr Ablagesystem gliedern, übersichtlich gestalten und einen Aktenplan beilegen, sodass beide sowie ihre Vertreter damit umgehen können. Dies betrifft auch den Schreibtisch des Schulleiters! Von der Sekretärin zu bearbeitende Vorgänge und Arbeitsunterlagen muss der Schulleiter so vorbereiten, dass sie möglichst alles selbstständig bearbeiten kann. Insbesondere sind von ihm Prioritäten zu setzen und die Reihenfolge festzulegen. Genaue Abstimmung erleichtert die Arbeit für beide. Mehr und mehr verdrängt der PC die Akten alter Form. Auch hier werden deshalb PC-Kenntnisse für den Schulleiter immer wichtiger.

Termine machen und einhalten

Für die Termingestaltung ist zu klären, ob diese vom Schulleiter selbst oder von der Sekretärin wahrgenommen wird. Auf jeden Fall muss diese über Termine und Verpflichtungen informiert sein, damit sie in Abwesenheit des Schulleiters Auskunft geben kann, wann dieser wieder erreichbar ist. Kann sie dies nicht, macht das einen schlechten Eindruck bei Außenstehenden. Vorhanden sein sollte eine große Terminübersicht mit allen Terminen der Schule, sowie ein Tischkalender für den Schulleiter (Vorschlag: Taschenformat, damit man ihn leicht mitnehmen kann), in den die Sekretärin Einblick haben darf. Ein PC mit einem Terminprogramm erleichtert die Terminverwaltung insbesondere dann, wenn beide Zugriff darauf haben.

Persönlicher Arbeitsplan

Ein weiterer wichtiger Baustein zur effektiven Bewältigung des Tagesgeschäftes ist der persönliche Arbeitsplan des Schulleiters. Dieser stellt sicher, dass man den Überblick nicht verliert, sich die Zeit sinnvoll einteilt und dass Häufungen vermieden werden. Diese schriftliche Planung umfasst Tages-, Wochen- und Jahrespläne, wobei der Wochenplan nach unserer Erfahrung der wichtigste ist. In ihm sollten die anfallenden Arbeiten mit dem ungefähren Zeitbedarf und einem Endtermin aufgeführt werden. So

kann man im Tagesplan je nach zur Verfügung stehender Zeit passende Aufgaben heraussuchen und gerät nicht so leicht in Gefahr, mitten in einer Tätigkeit abbrechen zu müssen, weil der nächste Termin ansteht.
Das Umfeld der Schule rechnet nämlich damit, dass man während der Unterrichtszeit immer einen Gesprächspartner antrifft, deshalb werden in dieser Zeit verstärkt Telefonanrufe eingehen und Besucher kommen. Eine ungestörte Schreibtisch - oder umfangreiche Planungsarbeit ist kaum möglich. Der Wochenplan hilft Lücken sinnvoll zu nutzen.
Die Planung des Vormittags muss also immer für Unvorhergesehenes Platz lassen, damit diese Phase nicht mit dem Gefühl endet, nichts geschafft zu haben. Für Schreibtischarbeit bietet sich der Nachmittag an. In der Regel gibt es in dieser Zeit kaum Unterbrechungen, der Schulleiter ist mit dem Hausmeister und dem Reinigungspersonal allein in der Schule. Das bedeutet, dass er mit der Sekretärin keine Rücksprachen halten kann. Er muss die erforderlichen Unterlagen in der Ablage selbst finden, muss Schreiben entwerfen, auf Band diktieren oder selbst schreiben.
Nicht zuletzt gehören in einen persönlichen Arbeitsplan auch Pausen. Der Schulleiter muss im eigenen, aber auch im Interesse der Schule eine Selbstausbeutung verhindern. Er muss Zeit finden, Getanes zu verarbeiten, sich Notizen zu machen oder über die Weiterarbeit nachzudenken.

Schulentwicklung betreiben
In den letzten Jahren ist ein Bereich hinzugekommen, der auf Grund der sich rasant verändernden Gesellschaft nach immer wichtiger wird, nämlich die systematische Schulentwicklung mit dem Ziel, Schulqualität zu erhalten und zu verbessern. Auch wenn ein deutlicher Zusammenhang zwischen den Bestrebungen zur Stärkung der Eigenverantwortung und allgemeinen Sparzwängen besteht, gehören Organisations-, Personal - und Unterrichtsentwicklung zu den Aufgaben eines jeden Schulleiters. In vielen Bundesländern werden die Erstellung von Schulprogrammen, die Erweiterung der Mitwirkung von Eltern und Schülern gesetzlich verankert und somit Pflicht für Schulleiter. Viele der genannten Einstellungen, Methoden und Instrumente gewinnen in diesem Kontext noch mehr an Bedeutung. Und es kommen viele neue hinzu, die in diesem Buch nachzulesen sind. Dazu gehört unter anderem die folgende Vorgehensweise zum Beispiel bei der *Organisationsentwicklung*:
- Entwicklung von Visionen/Leitideen,
- Bestandsaufnahme,
- Auswahl, Planung und Umsetzung von Projekten,
- Evaluation.

Dabei halten wir die Durchführung von schulinternen Lehrerfortbildungen (SchiLf), die Begleitung durch externe Moderatoren und die Beteiligung von Eltern und Schülern für besonders wichtig. Erfolgreich kann Schulentwicklung aber nur sein, wenn der Schulleiter selbst von der Sache überzeugt und in der Lage ist, den Prozess im Auge zu behalten und ihn gegebenenfalls zu steuern. Das heißt im Besonderen für die Einhaltung von Absprachen zu sorgen, Projektplanung und -management zu beherrschen und Kollegen zu motivieren.

Die *Personal- und Unterrichtsentwicklung* gehört in vielen Teilen zu den traditionellen Schulleiteraufgaben. Was ist für die Menschen in diesem System wünschenswert, nötig und machbar? Wo sind personelle und sächliche Ressourcen? Wie erkenne und fördere ich Fähigkeiten und Fertigkeiten der Mitarbeiter? Welche Mittel stehen mir zur Verfügung? Wie setzte ich das Personal effizient ein? Wie schaffe ich Arbeitszufriedenheit trotz größer werdender Belastung?

Diese und ähnliche Fragen rücken immer mehr in den Vordergrund, wenn der Schulleiter seinen Auftrag erfüllen will. Das zentrale Element in diesem Zusammenhang sind regelmäßige *Mitarbeitergespräche* mit Zielvereinbarungen, die regelmäßig überprüft werden.

„Wunschliste"

Schulleiter ...
- fördern und fordern Mitarbeiter,
- sind Methodenexperten,
- delegieren Verantwortung,
- arbeiten mit System,
- sind offen, sorgen für Transparenz,
- bilden sich gezielt fort,
- sorgen für eigene Entspannung,
- sind Vorbilder,
- handeln authentisch,
- haben Visionen,
- wagen Neues,
- führen viele Gespräche und
- tragen so entscheidend zu einem positiven Schulklima bei.

Erfolgsfaktoren im Unternehmensmanagement

Das Hauptziel des Managements eines Unternehmens ist die Maximierung des Unternehmenserfolgs. „Erfolg" unterliegt unterschiedlichen subjektiven Auslegungen. Allgemein kann formuliert werden: Der Erfolg eines Unternehmens ist gleichbedeutend mit seiner langfristigen Überlebensfähigkeit. Diese hängt wiederum von der strategischen Position des Unternehmens im Markt und von der Wirtschaftlichkeit interner Prozesse ab.

Aufgabe des Managements ist, diese Überlebensfähigkeit herzustellen, das heißt die Erfolgsfaktoren des Unternehmens zu stärken und vorhandene Schwächen abzubauen. Gewinne sind erforderlich, um das Unternehmen aus eigener Kraft im Interesse von *Wachstum* und *Innovation* finanzieren zu können. Wachstum und Innovation sind Voraussetzungen für längerfristiges Überleben.

Von Bedeutung für das Management von Unternehmen ist die konkrete Management-Philosophie, in der die Grundeinstellungen des Managements zum Ausdruck kommen. Basiseinstellung ist in jedem Fall das *Wirtschaftlichkeitsprinzip,* ohne dessen Beachtung und Durchsetzung ein privatwirtschaftliches Unternehmen unabhängig von sonstigen Zielvorgaben (sozial, ökologisch, volkswirtschaftlich) dauerhaft nicht überlebensfähig ist. In Unternehmen können nur solche Personen Führungsaufgaben übernehmen, die das Primat der Wirtschaftlichkeit anerkennen und aktiv umsetzen.

Der *Inhalt von Management* hat sich historisch in Folge technologischer Entwicklungen, veränderter internationaler Arbeitsteilung und sozialer Erwartungen grundlegend und mehrfach verändert. Folglich sind gravierende Veränderungen im Anforderungsprofil an Manager festzustellen. Darüber hinaus sind regionale Unterschiede im Management schon innerhalb Europas, gegenüber den USA und noch mehr beispielsweise zu Japan festzustellen.

Megatrends und Veränderungen im Unternehmensmanagement

In den letzten 10-20 Jahren haben sich die Bedingungen, unter denen Unternehmen erfolgreich wirtschaften müssen, grundlegend verändert. Damit sind neue Anforderungsprofile für Manager und Mitarbeiter von Unternehmen entstanden:

- Unter den marktwirtschaftlichen Rahmenbedingungen in den Ländern der sogenannten Triade (USA, EU, Japan) entwickelten sich die Schlüsseltechnologien sprunghaft. Die daraus resultierenden gewaltigen Produktivitätsfortschritte führ(t)en zur *Überproduktion* von Waren in nahezu allen Branchen, zu einem damit verbundenen *Preisverfall* zugunsten der Konsumenten, aber auch zu einer strukturellen *Arbeitslosigkeit*.
- Für nahezu alle Unternehmen ist bereits heute schmerzhaft spürbar, dass historisch erstmals der Käufer in eine stärkere Position gelangt als der Produzent. Produzentenmärkte haben sich mit allen Konsequenzen zu Käufermärkten entwickelt.
- Steiler Anstieg der Anzahl der angebotenen Produkte: Seit der Glanzzeit der Massenproduktion – vom Ford-T-Modell wurden einige Millionen Einheiten praktisch unverändert hergestellt – ist ein kontinuierlicher Rückgang der verkauften Einheiten je Modell festzustellen. Die Herausforderung besteht nun darin, die Vielfalt der Produktvarianten produktionstechnisch auf wettbewerbsfähigem Kostenniveau zu beherrschen.
- Neue Wettbewerber treten sowohl als Kostenführer (ehemaliger Ostblock), als auch als Technologieführer oder in der Kombination von Technologie und niedrigen Kosten (Südostasien, neuerdings auch USA) auf den Markt. Die deutsche Wirtschaft gerät zwischen die Mühlsteine der Niedriglohn- und der Hochtechnologiewettbewerber.
  1990 bis 1992 gab es durch die Wiedervereinigung zudem Lohn- und Gehaltserhöhungen, die deutlich den Produktivitätszuwachs überstiegen. Starre Arbeitszeiten führen zu weiteren komparativen Kostennachteilen.
- Forschung, Produktion, Einkauf und Verkauf globalisieren sich. Komponenten werden weltweit eingekauft. Die Lieferantenlisten sind international. Somit konkurrieren Volkswirtschaften mit Steuerquoten, Infrastrukturen, Arbeitskräftequalifikation, Lohnniveau, Sozialsystemen, Forschungskoorperationen, Wirtschaftsförderungsmaßnahmen, kurzen Genehmigungsverfahren, geringer Bürokratie und so weiter und Unternehmen mit neuen Produkten, hohem Innovationsgrad, geringen Kosten *weltweit*.

- Begünstigt durch neue Kommunikationstechnologien verändert sich die internationale Arbeitsteilung. Durch das Internet werden die Wettbewerbsbedingungen zutiefst verändert: Sämtliche Märkte werden transparent. Teile der unternehmerischen Wertschöpfungskette werden von neuen Wettbewerbern an sich gerissen. Unternehmen verlieren auf diese Weise Teile ihrer Wertschöpfung und damit ihrer Profitabilität. Neue Dienstleistungen und ganze Branchen entstehen. Traditionelle Dienstleistungen (Kundennutzen) verlieren an Wert.
- Die Durchsetzung des Euros in der Mehrzahl der europäischen EU-Nationen beschleunigt diesen Prozess weiter. Der Euro wird vermutlich in zahlreichen Branchen den Preisdruck nach unten verstärken. Die Markttransparenz zum Nutzen des Konsumenten wird zunehmen. Die unter diesen Umständen wahrscheinliche weitere Differenzierung der Produkte und Leistungen bei gleichzeitig geringstem Preisniveau bedeutet eine große Herausforderung für die Unternehmen in Deutschland, zumal Vertriebsorganisationen, Werbung und Marketing z.T. noch nicht auf den künftigen europäischen Wettbewerb ausgerichtet sind.

Für das *Unternehmensmanagement* heißt dies: Selbst große Unternehmen bewegen sich in einem chaotischen Umfeld mit einem schier unübersehbaren internationalen Wettbewerbsszenario. Die Ansprüche der Kunden an Qualität, Preis und Lieferzeit steigen. Märkte differenzieren sich zunehmend. Technologische und Service-Innovationen kommen oft über Nacht von bisher unbekannten Wettbewerbern, vermarktet über das Internet und andere Medien. Sichere Aussagen darüber, was morgen Trend oder Mode ist, wo der Wettbewerb steht, sind kaum möglich. Investitionen sind unter diesen Bedingungen stets risikobehaftet. Der Erfolgsfaktor *Zeit* gewinnt an Bedeutung. Zu spät vermarkten kann bedeuten, nicht mehr zu vermarkten.

Die Globalisierung hat in Deutschland erst einen Teil der Unternehmen und Branchen erfasst. Ein Teil der Großunternehmen demonstriert anhand ihrer Unternehmensperformance (Gewinne) jedoch sehr deutlich, dass sie die veränderten Wettbewerbsbedingungen erfolgreich zu antizipieren scheinen. Absehbar ist, dass der Veränderungsdruck weiter ansteigen und auch mittelständische Unternehmen erfassen wird.

Reaktionen des Managements

Die Reaktion der Unternehmen an diese veränderte Umwelt wird in erster Linie darin liegen müssen, die eigene *Anpassungsfähigkeit* an diese „Welt des Chaos“ und der Geschwindigkeit durch mehr *Flexibilität* und *Marktnähe* zu erhöhen. Ausschaltung der traditionellen Firmenbürokratie, Einsatz flexibler Hochleistungsteams, ausgestattet mit den notwendigen Ressourcen zur Produktentwicklung und Markteinführung, prägen das Bild besonders erfolgreicher Unternehmen.

Unternehmensgröße ist nach wie vor ein Erfolgsfaktor. Skaleneffekte prägen auch die Renditechancen neuer Technologien, Produkte und Dienstleistungen.

Allerdings wird „Größe“ auf anderer Grundlage erfolgreich sein als in den 70er Jahren: Nicht die Großen per se, sondern die *„schnellen Großen“* werden überleben.

Für Staatsunternehmen gibt es vor diesem Hintergrund allerdings praktisch keine Hoffnung mehr. Wirtschaft ist nicht geeignet für zentrale Planung und Lenkung, denn die Märkte sind nicht das Ergebnis bewusster menschlicher Planung, sondern das Spiegelbild der Vielfalt der Wünsche, Geschmäcke und Werte der Konsumenten. Und diese nehmen in ihrer Vielfalt weiter zu.

Die *Deregulierung* ehemaliger staatlicher Monopolunternehmen (Lufthansa, Post, Bahn; weitere Noch-Monopole und Teile des Öffentlichen Dienstes werden folgen) sind deshalb als „nationale Notwehrmaßnahme“ zu interpretieren, da starre, dem Wettbewerb entzogene und den Wettbewerb verzerrende, leistungshemmende und somit teure Strukturen die Wettbewerbsfähigkeit des Standorts Deutschland gefährden.

Erfolgsfaktoren für das Unternehmensmanagement

Im modernen Unternehmensumfeld haben sich die Optimierung von

- Kosten,
- Qualität (im Sinne von Kundennutzen),
- Zeit (im Sinne von Reaktionsgeschwindigkeit),
- Flexibilität

als die entscheidenden Erfolgsfaktoren des Managements herausgestellt.

- Der Erfolgsfaktor *Kosten* bedeutet allgemein, dass entweder der Mitteleinsatz eines vergleichbaren Produktes geringer oder der Nutzen des Produktes bei gegebenem Mitteleinsatz höher ist als bei der Konkurrenz. Dazu gehört auch, die Anwesenheit der Mitarbeiter in einem deutlich höheren Ausmaß als bisher gewohnt sicherzustellen. Krankenquoten von bis zu 10% in der Industrie sind oft Zeichen eines desolaten Betriebsklimas und bedeuten hohe Kosten.
- Der Erfolgsfaktor *Qualität* bezieht sich sowohl auf die unmittelbare Produktqualität, als auch auf die Prozessqualität: Bei hoher Prozessqualität ist die Fehlerquote gering. Somit können Kostenvorteile realisiert werden. Der Begriff *Kundennutzen* beschreibt den konkreten Vorteil, den der Kunde mit dem Erwerb des Produktes beziehungsweise der Dienstleistung erhält. Ohne einen klaren Vorteil beim Kundennutzen kann ein Wettbewerbsvorteil des Unternehmens nicht dauerhaft zum Tragen kommen. Die anderen Erfolgsfaktoren können ohne hervorragenden Kundennutzen dauerhaft nicht tragfähig sein. Der Begriff Kundennutzen beschreibt somit den zentralen Erfolgsfaktor modernen Managements.
- Der Erfolgsfaktor *Zeit* bezieht sich auf die Fähigkeit des Unternehmens neue Produkte schnell einzuführen, das heißt Entwicklungszeiten zu verkürzen und dadurch Pioniergewinne zu erreichen. Langsamere Konkurrenten verlieren Marktanteile, während schnellere solche hinzugewinnen. Zeit bezieht sich aber auch auf die Fähigkeit, zum Beispiel die Auftragsabwicklung schneller durch-

zuführen als der Wettbewerber, somit die Kundenzufriedenheit zu erhöhen, zum eigenen Vorteil eine geringere Lagerhaltung zu ermöglichen und somit wiederum Kosten zu sparen.

- Die *Flexibilität* beschreibt allgemein die zunehmend geforderte Fähigkeit des Unternehmens, sich auf Volumenschwankungen des Marktes durch Konjunkturen, saisonale Entwicklungen, Entwicklungen auf der Kundenseite und so weiter anpassen zu können, und das zu erheblich geringeren Kosten als bisher. Eine moderne *absatzgesteuerte Produktion* bedeutet, ohne Lagerbestände, mit der Losgröße-1-Fähigkeit, mit kürzesten Durchlaufzeiten auszukommen, kundenspezifische Varianten zu vertretbaren Kosten herstellen zu können, sowie die Fähigkeit der Organisation, Veränderungen am Markt, in den Technologien, in der Mode und so weiter wahrzunehmen und im Unternehmen in neuen Kundennutzen, Fertigungsverfahren und anderes mehr umzusetzen.

Wettbewerbsstrategien für Unternehmen

Die oben angeführten Erfolgsfaktoren kommen in Unternehmen allerdings nur dann langfristig zur Wirkung, wenn die grundlegende *Wettbewerbsstrategie* die Unternehmenswirklichkeit (Stärken und Schwächen) und das Unternehmensumfeld (Branchenentwicklung) adäquat abbildet *und* in die Zukunft projiziert.

Die Managementtheorie kennt drei prinzipiell mögliche Wettbewerbsstrategien, die – nicht schematisch übertragen – auch für das Schulmanagement interessant sein können:

- Die Strategie der *Kosten- beziehungsweise Preisführerschaft* basiert auf dem Erfolgsfaktor Kosten. Nur ein einziges Unternehmen kann, bezogen auf sein Marktsegment, Kostenführer sein und damit über eine wirksame Kostenführerschaftsstrategie verfügen. Alle weiteren Wettbewerber erzielen geringere Renditen bis hin zur marginalen Wettbewerbsposition, die mittelfristig zum Ausscheiden aus dem Wettbewerb führt.
- Die *Differenzierungsstrategie* basiert hingegen auf der unterschiedlichen („einmaligen") Ausprägung der Erfolgsfaktoren Kundennutzen/Qualität, Zeit und Flexibilität. Auch hier gilt: Von zwei Wettbewerbern mit identischen Differenzierungsmerkmalen wird einer mittelfristig ausscheiden. Allerdings lässt die bewusste Differenzierung von Leistungen eine Vielzahl von Wettbewerbern zu, solange deren Leistung vom Kunden honoriert wird.
- Die *Nischenstrategie* konzentriert die Management-Aktivitäten auf eine spezielle Zielgruppe (bestimmte Produktlinien, geographisch abgrenzbare Märkte, spezielle Abnehmergruppen), in der ein Vorteil zum Beispiel gegenüber breiter angelegten Wettbewerbern gesucht wird, entweder durch eine Kosten- oder durch eine Differenzierungsstrategie.

Generell wird von der prinzipiellen *Unvereinbarkeit* der drei Wettbewerbsstrategien ausgegangen. Das Unternehmen sitzt ansonsten in einer äußerst gefährlichen Position „zwischen den Stühlen".

Lediglich Pionierunternehmen, die über eine organisatorische und/oder technologische Innovation verfügen, können - allerdings nur solange sie wirksam über diese Vorteile verfügen - gleichzeitig die Kosten in Richtung Kostenführerschaft senken *und* die Differenzierung des Leistungsangebots steigern.

Beispielhaft für solche Pionierleistung ist die zeitweilige Fähigkeit der japanischen Automobilindustrie vor allem in den 80er Jahren, mit der organisatorischen Innovation *Lean Production* (siehe weiter unten) den europäischen und US-amerikanischen Wettbewerb bei allen vier Erfolgsfaktoren (Kosten, Qualität/Kundennutzen, Flexibilität und Zeit) zu übertreffen und damit bedeutende Marktanteile zu gewinnen. Der Erfolg des Lean Production-Konzeptes begründet sich im Wesentlichen auf seiner *Prozessorganisation.* Durch eine veränderte Arbeitsteilung werden Schnittstellen (Übergabepositionen) zwischen Abteilungen und Personen reduziert, ganzheitlichere Arbeitsplätze geschaffen, die Flexibilität des Unternehmen erhöht.

Prozessorientierung trägt der Notwendigkeit der Verstärkung der Erfolgsfaktoren Qualität/Kundennutzen, Zeit, Kosten, Flexibilität in besonderer Weise Rechnung. Prozessorientiert laufen zum Beispiel Bestellungen (abhängig von ihrem Komplexitätsgrad, ihrer Dringlichkeit oder anderen kundenspezifischen Parametern) unterschiedliche Bearbeitungspositionen im Unternehmen (Projektteams, Caseteams) an und werden dort ganzheitlich, das heißt schnittstellenarm, bearbeitet. Abläufe werden parallel statt sequenziell gestaltet.

Heute scheint eine prozessorientierte Neuausrichtung der Unternehmen unumgänglich zu sein, um die Erfolgsfaktoren Kosten, Qualität/Kundennutzen, Flexibilität und Zeit in der erforderlichen Tiefe und Geschwindigkeit an die Wettbewerbsanforderungen anzupassen. Über das *Target-Costing-Konzept* (Ziel-Kosten) verstand es die japanische Industrie zudem, bei hoher Qualität und geringstem Preis solche Ausstattungsmerkmale anzubieten, die einen hohen weltweiten Marktanteil garantierten.

Eine weitere organisatorische Innovation, die zumindest vorübergehend eine gleichzeitige Verfolgung von Kostensenkungsstrategie und Differenzierungsstrategie hinsichtlich Qualität/Kundennutzen, Zeit und Flexibilität gestattet, ist möglicherweise das aktuell stark diskutierte ebenfalls prozessorientierte *Business Reengineering Konzept,* in dem alle bisherigen Aufgaben und Abläufe eines Unternehmens radikal in Frage stellt werden und einer grundlegenden Neugestaltung nach wertschöpfenden (Kundennutzen schaffenden) Kriterien unterworfen werden.

Die *Unternehmensorganisation* und *-struktur* folgt der Unternehmensstrategie und der Ausprägung der Erfolgsfaktoren. Sie wird *selbst* zum Erfolgsfaktor, wenn sie die Erfolgsfaktoren Qualität/Kundenutzen, Kosten, Zeit und Flexibilität adäquat in Organisation umsetzt. Sie wird zum Misserfolgsfaktor, wenn Widersprüche zwischen der fixierten Strategie des Unternehmens („Wir sind diejenige Luftfahrtgesellschaft mit dem besten Service“) und den konkreten

Ausprägungen der Organisation (Ausbildung des Servicepersonals, Niveau der Verpflegung an Bord, Sitzreihenabstand, Buchungsservice und so weiter) entstehen beziehungsweise durch besondere Organisationsmerkmale strategiebehindernd wirken. Erfolgreiche Unternehmen zeichnen sich dadurch aus, dass die konkreten Organisationsmerkmale exakt und konsequent auf die Wettbewerbsstrategie abgestimmt sind.
Unter *Profitcenter* wird ein struktureller Unternehmensbereich verstanden, der als Erfolgsmaßstab *seinen* Gewinn (beziehungsweise ein anderes Erfolgskriterium) besitzt. Mit diesem Maßstab eröffnet sich die Möglichkeit, unternehmerische Kompetenz an einen Bereichsmanager (Profitcenterleiter) zu delegieren. Der Weg wird frei vom „Verwalter“ zugeteilter Ressourcen zum Sub-Unternehmer. Der Erfolg wird sichtbar als Teilerfolg in der persönlichen Verantwortung eines Managers. Verzerrende Durchschnittsergebnisse werden transparent. Jedes Profit-Center steuert dann den Erfolg seiner Produktgruppe im Sinne eines Product-Managements. Die Profitcenterleiter tragen hier die umfassende Verantwortung für Einkauf-Produktion-Verkauf-Forschung ihrer *Produktfamilie.*

Total Quality Management (TQM)
Weltweit wurden 1985 unter dem Druck schwindender Wettbewerbsfähigkeit US-amerikanischer Unternehmen vom MIT (Massachusetts Institute of Technology) 90 Montagewerke der Automobilindustrie auf ihre Stärken und Schwächen hin untersucht. 1990 wurden die Ergebnisse als MIT-Studie veröffentlicht und ein Produktionssystem oder besser: Management-System vorgestellt, das bei deutlich besserer Qualität doppelt so effizient, doppelt so schnell und doppelt so flexibel ist wie sein westliches Pendant: das sogenannte Toyota-Produktionssystem.
Dieses Managementkonzept, auch bekannt unter dem Begriff Lean Production, steht für kundenindividuelle Fertigung bei hoher Qualität *und* geringen Kosten und damit im krassen Gegensatz zum bis dato in den USA, aber auch in Europa und in Deutschland vorherrschenden sogenannten Ford-Produktionssystems, das mit seinen eng spezialisierten Arbeitsplätzen und hoher Gleichförmigkeit der Verrichtungen für zahlreiche Branchen zwar weltweit zum Erfolgssystem mit hoher Arbeitsproduktivität und geringen Kosten geworden, inzwischen jedoch an die Grenzen seiner Leistungsfähigkeit gekommen war.
Ein Paradigmenwechsel kündigte sich an und wurde bis heute in allen führenden Industrien weltweit vollzogen: Die ehemalige Massenfertigung weicht unter dem Druck entstandener Kundenmärkte der individuellen Produktion. Einzelne Branchen sind auf Grund verspäteter Anpassung für Europa jedoch vollständig verloren gegangen (zum Beispiel die Unterhaltungselektronik; dort konnten lediglich einige hochdifferenzierte Anbieter ihre Märkte erhalten oder sogar Zugewinne erzielen). Wie stark der Anpassungsdruck war, zeigt die MIT-Studie eindrucksvoll auf: Ein europäischer Luxusauto-Hersteller benötigte danach vor der Einführung des *kontinuierlichen Verbesserungsprozesses* (KVP) im eigenen Unternehmen

mehr Zeit für Fehlerbeseitigung als der vergleichbare japanische Hersteller zur Fertigung eines vollständigen, nahezu fehlerfreien Autos.
Basis von Lean Production (oder TQM) sind folgende „fünf schlanke Denkweisen“ und „acht schlanke Grundsätze“:

1. *Proaktives Denken*
Mögliche Störungen sind vorausschauend zu durchdenken.

2. *Sensitives Denken*
Künftige Entwicklungen lassen sich in einer chaotischen Umwelt nur unvollkommen mit harten Fakten untermauern: Sensitives Denken lässt auch für Gefühle und Intuition Raum.

3. *Ganzheitliches Denken*
Die Optimierung des Gesamtsystems steht im Vordergrund; Bereichsegoismen werden mittels geeigneter Führungsinstrumente eliminiert.

4. *Potenzialdenken*
Sämtliche verfügbaren Ressourcen, vor allem der Mitarbeiter sind optimal zu nutzen.

5. *Ökonomisches Denken*
Jegliche Verschwendung, die sich zum Beispiel in Fluktuation, Krankenstand, Lagerbeständen, Kapitalbindung, Reklamationen, Kontrollroutinen und so weiter dokumentiert, ist zu vermeiden.

Die daraus abgeleiteten „schlanken Grundsätze“ lauten:

1. *Veränderungsbereitschaft*
Mit *Kaizen* (japanisch: Verbesserung) oder *Continuous Improvement Process* (Kontinuierlicher Verbesserungsprozess) wird die Forderung beschrieben, ständige Veränderungen (Verbesserungen) aller Unternehmensprozesse zur Management-Maxime zu erheben. Kaizen wird von japanischen Autoren (Masaaki Imai, 1986) als Schlüssel zum Wettbewerbserfolg der Japaner charakterisiert. Kaizen bedeutet Verbesserung unter Einbeziehung *aller* Mitarbeiter. Im Prinzip des Kaizen dokumentiert sich am deutlichsten der Unterschied zwischen westlichem und japanischem Denken: Hier steht das Ergebnis im Vordergrund des Management-Denkens; dort der *Prozesserfolg.* Eine Verbesserung wird als Wert an sich angesehen, die quasi automatisch zu mehr Qualität und Produktivität und somit zu verbesserten Ergebnissen (Umsatz, Marktanteil, Gewinn) führt.

2. *Prozessorientierung*
Unterschiedliche, jedoch zusammengehörige Tätigkeiten werden zu ganzheitlichen Geschäftsprozessen gebündelt. Die Stelleninhaber werden mit ausführenden und steuernden/kontrollierenden Aufgaben betraut. Die angestrebte Prozessorientierung versucht auch, eine bereichsegoistische Ergebnisorientierung durch funktionenübergreifende Führung zu reduzieren, sofern sie der Gesamtoptimierung entgegensteht. Im Vordergrund der prozessorientierten Führung steht nicht das Ergebnis, sondern die Verbesserung an sich (Kaizen).

3. *Wertschöpfungsorientierung*
Im Rahmen der Sicherung der Wettbe-

werbsfähigkeit spielt die Maximierung der Wertschöpfung eine bedeutende Rolle. Dies gilt sowohl für privatwirtschaftliche Unternehmen als auch für nahezu alle öffentlichen Institutionen (Krankenhäuser, Rundfunkanstalten, Hochschulen, Behörden). Der effiziente Einsatz knapper Ressourcen (Steuermittel) im Sinne investiver Anteile (Forschung, Infrastruktur, Bildung) zur Verbesserung der Wettbewerbsfähigkeit des Standortes Deutschland verbietet ganz im Sinne des Wirtschaftlichkeitsprinzips von vornherein jede Verschwendung auch im öffentlichen Bereich. Um einen besseren Wert bei Produkten und Dienstleistungen zu erreichen, geht der traditionelle, bis heute in der Praxis genutzte Ansatz der *Wertanalyse* davon aus, sogenannte unnötigen Kosten zunächst über den Funktionswert des Produktes aufzeigen und dann in mehreren Analyseschritten zu versuchen, unnötige Kosten im Produkt mit Hilfe kreativer Anstrengungen zu elliminieren.

Die Wertanalyse definiert als unnötige Kosten solche Kosten eines Produktes, Verfahrens *oder einer Dienstleistung* zu den niedrigsten Kosten zu erstellen, ohne dass die erforderliche Qualität, Zuverlässigkeit und Marktfähigkeit des Produktes dadurch negativ beeinflusst werden. Angesichts hoher Gemeinkostenanteile an den Produktkosten wird deutlich, dass die traditionelle Wertanalyse allerdings nur einen kleinen Teil der nichtwertschöpfenden Anteile von Leistung erfasst.

Eine noch umfassendere Sichtweise weitet deshalb die Wertanalyse in Richtung aller Unternehmens*prozesse* aus. Danach sind Unternehmensprozesse nur dann wertschöpfend, wenn ein Kundennutzen erzeugt wird und der Zusatznutzen den damit verbundenen Wertverzehr (Energie, Material, Arbeitsleistung) übersteigt. Wertvernichtende (Teil-)Prozesse sind zu eliminieren, nicht optimal beherrschte Prozesse sind an Sublieferanten abzugeben (Outsourcing); das Unternehmen hat sich auf seine Kernkompetenzen zu konzentrieren.

Jegliche Verletzung des ökonomischen Prinzips durch Verschwendung ist zu vermeiden. Die *Qualität der Kosten* zu erhöhen heißt aber auch, sich vom Aspekt formalen Sparens zu lösen und Tätigkeiten vom Ballast nicht wertschöpfender Anteile zu befreien. Darauf baut sich die Qualität des Preises des Produktes beziehungsweise der Dienstleistung auf. Es ist einerseits unwirtschaftlich, Produktspezifikationen zu produzieren, die für den Kunden belanglos sind. Andererseits kann nachgewiesen werden, dass der Anteil der eigentlichen Wertschöpfung (der sogenannten Nutzleistung) häufig unter 10% der Gesamtleistung, die die Basis der Preisfindung darstellt, liegt. 25% werden bestenfalls erreicht. Der Rest ist Stütz-, Blind- und Fehlleistung.

In der japanischen Kaizen-Philosophie wird alles, was nicht wertschöpfend ist, als Verschwendung („Muda") bezeichnet. Es wird deutlich, welch gewaltige Kostensenkungspotenziale vor allem bei den Blind- und Fehlleistungen betriebswirtschaftlich zu erschließen sind. Produktivitätsschübe von bis zu 30%, Senkung der Durchlaufzeiten von bis 25%, Senkung des Flächenbedarfs von bis zu 50%, Reduzierung der Materialbestände von bis zu 70% können nachgewiesen werden. Überschüssige Produktion, hohe Bestände, lange Wartezeiten, unnötige Bewegungen, fehlerhafte Teile, Verschwendung bei der Maschinennutzung, unnötige Transportzeiten sind die „sieben Verschwendungen“, an denen Kaizen ansetzt.

Vermeidung von Verschwendung bedeutet auch, flexible Jahresarbeitszeiten (sogenannte Zeitkontenmodelle) einzuführen, mit denen dem Grundsatz Rechnung getragen wird: bezahlte Anwesenheit der Mitarbeiter nur dann, wenn Kundenaufträge vorliegen. Keine Überstunden in saisonalen Spitzen, keine Produktion auf Lager in saisonschwachen Zeiten.

Auf diesen Feldern wird der Wettbewerb um künftige Marktanteile geführt. Der Kunde wird unter globaler Markttransparenz (auch via Internet) zum Konsumtouristen, der nicht bereit sein wird, eine relativ schlechtere Kostenqualität zu tolerieren, das heißt zum eigenen Nachteil zu subventionieren. Diejenigen Volkswirtschaften werden überleben, die die Rahmenbedingungen zur Erhöhung der Kostenqualität am schnellsten und konsequentesten schaffen beziehungsweise vorhandene Hemmnisse (zum Beispiel in Tarifverträgen) im Sinne wertschöpfungsorientierter Regelungen beseitigen.

4. *Mitarbeiterorientierung*

Aufhebung der tayloristischen Teilung der Arbeit; prozessorientierte Reintegration von zersplitterten Arbeitsabläufen; kompromisslose Erschließung bisher nicht genutzter Know-how-Potenziale der Mitarbeiter durch weitergehende Zuweisung von Verantwortung an den Ort der Problemlösung. Ausweitung des innerbetrieblichen Vorschlagswesens. Einbeziehung der Mitarbeiter in ein System kontinuierlicher Verbesserungen (KVP, Kaizen). Prämien für Prozessverbesserungen und Fehlerbeseitigung. Dazu zählt auch die Gruppenarbeit, die sich allerdings dem Primat der Unternehmensziele unterordnet und sich damit zum Beispiel vom Volvo-Produktionssystem unter dem Stichwort „Humanisierung der Arbeit“ deutlich abhebt.

Ein weiterer Aspekt der Mitarbeiterorientierung ist die *Mitarbeiterbeteiligung* am eigenen Unternehmen in verschiedenen möglichen Ausprägungen. Internationale Vergleichsuntersuchungen zeigen erstens, dass zum Beispiel in Großbritannien, Holland und Frankreich der Umfang von Mitarbeiterbeteiligung deutlich höher ist als in Deutschland und dass zweitens Unternehmen mit Mitarbeiterbeteiligung dauerhaft eine höhere Arbeitsproduktivität erreichen.

5. *Kundenorientierung*

Wert hat nur das, was der Kunde als solchen anerkennt. Es ist exakt die Leistung zu bringen, die der Kunde erwartet und die er zu bezahlen bereit ist. Mehr noch: Es geht um eine Leistung, die den Kunden angenehm überrascht, die ihn begeistert. Neu ist der Gedanke des internen Kunden: Jeweils die nächste Produktionsstufe wird als interner Kunde verstanden, der genauso wie ein externer Kunde mit einer fehlerfreien Leistung zu bedienen ist und dem das Recht der Zurückweisung bei nicht fehlerfreier Leistung zusteht.

6. *Lieferantenorientierung*
Ausschöpfung der Lieferantenpotenziale durch Schaffung dauerhafter Beziehungen, vor allem mit den wenigen wichtigen Systemlieferanten und Entwicklungspartnerschaften.

7. *Parallelisierung*
Lineare Zeitabläufe bedeuten in dieser Sichtweise Verschwendung. Kreative Tätigkeiten sind zu vernetzen und im Sinne des *Simultaneous Engineering* zu parallelisieren.

8. *Vereinfachung*
Over-Engineering ohne konkreten Kundennutzen, den der Kunde auch bereit ist zu bezahlen, ist zu vermeiden. Die Anteile von Gleichteilen sind im Konstruktionsprozess zu erhöhen. Bei hoher Produktvielfalt (zum Beispiel beim VW-Golf ca. 64 Milliarden Ausstattungsvarianten) können nur durch Vereinfachung die Vorteile der Economics of Scale im Interesse des Kunden (Preis) erreicht werden. Ein Beispiel für Vereinfachung ist das Plattformkonzept von VW, mit dem zum Beispiel beim Golf/Vento die Anzahl von 36 verschiedenen Federbeinen durch Gleichteile um 50% reduziert wurde. Die für den Kunden nicht sichtbaren Komponenten innerhalb einer Fahrzeuggruppe wurden identisch gemacht.

Unter dem Eindruck der Erfolge von Lean Production übernehmen derzeit praktisch alle führenden Unternehmen Bestandteile dieses Management-Systems unter den unterschiedlichen Begriffen (zum Beispiel *KVP*, *KVP*^{2}, *Total Quality Management* und so weiter). Lean Production und Total Quality Management (TQM) gehen auch von einem modifizierten Controlling-Inhalt aus. Total Quality Controlling beinhaltet die Aspekte Target Costing, Selbstcontrolling jedes Mitarbeiters und jeder Struktureinheit, permanente Prozess- und Ergebnisverbesserung durch die Mitarbeiter, Kundenorientierung, Konzipierung und Planung *vor* dem Produktionsanlauf.

Eine qualitätsorientierte Tätigkeitsanalyse (durch Selbsterfassung des Mitarbeiters) analysiert im Zeitverlauf den Zeiteinsatz in Stunden und im Vergleich zum Vorjahr:

- für Wertschöpfung: Im Sinne planmäßiger Erfüllung von verabredeten Kundenanforderungen (entspricht der fakturierbaren Leistung)
- für Tätigkeiten ohne Wertschöpfung: Verwaltungsarbeit, Arbeiten außerhalb der vereinbarten Kundenforderung, Prüfen
- für Planung und Vorbereitung
- für Ausschussproduktion und Beseitigung von Irrtümern

Auch hier folgt das Controlling der Strategie: Prozessorientiertes Controlling bedeutet, Prozesskennzahlen sehr viel stärker zu gewichten, als traditionell:

- Anzahl beherrschter Prozesse im Verhältnis zur Gesamtzahl der Prozesse
- Anzahl der Mitarbeiter in Qualitätszirkeln
- Anzahl der Verbesserungsvorschläge
- Anzahl der Mitarbeiter in Gruppenarbeit
- Änderungshäufigkeiten von Stücklisten

- Nacharbeitskosten, Garantiekosten, Reklamationshäufigkeit
- Liefertreue, Lieferfähigkeit, Lieferzeit und so weiter in % beziehungsweise Tagen oder Stunden

Die *Prozesskostenrechnung* unterstützt das Controlling prozessorientierter Unternehmen, indem sie im Gemeinkostenbereich die traditonell umfangreichen und intransparenten, das heißt anonymen Kosten einzelnen Prozessen zuordnet, die sogenannten Kostentreiber ermittelt und schließlich die Kosten pro Prozessmengeneinheit (zum Beispiel einer Materialbestellung, eines Fertigungsauftrags, einer Neukundenanlage und so weiter) errechnet und aus diesen gewonnenen Erkenntnissen Qualitätsverbesserungen und Kostensenkungspotenziale ableitet.
Im Rahmen einer Kostenträgerrechnung werden die Produkte nun mit *ihren* Prozesskosten belastet und so einerseits eine verursachungsgerechtere Kostenverrechnung ermöglicht (Produktkalkulation), andererseits ein gezielteres Vorgehen gegen die Kostentreiber (zum Beispiel Teilevielfalt, ausuferndes Kundenportfolio und so weiter) initiiert. Prozesse werden Process-Ownern verantwortlich übergeben, um unter Umgehung von funktionalen Schnittstellen Qualitätsverbesserungen und Kostensenkungen zu erreichen.
Damit überwindet die Prozesskostenrechnung ein großes Defizit traditionellen Controllings, in dem mangels analytischer Werkzeuge hohe Gemeinkostenblöcke durch die Vorgabe starrer Budgets aus dem Vorjahresergebnissen praktisch fortgeschrieben werden. Das rechnerische Budget schleppt aber die Fehler der Vergangenheit nur von Jahr zu Jahr weiter.

Mitarbeiterführung und -motivation im Unternehmensmanagement

Die Notwendigkeit der Mitarbeiterführung erwächst ganz allgemein formuliert aus der Erfordernis, Aufgaben zu delegieren, sobald eine bestimmte Unternehmensgröße erreicht ist oder sobald die geforderten Aufgabenstellungen (Kundenwünsche) eine Spezialisierung der Kenntnisse voraussetzen. Delegation *und* Motivation sind dabei Teilaspekte des gesamten Führungsprozesses, der historisch einem stetigen Wandel unterliegt.
In unzähligen Führungskonzepten werden Teilaspekte der Managementtätigkeit zusammengefasst. Am bekanntesten sind die „Management by ...“-Konzepte amerikanischer Prägung.
Mangement by Results betont in relativ autoritärer Weise ergebnisorientierte Aspekte der Führung durch Vorgabe klarer, meist quantitativer Ergebnisziele (Umsatz, Kosten, Budgetdaten).
Management by Objectives bedeutet Führung durch Zielvereinbarung im Top-Down-Verfahren, indem Ziele über alle Hierarchieebenen und Unternehmensstrukturen hinweg aufgespalten werden. Auch bei diesem Führungskonzept steht die Ergebnisorientierung in Form harter Vorgabefakten im Vordergrund. Der Aspekt der funktionsübergreifenden Führung kann in diesem System ebenfalls zu kurz kommen.
Management by Delegation spielt heute in der Managementpraxis der fortgeschrittenen Industrienationen vor allem

in kundennahen Bereichen eine weitestgehend akzepticrte Rolle. Delegation entlastet einerseits die Führungskraft und erschließt andererseits das Know-how der Mitarbeiter. Delegation bedeutet, dass eine Führungskraft einen Teil ihrer Aufgabe als Vorgesetzter an eine andere Person abgibt und zwar mit der vollen Verantwortung und innerhalb bestimmter Grenzen auch der Handlungsvollmacht.
Die *Gesamtverantwortlichkeit* kann jedoch nicht delegiert werden – diese verbleibt in vollem Umfang beim Vorgesetzten. Eine gewisse Kontrolle muss also vorhanden sein. Delegation erfordert gesetzte Ziele, die klar, so weit wie möglich messbar und realistisch sein sollten. Wenn eine direkte Messbarkeit nicht gegeben ist, sollte zumindest das erwartete Ergebnis eindeutig geklärt sein.
Delegation erzeugt nur dann echtes Engagement und Motivation, wenn die delegierte Aufgabe als Herausforderung und Vertrauensbeweis angesehen wird, wenn sie interessant und erreichbar ist, wenn sie Anerkennung und die Gelegenheit zur Beförderung oder zum Weiterkommen verspricht und wenn der Wille des Mitarbeiters für den Erfolg ausschlaggebend und gegebenenfalls mit persönlichen Opfern (zum Beispiel Verzicht auf Freizeit) verbunden ist. Voraussetzung für die Erzeugung von Motivation sind realistische Erwartungen, die Einbeziehung des Mitarbeiters in den gesamten Prozess der Aufgabenerledigung, die Akzeptanz kleiner Fehler, die Offenheit gegenüber dem Mitarbeiter (zum Beispiel welche Vorteile er durch die Übernahme der Aufgabe haben wird). Angst hingegen ist kein Motivationsfaktor.
Übermäßige Kontrolle sollte vermieden beziehungsweise auf Einmischung verzichtet werden. Die effektiveste Kontrolle besteht darin, den Mitarbeiter selbst in den gesamten Kontrollprozess einzubeziehen. Sinnvoll ist ein Kontroll*system*, zum Beispiel in Form von Checklisten oder Meilensteinen, in dem Abweichungen vom Mitarbeiter selbst erkannt werden und Maßnahmen vorgeschlagen beziehungsweise direkt eingeleitet werden können. Direktes Einschreiten des Vorgesetzten sollte erst bei gravierend negativen Abweichungen einsetzen.
Die erhöhte Bedeutung von Delegation und Motivation vor allem in kundennahen Unternehmen oder Unternehmensbereichen resultiert auch aus dem verschärften Wettbewerb, dem Unternehmen allgemein unterliegen. Dieser führt zwangsläufig zur Notwendigkeit eines erhöhten Anteils von Mitarbeitern im Unternehmen, die sich nicht auf die Beherrschung einer spezialisierten Arbeit allein konzentrieren, sondern die auch im Sinne eines lebenslangen Lernens die Fähigkeit erwerben, *unterschiedliche* Tätigkeiten und Verantwortlichkeiten zu übernehmen.
Die Mitarbeitermotivation wird also zum Kernbestandteil von Management. Stichworte wie *Job Enlargement* (Integration mehrerer Aufgaben zu Aufgabenfeldern) und *Job Enrichment* (Schaffung eigenständigerer Arbeitsbereiche) sind Bestandteil moderner Führungstätigkeit.
Zahlreiche Motivationstheorien versuchen dem Management Hilfestellung bei der Mitarbeitermotivation zu geben.

Praxisrelevant ist zum Beispiel nach wie vor die „Pittsburgh-Studie" (1959), die Motivation in zwei Faktoren differenziert:

- einerseits in Motivatoren, mit denen zwar Arbeitsunzufriedenheit verhindert wird, jedoch Arbeitszufriedenheit nicht erzeugt werden kann: Gehalt, soziale Leistungen des Unternehmens, Vorgesetztenverhalten und so weiter,
- andererseits in Motivatoren, die tatsächlich Arbeitszufriedenheit erzeugen: Verantwortung, Leistungserfolg, interessante Tätigkeiten, Kundenorientierung, prozessorientierte Kommunikation, Budget- und Ergebnisverantwortung, eigenverantwortliche Zeitplanung und so weiter. Somit liefert diese Theorie zusätzliche Argumente für die aus wettbewerblicher Sicht erforderlichen Umgestaltungen von Führungstätigkeit.

Pionierunternehmen – vor allem im Dienstleistungssektor in den USA, jedoch nicht nur dort – heben traditionelle Managementstrukturen umfassend auf und gehen den Weg der Delegation konsequent weiter. Management erhält dort eine neue Bedeutung:
Bei einem weltweit führenden EDV-Unternehmen mit über 20.000 Mitarbeitern muss jeder Mitarbeiter zum Beispiel selbst herausfinden, was zu tun ist. Der Mitarbeiter hat die Aufgabe, sich seine Projekte, das heißt seine Kunden selbst zu suchen und vom ersten Tag an Geld zu verdienen. Mitarbeiter, die dies nicht können, haben mittelfristig kaum eine Chance im Unternehmen. Mitarbeiter in solchen Pionierunternehmen verfolgen die Betriebskennzahlen – beispielsweise Auftragseingänge, Auftragsrückstände, Lieferzeiten, Liquidität und Stand der Konstruktionsarbeiten – täglich. Es herrscht volle *Ergebnistransparenz.* Meetings, oft mehrere pro Woche, ersetzen Aktennotizen und langatmige Berichte.

Moderne Führungsarbeit in Unternehmen

Moderne Führungsarbeit kann wie folgt ablaufen: Jeden Montagmorgen findet die Sitzung der Geschäftsleitung um 10.00 Uhr statt. Anwesenheitspflicht ist gegeben. Entweder persönlich oder per Telefon oder besser Videokonferenz. Besprochen werden alle Geschäftspläne oder Beschlussvorlagen der Fachressorts sowie Abweichungen vom Plan. Jede Geschäftseinheit übersendet einmal im Monat einen genormten Controllingbericht, an den *eine* Seite mit Kommentaren angefügt ist. Jede Geschäftseinheit ist verpflichtet monatlich über die Geschäftsaussichten zu berichten und eine monatlich aktualisierte Jahresprognose bereitzustellen.
Im Zentrum der Analyse steht die Entwicklung des *Cashflows.* An den jährlichen Geschäftsplan (Budget) muss sich die Geschäftseinheit unbedingt halten, wenn sie einmal zugestimmt hat. Wenn ein Manager drei Quartale hintereinander die Einhaltung seines Budgets nicht schafft, bekommt er vom Geschäftsführer einen Besuch, bei dem ihm mitgeteilt wird, dass es an der Zeit ist, sich nach einem anderen Job umzusehen. Man kann sich auch nicht durch vorsichtige eigene Zielstellungen retten:

Das obligatorische Ziel ist eine Gewinnmarge, die doppelt so hoch ist wie das Marktwachstum. Für alle, die dieses Ziel schaffen, lohnt es sich. Der Bonus richtet sich prozentual nach dem Budget. Das Grundgehalt wird nicht mehr als 50% der Gesamtvergütung betragen.

Kontroversen: Schulmanagement in der Diskussion

Am 4. Mai 1998 fand im Westermann Informationszentrum Hamburg eine Diskussionsrunde zum Thema „Schulmanagement" statt. Die teilweise kontroversen Positionen sind aus unserer Sicht unter anderem deshalb sehr interessant, weil hier die Rahmenbedingungen für das Schulmanagement im Spannungsfeld von Wettbewerb und staatlicher Steuerung erörtert werden. Wir veröffentlichen Auszüge der Debatte und haben die Beiträge bewusst in der Sprachform belassen und nicht in das Schriftdeutsch redigiert, um den Charakter einer Diskussionsrunde nachvollziehbar zu machen. Bei allen Beiträgen handelt es sich deshalb um nicht zitierfähige Grundsatzpositionen.

Die Teilnehmerinnen und Teilnehmer:

Eva Engel, Lektorin beim Westermann Schulbuch Verlag und Moderatorin der Diskussion

Dr. Michael Hüttenberger, Schulleiter der Erich Kästner-Schule, Grundschule und Integrierte Gesamtschule in Darmstadt, Hessen

Cornelia von Ilsemann, Leiterin der Abteilung Gestaltung und Entwicklung des Schulwesens der Hamburger Schulbehörde

Dr. Norman van Scherpenberg, ehemaliger Staatssekretär im niedersächsischen Finanzministerium und Autor des Buches „Wie Deutschland die Zukunft gewann. Eine finanzpolitische Vision."

Sarah Schliewe, Schülerin, Mitglied der Schulkonferenz und ehemalige Schul-

sprecherin am Gymnasium Meiendorf in Hamburg
Hans-Werner Müller und *Dr. Thomas Riecke-Baulecke*, Autoren dieses Buches

Bestandsaufnahme: Stärken und Schwächen von Schule

Eva Engel: Der erste Punkt: Es geht um die Qualität von Schule. Man kann täglich in der Zeitung lesen, dass die Qualität von Schule in Deutschland umstritten ist, es gibt viel Kritik. Andererseits ist klar: Erziehung in der Familie nimmt ab, das heißt, Schule wird zum immer wichtigeren Erzieher. Wo sehen Sie Stärken und Schwächen von Schule heute?

Thomas Riecke: Zum Beginn ein Zitat: „Nun zum Deutschunterricht. Manchmal glaube ich beim Lesen eines Lehrlings, ich hätte einen Abc-Schützen des ersten Schuljahres vor mir. Über den Inhalt des Gelesenen, auch des allereinfachsten Stoffes, vermögen einige auch nicht das Geringste anzugeben. Die Rechtschreibung ist oft geradezu entsetzlich." Solche Zitate findet man in vielen Zeitungen. Allerdings ist dies ein Zitat von 1904, es reicht also schon über 90 Jahre zurück. Klaus Klemm hat sich die Mühe gemacht die letzten 200 Jahre an Stellungnahmen zur Schulpolitik zu sichten, und er hat eine Kontinuität des Klagens über die Absolventen von Schule gefunden.
Wenn wir solche Äußerungen in den Zeitungen lesen, ist also Skepsis angebracht und wir müssen fragen: Was stimmt davon wirklich? Was ist eher eine Art Verklärung der eigenen schulischen Vergangenheit der Autoren? Wir haben im Buch einige Punkte zu Stärken und Schwächen zusammengefasst. In Thesenform:
Eine Stärke des Bildungswesens ist augenscheinlich, dass in den letzten 20 Jahren der große Bildungs- und Ausbildungsbedarf, vor allem der Bedarf an höher qualifizierten Fachkräften weitgehend abgedeckt worden ist. Es wurde auch eine größere Chancengleichheit für Mädchen und Frauen erreicht. Die Studien der Bund-Länder-Kommission für das Jahr 2010 gehen davon aus, dass mit der Expansion des Bildungswesens der Bedarf an höher qualifizierten Kräften auch in der Zukunft gedeckt sein wird. Interessant an der Hamburger Studie zu Lernausgangslagen ist, dass nur 1% der Grundschüler, die jetzt in der fünften Klasse sind, angeben, ihnen hätte die Grundschule im Wesentlichen nicht gefallen, sie hätten sich dort durchgängig nicht wohl gefühlt. Das ist ein Indiz für die wichtige Leistung von Schule einen Großteil der Jugendlichen und Kinder in unsere Gesellschaft zu integrieren.
Eine wesentliche Schwäche von Schule ist, dass Arbeiterkinder von der Bildungsexpansion vor allem im Bereich der mittleren Bildung, bezogen auf das Gymnasium aber fast überhaupt nicht profitiert haben. Alarmierend ist gerade mit Blick auf den Arbeitsmarkt, dass circa 11 Prozent der Absolventen keine abgeschlossene Berufsausbildung erreichen und man muss wissen, dass diese 11 Prozent besondere Schwierigkeiten haben auf dem Arbeitsmarkt Fuß zu fassen. Von diesen 11 Prozent findet in der Regel nur ein Viertel einen festen Arbeitsplatz.

Eine weitere Schwäche betrifft die Qualität des Unterrichts. Hier gibt es einen Streit darüber, inwieweit die TIMSS- und BiJu-Studien tragfähig sind. Meines Erachtens muss man die Hinweise der Studien sehr ernst nehmen. Wir alle kennen die Erfahrung, dass, wenn ein Kind das Bundesland oder innerhalb einer Stadt die Schule wechselt, dort andere Leistungsanforderungen und -maßstäbe eine Rolle spielen. Eine Schwäche von Schule ist die Undurchsichtigkeit der Standards und der Leistungsbewertung, ein weitgehendes Unwissen darüber, wie die einzelne Schule, der jeweilige Unterricht im regionalen, aber auch im nationalen oder internationalen Maßstab zu bewerten ist. Die Lernausgangslagenuntersuchung in Hamburg hat auch folgendes Ergebnis hervorgebracht: Dort wurden in den fünften Klassen teilweise gleiche Testergebnisse für Schüler in einem Fach ermittelt und die Zensuren in diesem Fach schwankten zwischen 1 und 5. Dies ist ein Warnsignal mit Blick auf die Vergleichbarkeit von Standards, Maßstäben und Leistungsbewertungen.

Sarah Schliewe: Mir ist als erste Stärke eingefallen, dass es zweigeschlechtliche Schulen gibt, dass Frauen die Möglichkeiten haben ausreichend Bildung zu erhalten. Sozial Schwächere haben meiner Meinung nach faire Einstiegschancen. Ich habe mich gefragt, ob der Grund, weshalb Kinder aus sozial schwächeren Familien eben proportional doch nicht so stark auf Gymnasien und Hochschulen vertreten sind, nicht bei der Erziehung in den Elternhäusern liegt.

Ich denke, im internationalen Vergleich vermittelt Schule in Deutschland ein relativ breites Allgemeinwissen. Meiner Erfahrung nach hat in Amerika wirklich nur die Spitze der Klasse ein breites Allgemeinwissen. Ich habe das Gefühl, dass auch in Deutschland, zumindest in meiner Schule, das freie Denken und die offene Diskussion ganz besonders gefördert werden. Und das, denke ich, ist eine Stärke von deutscher Schule, dass der Stoff nicht schematisch durchgezogen wird.

Als Schwäche ist mir eingefallen, dass es eine relativ lange Schulzeit in Deutschland gibt, ich könnte mir vorstellen, zwölf Jahre würden auch reichen.

Dann war mir eingefallen, dass Schule Konzepte finden muss, um mehr Disziplin und Kooperationswillen unter den Schülern zu verbreiten. Das scheint im Moment noch nicht zu klappen.

Dann habe ich, gerade als Schülerin, die sich versucht als Schulsprecherin zu engagieren, festgestellt, dass aktive Schüler nicht genügend unterstützt werden, dass die Lehrer da aktiver sein könnten: Nicht nur Anstöße geben, sondern auch bei der Durchführung helfen. Außerdem denke ich, dass die Vermittlung wesentlicher Grundlagen wie Rechnen, Rechtschreibung und schriftliche Erörterung zu weit in den Hintergrund gerückt ist. Dies geht damit einher, dass das freie Denken gefördert wird. Diskussion ist zwar schön und gut, aber man sollte auch die fachlichen Grundlagen schaffen.

Ich würde als Schülerin gerne wissen, wo ich mit meinen Leistungen im nationalen oder internationalen Vergleich stehe. Leistungsvergleiche halte ich für wichtig. Dies gilt aber auch für die Lehrer. Lehrer stehen eigentlich keinen Leistungskontrollen gegenüber. Wenn sich ein Lehrer erst einmal in seiner Schullaufbahn eingerichtet hat, dann braucht er sich nur noch wenig zu rechtfertigen, er kann jahrelang den gleichen Unterricht abhalten.

Michael Hüttenberger: Es wundert mich überhaupt nicht, dass nur ein Prozent der Grundschüler nicht zufrieden waren mit ihrer Grundschulzeit. Ich könnte mir vorstellen, dass die Zahlen in den weiterführenden Schulen deutlich anders sind. Ich denke, dass die Grundschule einen ganz großen Schritt gemacht hat vor allen anderen Schulformen einen anderen Lern- und Erziehungsansatz umzusetzen. Der eigentliche Bruch in der Schullaufbahn findet nicht mehr vorrangig zwischen der Elementarerziehung im Kindergarten und der Grundschule statt, sondern zwischen der Grundschule und der weiterführenden Schule.

Die Schule insgesamt muss sich in Zielrichtung auf strukturorientiertes und ganzheitliches Lernen verändern. Wir müssen dabei allerdings sehr genau definieren, was als Grundqualifikation gelten soll. Diese bleibt manchmal wie in einer Blackbox verborgen: Da spricht man zum Beispiel in den Rahmenplänen in Hessen von einem erfahrungsbezogenen Ansatz und formuliert als Lehrziele, welche Kompetenzen am Schluss erreicht werden sollen. Unklar bleibt jedoch häufig, wie und wodurch diese Ziele eigentlich erreicht werden sollen.

Das heißt, wir müssen uns an Standards der Qualitätssicherung abarbeiten und dabei genau definieren, was Schule leisten soll und was sie leisten kann. Das, was Schule zu leisten vermag, kann sicherlich nicht so weit reichen, dass unterschiedliche gesellschaftliche Ausgangsvoraussetzungen kompensiert werden.

Wir werden zunehmend Probleme haben, Schülerinnen und Schüler zu motivieren, wenn sie keine Chancen haben, in dieser Gesellschaft als ein ordentliches Mitglied auf dem Arbeitsmarkt partizipieren zu können.

Um die verschiedenen gesellschaftlich verursachten Probleme innerhalb der Schule bewältigen zu können, bräuchten wir außerdem mehr Lehrer. Ich denke, gerade in Hessen ist die Diskussion jetzt in der Landesregierung so weit, dass man sagt, wir können nicht mehr den nächsten Schülerberg allein durch strukturelle Maßnahmen und Arbeitszeitverlängerung bewältigen. An den Schulen stimmt insbesondere die Altersmischung nicht. Sie kennen vielleicht das GEW-Plakat mit dem Satz: „Unser Jüngster wird 50".

Gleichzeitig gibt es aus meiner Sicht eine zu geringe Bereitschaft für die Schule als Ganzes Verantwortung zu übernehmen. Wir haben den Umbruch von einer autoritären Struktur zu einer partizipativen Führung, in der die Kolleginnen und Kollegen ein Stück Verantwortung übernehmen müssen, noch nicht geschafft. Aus der Sicht von Schulleitungen gibt es kaum wirkungsvolle Steuerungsmöglichkeiten, um so einen Prozess ins Laufen zu bringen.

Wettbewerb um die beste Berufsvorbereitung

Norman van Scherpenberg: Wo liegen die Schwächen in unserem Schulwesen? Sehr wahrscheinlich nicht in der Grundschule und vergleichsweise wenig im Gymnasium. Ich sehe unsere Probleme primär im Bereich der Schulen, die letztlich direkt in den Beruf führen. Und das betrifft fast 70 Prozent unserer Kinder. In diesem Bereich fehlt mir die Orientierung, nicht nur des Unterrichts, sondern vor allem auch der Motivation von Schülern, Lehrern und Eltern auf das Ziel hin, dass die Kinder anschließend eine sinnvolle Betätigung im Arbeits- und Berufsleben finden und ihre Chance bekommen.

Was wir brauchen ist eine Verantwortung der Schulleitung und des Schulträgers dafür, dass dieses Ziel erreicht wird. Die Lehrer und die Schulleitung müssen sich bewusst sein, dass sie die Schüler für das Arbeitsleben vorbereiten und dass dies das Interesse der Schüler ist. Auf der anderen Seite müssen die Eltern, viel mehr als das heute der Fall ist, das Gefühl haben, die Schule ist dafür da. Und wenn die Schule, auf die sie ihre Kinder schicken, dies nicht leistet, dann sollen sie bitte ihre Kinder auf eine andere Schule schicken und schicken dürfen, die das leistet.

In dem Buch „Wie Deutschland die Zukunft gewann" habe ich versucht, Erfahrungen aus meinem Berufsleben in eine Zukunftsvision umzusetzen, nämlich in die Vision, wie man die verschiedensten Dinge im öffentlichen Leben in unserem Land anders und besser organisieren kann, und zwar nach dem Prinzip: Mehr Autonomie und Wettbewerb als Kontrolle für die Autonomie. Ich bin der Auffassung, das geht in sehr viel mehr Bereichen, als wir es heute praktizieren. Es geht für die Kommunen gewissermaßen als Unternehmen für die Bürger. Es geht aus meiner Sicht sehr gut für die Universitäten. Und ich habe die Auffassung vertreten, es geht auch für die Schulen. Ich habe bei meinem Denkansatz für die Schulen keinen pädagogischen Ansatz. Ich frage nicht: Was müsste die Kultusminister-Konferenz besser machen? Vielmehr vertrete ich einen organisatorischen Ansatz, der da lautet: Wie organisiere ich Schule so, dass der Schulträger und die Lehrerschaft Schule besser machen können, und wie kappe ich die Weisungsstränge nach oben, indem ich Autonomie unten schaffe?

Ich plädiere also für Konkurrenz. Und ich bin sicher, diese Konkurrenz wird den Schülern, den Eltern, den Lehrern und den Schulträgern, die bei mir allerdings sehr vielfältiger sein könnten, sehr helfen. Autonomie und Wettbewerb bedeutet, dass viele verschiedene Schulträger miteinander um die Schüler in den Wettbewerb treten mit dem Ziel, die bestmögliche Vorbereitung auf das Berufsleben zu Gewähr leisten.

Problematik von Leistungsuntersuchungen

Cornelia von Ilsemann: Ich glaube, dass wir im Grunde über die Frage, wie viel Schulen in dieser Republik leisten, zu wenig wissen und deshalb immer von subjektiven Eindrücken ausgehen. Kritik an mangelnden Leistungen der Jugend hatte es schon bei den alten Griechen gegeben. Dass sie im Augenblick wieder so oft und laut geäußert wird, hat sicher unterschiedliche Gründe. Einer der Gründe ist der, dass es ein eklatantes Defizit an Ausbildungsplätzen gibt, und etliche Arbeitgeber dies damit begründen, dass die Schülerinnen und Schüler nicht qualifiziert genug seien, um die Anforderungen der Ausbildung zu bewältigen. Hier wird das angebliche Versagen der Schulen genutzt, um den Mangel an Ausbildungsbereitschaft zu kaschieren. Dessen ungeachtet gibt es auch ernst zu nehmende Kritikpunkte, und Schule und staatliche Bildungsverwaltung müssen sich dem stellen.

Ich gehe einmal von den genannten Studien aus, weil manche hier gesagt haben, es müssten transparentere Vergleiche her, damit Schülerinnen, Schüler und Schulen wissen, wo sie stehen. Aber diese Studien haben nur eine begrenzte Aussagekraft, denn sie erforschen nur das, was man in einer Momentaufnahme messen kann. Das gilt für die Lernausgangslagenuntersuchungen hier in Hamburg, wie für die verschiedenen TIMSS-Untersuchungen. Die TIMSS-Untersuchungen sind sehr solide gemacht und prüfen ab, wie viel eine Schülerin oder ein Schüler zu einem bestimmten Zeitpunkt an Mathematik kann. Sie können nicht prüfen, in welchem Maße Schülerinnen und Schüler Planungskompetenz besitzen, wie weit sie im sozialen Lernen gediehen sind oder wie es mit ihrer Teamfähigkeit steht. Sie können auch nicht klären, wie sich ein Kind in einem gewissen Zeitraum entwickelt hat. Alle Fähigkeiten, die sich aus einer Mischung von Sachkompetenz und personaler Kompetenz ergeben, zum Beispiel Ideenreichtum, können sie nur unzulänglich überprüfen. Auch der mündliche Bereich hat in diesen Untersuchungen keinen Platz.

Schule hat aber einen umfassenden Bildungsauftrag, der die oben genannten Kompetenzen und weitere entwickeln soll. Die genannten Untersuchungen geben nur „Blitzlichter“ wieder und können nur über den untersuchten Ausschnitt etwas aussagen. Um Schulen und ihre Leistung einzuordnen und zu bewerten, ist das zu wenig. Bei der Interpretation dieser Untersuchungen muss man diese Einschränkungen im Blick haben. Innerhalb dieser Grenzen haben die Untersuchungen andererseits sehr interessante Ergebnisse erbracht. Es kann uns nicht kalt lassen, dass deutsche Schülerinnen und Schüler zwar einigermaßen rechnen können, dass sie aber bei problemorientierten Mathematikaufgaben schlecht abschneiden – das heißt: Sie lernen im Mathematikunterricht nicht im ausreichenden Maße wirklich selbstständig nachzudenken. Die Untersuchungen, gerade die Lernausgangslagenuntersuchung in Hamburg, zeigen auch, dass der Einfluss des Elternhauses und des sozialen Milieus, aus dem die Kinder kommen, sehr viel größer ist als bisher von vielen vermutet. Die Leistungsunterschiede zwischen Schulen in unterschiedlichen Stadtteilen sind erheblich. Auch dies kann uns nicht unberührt lassen, zumal wenn wir sehen, dass einzelne Klassen sehr wohl deutlich über oder unter der so definierten durchschnittlichen Norm liegen.

Das bringt mich zu einem weiteren Gesichtspunkt: Schule ist im Augenblick durch die gesellschaftlichen Ansprüche hoch belastet. Herr Adam, bildungspolitischer Kommentator in der Frankfurter Allgemeinen Zeitung, hat einmal die passende Überschrift geprägt: „Was nicht gelingt, wird zur Erziehung." Wenn es der Gesellschaft nicht gelingt, mit Suchtproblemen umzugehen, und die Zahl der Drogentoten die Zeitung füllt, dann heißt es: die Schule muss Drogenprävention machen. Wenn die Städte kinderunfreundlich sind und die Zahl der Verkehrsunfälle ansteigt, dann wird gefordert: die Grundschule muss Verkehrserziehung betreiben. Schule soll eine Fülle von Erziehungsaufgaben übernehmen. Das ist ein sehr hoher Anspruch, den sie in diesem Maße nicht erfüllen kann. Es ist die Aufgabe der politisch Verantwortlichen, den Auftrag der Schule so zu definieren, dass er erfüllbar ist und die Schule nicht in diesem Maße überlastet wird. Das macht es zusätzlich schwer zu sagen, wo Schule erfolgreich ist und wo nicht.

Die Schulen in Hamburg sind meiner Meinung nach höchst unterschiedlich auch innerhalb der Schulformen. Es gibt Grundschulen, die sind hervorragend und es gibt Grundschulen, die haben die Reformpädagogik dazu benutzt zu sagen, wir holen die Kinder dort ab, wo sie sind, wir begleiten sie ein Stück und wir liefern sie dann fröhlich wieder ab, ohne daran zu denken, dass am Ende der 4. Klasse ein bestimmter Standard im Lesen, Schreiben und Rechnen erfüllt sein muss.

Es gibt Hamburger Gymnasien, um einmal auf ihre beiden Schulformenbeispiele einzugehen, Herr van Scherpenberg, die haben ihre Pädagogik seit 20 Jahren nicht verändert und es gibt sehr engagierte Gymnasien auf der anderen Seite mit großem Veränderungspotential. Es gibt hervorragende Haupt- und Realschulen bzw. Gesamtschulen in Hamburg, die mit Schülerinnen und Schülern in Projekten und an Werkstatttagen berufsorientiert arbeiten und die Jugendlichen wirklich für das Leben vorbereiten – aber die Schüler finden hinterher trotzdem oft genug keine Lehrstelle. Und es gibt Schulen, die sagen: Bei so vielen schwierigen Schülern können wir nicht mehr vernünftig arbeiten. Die Bildungslandschaft ist sehr unterschiedlich und ich bin sicher, dass Qualität von Schulen dann ansteigen wird, wenn es ein stärkeres Qualitätsbewusstsein innerhalb der Schulen gibt. Dieses kann entstehen durch interne Evaluation, bei der zum Beispiel die Schüler genauer befragt werden, wie sie ihren Unterricht einschätzen oder bei der Lehrerinnen und Lehrer Klassenarbeiten gemeinsam konzipieren und über die Anforderungen und Bewertungsschemata reden.

Die Hauptschwächen von Schule liegen nach meiner Meinung im Augenblick ganz woanders. Ich denke, dass sie Schülerinnen und Schüler zu unselbstständig lässt, dass sie sie unterfordert in der Verantwortung für ihre eigenen Lernprozesse und dass sie Schülerinnen und Schüler bei der Frage nach dem Sinn des Gelernten, wenn sie so wollen nach dem Sinn des Lebens, allein lässt. Schülerinnen und Schüler, die die Schule am Ende der 10. Klasse oder am Ende der Gymnasialen Oberstufe verlassen, haben in aller Regel nicht gelernt, ihre Lernprozesse selbstständig zu planen, durchzuführen und zu reflektieren. Und es wird höchste Zeit, dass Schulen sich dieser Aufgabe stellen.

Welche Leistung wollen wir?

Michael Hüttenberger: Selbstständiges Arbeiten muss gelernt werden und das fängt ganz unten an. Wir versuchen das an unserer Schule schrittweise mit Projekten, in denen Aufträge vergeben werden: Diese beinhalten die Reflexion über den eigenen Arbeitsprozess und über das Ergebnis, das bei den anderen angekommen ist. In der Jahrgangsstufe 9 und 10 suchen sich die Schüler selbst in Form der freien Vorhaben ein Thema, begründen, warum sie dieses Thema machen und mit welchen Techniken sie es bearbeiten wollen.

Ich denke, wir müssen eine Diskussion darüber führen: Worauf legen wir wert? Ist dieses eine Qualifikation, die wir erreichen wollen? Wofür brauchen wir sie? Der kreative Schreibprozess beispielsweise ist das eine, die Darstellung nach außen beinhaltet, dass ich mich den orthographischen Normen anpassen muss. Und deswegen muss ich ein zweites Mal an einer Darstellung sehr intensiv arbeiten, denn sonst hält sie dem Standard nicht stand. Die Neudefinition von Zielen und Inhalten kann allerdings bedeuten, dass enzyklopädische Versatzstücke verloren gehen.

Schule muss eine Möglichkeit haben, für sich zu bestimmen, was sie wofür braucht. An dieser Stelle ist mir Ihr Konkurrenzgedanke, Herr Scherpenberg, ein Stück weit sympathisch. Ich würde ihn nicht so weit ausformulieren und sagen, wir machen jetzt beliebig viele Träger. Mein Anspruch wäre, dass Schule nach außen sagen muss, warum und wie sie etwas tut und was sie damit beabsichtigen will. Das ist ein Vermittlungsprozess, der überhaupt erst interne Evaluation ermöglicht. Wenn ich nicht formuliere, welche Ziele ich erreichen will und welche Methoden ich dafür einsetze, dann haben die Gruppen innerhalb der Schule keine Chance, das zu überprüfen. Solange es keine Zielbestimmungen gibt, sind die Lehrer immer in der besseren Position, weil sie im Zweifelsfall im Nachhinein begründen können, dass das, was beim Unterricht herauskommt, genau das ist, was sie haben wollen.

Meinungsfreiheit – Wahlfreiheit – Wettbewerb

Norman van Scherpenberg: Dies ist in meinen Augen eines der wirklich zentralen Probleme unseres Schulsystems, zu vergleichen und zu sagen: Was ist die Leistung, die wir wollen? Mich erschrecken allerdings Vorstellungen, deutschlandweit die Leistungen von Gymnasien zu vergleichen. Die Kriterien könnten nur solche Kriterien sein, die nach zu einfachen Methoden messbar sind. Und damit wird Schule auf etwas reduziert, was viel zu wenig ist. Ich bin der Meinung, dass der Wettbewerb, von dem ich meine, dass er zwischen Schulen stattfinden muss, nicht der Wettbewerb zwischen Hamburg und München, sondern der Wettbewerb am Ort sein muss. Ich spreche von einem Wettbewerb in Bezug auf Ansehen und Anerkennung am Arbeitsmarkt, um Erfolg bei Zulassungsprüfungen an den Universitäten, die ich für erforderlich

halte. Diesen Wettbewerb kann man nicht mit Noten hinter der zweiten Kommastelle machen, sondern der muss in der Meinung von Menschen bleiben, die unterschiedliche Wertvorstellungen haben und deswegen mit ihren unterschiedlichen Wertvorstellungen auch zu unterschiedlichen Ergebnissen kommen dürfen in Bezug auf die Position ein und derselben Schule oder ein und desselben Lehrers oder ein und derselben Klasse. Und das ist eben mit Evaluierung nach Evaluierungsschemata nicht zu machen, sondern das ist nur mit Meinungsbildung im Wettbewerb zu machen.
So, nun können wir uns darüber unterhalten, wie viele Träger in Wettbewerb treten müssen – aber das ist ein nachgeordnetes Problem. Die Meinungsfreiheit über die Qualität von Schule bei Schülern und Eltern, verbunden mit der Wahlfreiheit sich die richtige Schule aussuchen zu können, das halte ich für etwas ganz Wichtiges.

Michael Hüttenberger: Ich denke, eine Evaluation nach innen hat den Vorteil, dass ich dadurch die Schülergruppe und die Elterngruppe ernster nehme. Ich würde mir genau in Ihrem Sinne, Herr van Scherpenberg, wünschen, dass Schule nachfragt: Was sagt der Betrieb, der die ersten Abgänger der Schule bekommen hat. Was sagt die weiterführende gymnasiale Oberstufe, die Schülerinnen und Schüler aus unserer Schule bekommt? Was sagt im Grunde der Bäcker oder Ladenbesitzer im Ort, wenn er die ersten Praktikanten betreut? Auf diesen Prozess – das ist schon eine Form der externen Evaluation möchte ich mich einlassen. Das hat vielleicht noch nichts mit Wettbewerb zu tun, das hat erst einmal etwas mit Ernstnehmen der Rückmeldung von eigener Arbeit zu tun.

Ergebnisse und Prozesse bewerten

Hans-Werner Müller: Der Satz, wir wissen zu wenig über unsere Schulen, hat mich erstaunt. Wenn das so ist, dann scheint hier ein Problem vorzuliegen, und zwar, dass Schulen gar nicht wissen, wo sie stehen. Aber offensichtlich ist die Problemlage noch nicht groß genug. Der Druck, der auf den Schulen lastet, ist noch nicht groß genug, dass er sich in Aktivitäten umsetzt. Ich kann dazu mit Blick auf die Schulen wenig Konkretes sagen, deshalb vergleiche ich die Situation einmal mit der Unternehmenspraxis.
Bei Unternehmen ist es natürlich so, dass der Markt entscheidet, was los ist: Taugt das Unternehmen etwas, taugt es nichts, sind die Produkte akzeptabel für den Kunden, ist die Qualität des Produktes, sind die Kosten, das Preis-Leistungs-Verhältnis in Ordnung oder wird am Markt vorbei produziert. Frau von Ilsemann, Sie haben gesagt, da sind große Qualitätsunterschiede zwischen den Schulen. Wenn das so ist, glaube ich, dass es Veränderungen nur gibt, wenn der Wettbewerb hergestellt wird. Zu Veränderungen gehört Veränderungsbereitschaft. Die sich verändern oder die etwas verändern müssen, das sind vor allem die Leitungen, das Management der Schule. Für Veränderung ist eine Rückmeldung über die erreichten Ergebnisse unerlässlich. Wenn nicht ein gewisser Druck da ist, dass ihnen

die Schüler weglaufen, ich sage das einmal so pointiert, dann wird sich auch nicht viel ändern, weil es eben auch so geht. Wer nicht ganz schlecht ist, der bleibt eben auf seinem Platz sitzen und es passiert nichts weiter.
Man sollte, wenn man über Auswertung und Vergleichbarkeit redet, nicht nur Ergebnisziele evaluieren, sondern ebenfalls Prozessziele. Es geht nicht allein um das Ergebnis, beispielsweise: Wie viel Umsatz hast du gemacht? Vielmehr steht auch die Frage: Wie viele Mitarbeiter arbeiten bei dir im Qualitätszirkel? Das ist ein Prozessziel, das ich vergleichen kann: Welche Aktivitäten werden an den Schulen unternommen, die in die Richtung zielen bestimmte Ergebnisse zu erreichen? Wobei wir nie genau sagen können, ob diese Ergebnisse am Ende erreicht werden. Das ist auch nicht so wichtig. Die These, die dahinter steckt, lautet: Wenn ich bestimmte Prozesse in Gang setze, ist die Chance, dass ich bestimmte Ziele erreiche, erheblich höher. Also, ich muss nicht 5,2 oder 5,0 als Ergebnis einer Auswertung ernst nehmen, aber ich muss doch sagen können, in welche Richtung haben sich die Schulen entwickelt. Welche Prozessziele definiere ich für die Schule, um ihre Schüler auf das Berufsleben – und das ist das wichtigste Ziel – optimal einzustellen? Wenn wir etwas verändern wollen – und das wollen wir hier alle – dann geht das nur über Wettbewerb, wie auch immer. Es geht nur über Transparenz. Es gibt den schönen Satz in der Wirtschaft: Was nicht gemessen wird, wird nicht verändert.

Wettbewerb versus Bildungsgebot

Norman van Scherpenberg: Ich wollte noch einmal etwas zu der Konkretisierung des Themas Wettbewerb sagen. Für mich ist es wichtig, dass das Unternehmen, das die Absolventen der Schule aufnimmt, der Schule sagt: Nächstes Jahr komme ich wieder zu Ihnen. Und dass die Schule dies den Eltern sagt: Wir haben von allen Unternehmen, bei denen unsere Absolventen untergekommen sind, die Aussage: Unsere Absolventen dürfen wiederkommen, sie sind gerne gesehen. Das ist Wettbewerb. Und damit kann ich am ehesten feststellen, ob die Schule den Anforderungen gerecht wird, die an ihre Absolventen nach deren Ausscheiden gestellt werden. Dies ist ja auch die Forderung, die Kinder und Eltern an die Schule stellen. Wenn der Schule dies gelingt, dann kann man guten Gewissens sagen, dass sie nicht „am Markt vorbei produziert“. Herr Müller, ob die Schulen heute am Markt vorbei produzieren oder nicht, das ist tatsächlich etwas, was niemand weiß. Das wird nicht geprüft. Es kann sein, dass es Schulen gibt, die überhaupt nicht am Markt vorbei produzieren, sondern exakt für ihren Markt produzieren und sehr erfolgreich sind, und sie wissen es nicht einmal.

Cornelia von Ilsemann: Erst einmal direkt zu Herrn Müller: Er sagt, es sei erstaunlich, wenn wir nicht systematisch etwas über die Qualität von Schule wüssten. Sie wissen doch aber auch wenig Systematisches über die Qualität von Unternehmen. Das Kriterium, nachdem Sie die Qualität messen, ist der Erfolg am Markt. Ich sage einmal, in welchen Punkten ich Ihnen zustimme. Ich bin mit Ihnen einig, dass Schulen mehr Eigenverantwortung haben sollen. Ich stimme auch zu, dass es gut wäre, wenn – in Grenzen, die man definieren müsste – Schulen ihre Lehrer selbst einstellen könnten, und ich finde es richtig, wenn Schulen eine sehr viel größere Verantwortung sowohl für Inhalte als auch für Organisation und interne Kommunikation, für Investitionen, Gebäude und Ähnliches bekommen. In all diesen Punkten haben wir einen hohen Konsens.

Andererseits ist staatliche Steuerung notwendig, darf Schule nicht dem Markt überlassen werden, und zwar nicht nur um Unterrichtsqualität zu garantieren. Das auch. Aber auch um den Gesamtauftrag von Schule zu sichern. Denn was heißt Bildung? Bildung ist immer auch Persönlichkeitsbildung. Hartmut von Hentig fordert die „Schule als Polis", das bedeutet Verantwortungsübernahme von allen Beteiligten in der Schule, also das Lernen von „Bürgersinn".

Und ist es das, was im Augenblick marktgängig ist? In einigen großen Industriebetrieben vertreten die Personalchefs solche Auffassungen. Die wirklichen Personalentscheidungen werden jedoch oft anders gefällt. Wer vertritt denn eigentlich die wichtigen politischen und staatsbürgerlichen Ziele, auf denen unser Grundgesetz aufbaut, die auf sozialem Engagement und der Bereitschaft beruhen die eigene Umwelt politisch mitzugestalten? Wie marktkonform ist ein solches Verhalten und ist denn gesichert, dass Schülerinnen und Schüler, die darauf Wert legen, nicht am Markt scheitern?

Mein zweiter Einwand bezieht sich auf diejenigen Schülerinnen und Schüler, die nicht so gut mithalten können, die besondere Hilfen brauchen. In Hamburg geht die Schere zwischen Arm und Reich zunehmend auseinander. Wenn bildungsorientierte Eltern sagen, wir leisten uns das Beste für unser Kind, wenn sie dann die Schule ihrer Kinder mit Ressourcen unterstützen, andere Eltern in anderen Schulen dieses aber nicht können, so entsteht ein ungleicher Wettbewerb. Dieser kann zu einer Entwicklung von „schwarzen" und „weißen" Schulen führen. Hier hat der Staat die Verpflichtung auszugleichen, mindestens im Sinne einer „sozialen Marktwirtschaft", und gleiche Chancen für alle Kinder zu sichern.

Wettbewerb und staatliche Regulierung

Thomas Riecke: Interne Evaluation ist wichtig, allein jedoch nicht ausreichend. Nicht selten bleiben Schulentwicklungsprozesse ohne nachhaltige Folgen. Man kann umfangreiche Fragebogenerhebungen machen, vehemente Diskussionen über Schulprogramme führen und trotzdem im Wesentlichen alles beim Alten belassen. Das Phänomen der Folgenlosigkeit schulischer Debatten betrifft insbesondere den Unterricht. Wirkungsvolle Mechanismen für eine systematische Qualitätsentwicklung von Schule sind de facto nicht vorhanden. Notwendig ist eine größere Verantwortungsübernahme der Kollegien und Schulleitungen für den Werdegang der eigenen Schule, für die Qualität von Erziehung und Bildung an der eigenen Schule insgesamt. Verantwortungsübernahme bedeutet zu allererst Transparenz über die Qualität der eigenen Schule herzustellen. Doch die Maßstäbe für Schulqualität sind nicht allein das Produkt der Diskussion an der Einzelschule, sondern Ergebnis eines gesellschaftlichen Dialogs. Gerade mit Blick auf den staatlichen Bildungsauftrag ist Schule immer auch der Gesellschaft zur Rechenschaft verpflichtet. Interne und externe Evaluation sind deshalb nicht sich ausschließende, sondern sich ergänzende Instrumente der Schulentwicklung.

Transparenz schafft die Voraussetzung dafür, den ohnehin stattfindenden Wettbewerb unter Schulen nicht zu einem sozialen Verdrängungswettbewerb, sondern zu einem Wettbewerb um einen guten Ruf im Sinne von hoher Qualität werden zu lassen. Unter bestimmten Bedingungen kann dazu auch der Wettbewerb um Anmeldungen gehören. Allerdings muss man sich sehr verantwortungsbewusst die Gefahren vergegenwärtigen: So ist es doch vorstellbar, dass es dann beispielsweise bestimmte Low-Budget-Firmen gibt, die mit einer Hauptschule kooperieren, die entsprechende Arbeitskräfte bereitstellt: Diese Absolventen können hart arbeiten, sind diszipliniert, hören, was der Meister sagt und arbeiten für niedrige Löhne. Diese Schule, an einem solchen Standort, wird natürlich von dem Betrieb eine gute Marktsituation vorfinden, das heißt, sie wird ihre Absolventen dort unterbringen können. Diese Schule bildete also marktgerecht aus. Wollen wir eine solche Entwicklung?

Meines Erachtens kann es nicht das gesellschaftliche Interesse am Schulwesen sein, Schulen zu erzeugen, die – ganz allgemein gesprochen – auf ein bestimmtes Marktsegment orientiert sind. Denn Schüler aus einem bestimmten Stadtteil oder einem Dorf sollten die Chance haben, überregional tätig zu werden und die Gesellschaft als mündige Bürger mitzugestalten. Das aber heißt doch: Schule muss auch eine marktunabhängige Allgemeinbildung vermitteln. Davon ist das Wohl der Gesellschaft wesentlich abhängig. Wettbewerb im Schulwesen sollte immer mit staatlicher Steuerung verbunden sein, weil Schulen der längerfristigen gesellschaftlichen und individuellen Reproduktion dienen. Größere Gestaltungsfreiräume der Schulen sind deshalb untrennbar mit systematischer Überprüfung der Qualität von Ergebnissen, Prozessen und Strukturen verbunden. Der Staat hätte die Aufgabe sowohl die Grundstandards aller Schulen zu sichern als auch Anreize für einen qualitätssichernden Wettbewerb zu schaffen, wofür Innovationsfonds ein Mittel sind.

Wettbewerb und gesellschaftliche Verantwortung der Schule

Michael Hüttenberger: Die These von Herrn Müller, dass sich in Schulen nur etwas verändert, wenn sie in eine Krise hineingeraten, das unterschreibe ich voll. Im Grunde ist es positiv, wenn eine Krise, die die ganze Zeit latent ist, zum Ausbruch kommt. Deswegen ist der Wettbewerb um Schülerzahlen allein noch nicht ausreichend. Für meine Schule kann ich sagen: Wir gewinnen ihn jedes Mal, weil wir mehr Schüleranmeldungen haben, als wir aufnehmen können. Für uns ist das schon einmal ein ganz gutes Zeichen. Es gibt aber auch Schulen, da würde ich – obwohl genügend Eltern dort anmelden – meine Kinder nicht hinschicken, weil dort niemand mehr genau hinsieht, was die eigentlich machen. Aus diesen Gründen muss es weitere Steuerungsmechanismen geben, wozu Qualitätskontrollen einerseits, aber auch das Recht der Schulen auf ein eigenständiges Personalmanagement andererseits gehören.

Sarah Schliewe: Ich habe mit Schülern über Ihr Buch gesprochen, Herr van Scherpenberg. Und wir sind eigentlich alle der Ansicht, dass Schule, wie gesagt wurde, zwei Ziele hat, nämlich das Faktenvermitteln und das Gesellschaftsziel, was Bildung haben soll. Wir haben bei dem Lesen Ihres Buches die Gefahr gesehen, dass, wenn Konkurrenz unter den Schulen herrschen soll, alles nur auf das vom Markt benötigte Fachwissen ausgerichtet wird und nicht auf das gesellschaftliche Bildungsziel. Ich denke, eine private Trägerschaft würde sich immer auf eine bestimmte Zielgruppe ausrichten und versuchen ihr Ziel zu verwirklichen. Schule als gesellschaftliche Institution würde verloren gehen. Das Einigende, was Schule in der Gesellschaft bewirken soll, kommt danach nicht zustande. Ich finde es schon problematisch genug, dass Schüler nach der Grundschule so früh getrennt werden. Natürlich bietet diese frühzeitige Trennung optimale Förderungsmöglichkeiten für die Klassenspitze, und auch für die Leistungsschwächeren scheint eine angemessene Betreuung so besser erreichbar. Allerdings sehe ich die Gefahr, dass gerade das zukünftige Führungspersonal so den Blick für die Probleme in der gesamten Gesellschaft nur begrenzt entwickelt und sich deswegen wiederum nur auf Teilbereiche ausrichten wird.
Zu Herrn Müller: Sie meinten, dass man Prozesse als ein Bewertungskriterium nehmen soll. Das hört sich ganz gut an. Ich denke aber, je größer die Mobilität in Deutschland wird, desto weniger wird auf das Prozesspotenzial gesehen, sondern auf die Ergebnisse der Bewerber.
Zu Frau von Ilsemann und der Problematik von Leistungsvergleichen: Man kann auch soziale Kompetenzen messen. Warum kann man nicht von einem Achtklässler verlangen, dass er einen Kurzaufsatz über ein bestimmtes Problem schreibt? Man kann dann doch sehen, ob er fähig ist, unterschiedliche Aspekte abzuwägen. Da gibt es vielleicht zwei Seiten bei diesem Problem, auf die Rücksicht genommen werden muss: Es ist doch feststellbar, ob er einseitig seine Meinung vertritt oder ob er vielseitig denken und ein bisschen reflektieren kann. Also, ich würde sagen, so etwas kann man in Tests messen.
Zu Herrn Riecke: Er hatte gesagt, dass Verbesserungen spürbar werden müssen. In Amerika habe ich die Erfahrung gemacht, dass Schule praktisch zu einem Gesellschaftszentrum geworden ist für eine Gemeinde und dadurch ganz viele Anreize bietet. Nachmittags gibt es ein großes Angebot zum Beispiel im Sport. Da lernen die Schüler Disziplin und Durchhaltevermögen. Dabei merken die Eltern: Diese Schule bietet viel für unsere Kinder. Teilweise werden auch abends für die Eltern Kurse ange-

boten. Die Eltern sind daran interessiert die Schule zu verbessern und beteiligen sich aktiv daran. Es ist für die Motivation von Schülern und Eltern sehr wichtig, dass Schule Initiativen startet und diese dann auch wirklich in die Tat umsetzt.

Wettbewerbskriterien

Norman van Scherpenberg: Wenn wir über Wettbewerb zwischen Schulen reden, dann erscheint Wettbewerb leicht als etwas sehr Materialistisches und die Kriterien, um die es geht, werden auf das Ökonomische eingeschränkt. Dies ist aus meiner Sicht weder zwingend noch wahrscheinlich. Denn, wenn wir hier von Wettbewerb reden, dann müssen wir zunächst einmal feststellen: Es sind Eltern und Schüler, um die geworben wird. Und, Frau von Ilsemann, aus meiner Sicht ist es selbstverständlich, dass der Staat der Schule als Mindestkanon vorgeben muss, was Bildung ist, und was die Schule an Bildung bereitzustellen hat. Das kann man auf der einen Seite mit Mindestvorgaben für das Curriculum machen. Und wenn Herr Müller sagt, man muss nicht nur die Ergebnisse, sondern auch die Prozesse prüfen, dann kann ich nur sagen, das ist heute in den Unternehmen „standard procedure“. Es gibt ISO 9000-Prüfungen, die Prozessprüfungen sind und nicht mehr nur Produktprüfungen, die also genau diese Qualität prüfen, über die wir hier reden.

Also, das, was Sie von der Schule wollen, dass ein festgelegtes Maß an Bildung Gewähr leistet, das ist auf der einen Seite über die Curriculumvorgaben und auf der anderen Seite über die Evaluation in Form von etwas, das wie die ISO 9000 wirken könnte, durchaus denkbar. Außerdem kann man davon ausgehen, dass sowohl Eltern als auch Schüler im Normalfall daran interessiert sind eine breite Bildung zu bekommen. Die Öffentlichkeit, die über Schulen in vergleichenden Darstellungen berichtet, wird dieses Interesse vermutlich ebenfalls haben. Wenn wir darüber diskutieren, was der Unterschied zwischen dem amerikanischen und dem deutschen Schulwesen und Universitätswesen ist, dann ist es genau das, was Sie gesagt haben, Frau Schliewe: Die Allgemeinbildung ist bei uns besser und sie ist breiter. Und die Deutschen, die aus Amerika zurückkommen, sagen, sie haben dort von dieser breiten Allgemeinbildung profitiert. Insofern bin ich nicht besorgt über Wettbewerb zwischen deutschen Schulen, dass dieser ausgerechnet zu Lasten der Anforderungen geht, die heute noch der Wettbewerbsvorteil des deutschen Schulwesens im internationalen Vergleich sind. Ein Zweites: Frau Schliewe, Sie haben gesagt, wenn man verschiedene Träger hat, dann werden Schulen zu sehr auf ein Gleis gesetzt, dann sind sie nur Ausschnitt aus der Gesellschaft. Ich glaube das nicht. Wenn ich mir heute die konfessionellen Schulen bei uns anschaue, in Niedersachsen haben wir eine ganze Menge davon, die haben die gleiche Breite wie die staatlichen Schulen auch. Und die stehen in einem gewissen Wettbewerb. Mir ist dieser Wettbewerb nur nicht intensiv genug: Wenn Sie heute in Niedersachsen eine konfessionelle Privatschule gründen, haben Sie die Garantie, dass die Anmeldungen Ihre Ka-

pazität übersteigen
Das Dritte, was gesagt wurde, ist etwas, was man sehr ernst nehmen muss: Dass es in den Bereichen, in denen wir das heute auch schon beobachten, möglicherweise durch Wettbewerb zu einer noch stärkeren Auseinanderentwicklung kommt. Wir haben diesen Prozess heute schon und wissen noch nicht, wie wir das in den Griff bekommen. Ich komme in Hannover aus einem Stadtteil, in dem die Orientierungsstufe, die wir in Niedersachsen als Pflichtschule haben, als Haupteinzugsbereich ein ausgesprochenes Problemgebiet hat. Zu dem Einzugsbereich gehören aber auch Siedlungsgebiete des Bildungsbürgertums. Was passiert? Wir bekommen keine Mischung in der Orientierungsstufe, sondern die Kinder oder ihre Eltern aus den Siedlungsgebieten des Bildungsbürgertums entscheiden sich alle für Latein ab Klasse 5 und können damit in eine andere Orientierungsstufe gehen, weil die zuständige Orientierungsstufe das nicht anbietet. Das heißt, das Auseinanderdividieren findet so oder so statt. Ich weiß nicht, ob es wirklich hilfreich ist, soziale Mischungen zu erzwingen. Es ist möglicher Weise hilfreicher die Schule auf die Probleme der Problemgebiete auszurichten, um die Kinder aus diesen Gebieten besser in die Gesellschaft zu integrieren. Ich glaube, es könnte zumindest eine vernünftige Alternative sein zu sagen, wir führen ein auf Integration angelegtes Schulsystem speziell für diese Kinder weiter, als Alternative für die Eltern, die es wollen. Diesen Punkt, den Sie angeschnitten haben, den sehe ich als Problem an. Wenn Sie sagen, Marktwirtschaft Ja, aber dann Soziale Marktwirtschaft, dann stimme ich Ihnen zu. Ich kann mich da sehr für Modelle erwärmen, die Gewähr leisten, dass man aus der sozialen Verantwortung, die der Staat wahrzunehmen hat, intervenieren kann.

Wahlverhalten von Eltern

Michael Hüttenberger: Zum Beispiel der Orientierungsstufe: Fakt ist hier, dass eine Elterngruppe, die zwar per Definition zu dieser Schule gehört, diese Schule nicht angenommen hat. Man kann es im Sinne der Schule nicht zulassen, dass bestimmte Gruppierungen von Schülern weglaufen über den Ausweg Latein. An diesem Beispiel sieht man zunächst einmal, dass es eine Konkurrenz faktisch immer gibt und dort, wo sie formal wegdefiniert ist, sie sich immer wieder über Umwege erzeugt. Es gibt eine Fülle von Möglichkeiten, wie man das macht, um an bestimmte Schulen nicht zu kommen, an die man eigentlich gehört. Bezogen auf diese Schule heißt die Frage doch: Warum gelingt es nicht, in der Schule gemeinsam mit der Schulbehörde dieses Problem offen anzugehen? Warum geht man nicht hin und fragt: Was verhindert, dass die Eltern ihre Kinder dort hinschicken? Es kann zum Beispiel sein, dass Eltern Angst haben, in dieser Orientierungsstufe ist das Leistungsniveau für die leistungsstarken Kinder nicht hoch genug. Es kann sogar sein, dass das stimmt. Dann muss ich mir Wege überlegen, um das zu ändern. Ich kann beispielsweise andere Differenzierungsformen innerhalb der Schule anbieten. Ich könnte sogar Wohngebietsklassen ermöglichen. Das sind alles Modelle, die innerhalb einer Schule diskutierbar wären. Meine Wahrnehmung ist jedoch, dass solche Indikatoren eher wegdefiniert werden, bevor man in Bewegung gerät und versucht Probleme miteinander zu lösen.

Frau von Ilsemann: Ich würde gern zunächst einmal auf Frau Schliewe antworten: Natürlich weiß ein Gymnasialschüler in der 8. Klasse in aller Regel, auf welche Art und Weise er differenziert ein Problem von mehreren Seiten bearbeitet. Das lernt er in der Schule. Ob er oder sie dann auch im Alltagsleben unterschiedliche Meinungen gelten lässt, ist aber eine zweite Frage. Und ich kenne umgekehrt eine ganze Reihe von Schülerinnen und Schüler, die in der 8. Klasse ihre Grundhaltung nicht schriftlich und differenziert begründen können, weil sie zu dieser Art von schriftlicher Auseinandersetzung nicht in der Lage sind. Solche Schüler gibt es in Hauptschulen, es gibt sie in Gesamtschulen, es gibt sie manchmal auch in Realschulen und oft in Sonderschulen. Das sagt aber noch nichts darüber aus, wie sie im Ernstfall handeln, zum Beispiel wenn Toleranz gefragt ist. Deshalb ist soziales Lernen in Tests eben nicht einfach zu messen.
Ich glaube, dass auch in der Konkurrenzsituation zwischen Schulen der allgemeine Charakter von Bildungsvorgaben im Sinne der Allgemeinbildung vermutlich eher nicht leiden würde. Gefährdet könnten aber diejenigen Teile von Bildung sein, die nicht einfach in klassischen Lernplänen abzubilden sind. Natürlich kann ich in einem Curriculum Lernziele formulieren wie „in Zusammenhängen denken, Zusammenhänge herstellen und moralisch bewerten“. Wir wissen aber, dass man große Zweifel daran haben kann, in wie weit Lehrerinnen und Lehrer Lehrpläne lesen und umsetzen. Und selbst wenn wir die Umsetzung durch Evaluation kontrollieren, dann werden wir damit grundsätzliche Bildungsziele im Bereich von Werthaltungen, von sozialen oder auf die Persönlichkeit bezogenen Lernzielen nicht durchsetzen.
Kriterien für eine gute Schule sind bekannt. Dazu gehört aus meiner Sicht, dass sich Lehrer und Schüler und Schulleitung wirklich mit der Schule identifizieren, dass sie respektvoll miteinander umgehen, dass Unterricht und Erziehung ineinander greifen und junge Menschen zu eigenem Nachdenken und zu verantwortlichem Handeln anregen. Hartmut von Hentig nennt dies: „die Sachen klären und die Menschen stärken“. Allerdings ist davon das Wenigste von oben zu verordnen. Genau deshalb ist ja die Übergabe von mehr Verantwortung, Kompetenzen und Entscheidungen an die einzelne Schule eine richtige Entscheidung. Aber ebenso richtig bleibt es, dass bei ungebremster Konkurrenz gerade die „bürgerlichen Tugenden“ wie sie das Grundgesetz fordert, verloren gehen könnten.

Anforderungen an modernes Management von Schulen

Hans-Werner Müller: Übergabe von Verantwortung, sagten Sie, Frau von Ilsemann, dieses Dezentralisierungsargument macht meiner Ansicht nach nur Sinn, wenn man Transparenz und Wettbewerb herstellt. Ansonsten verlagern Sie das Problem einfach, weil Sie es oben nicht lösen, nach unten und schieben dem Schulmanagement die Verantwortung dafür hin. Der Wettbewerb schafft dagegen Kriterien, die es ermöglichen, reale Veränderungen herbeizuführen. Meiner Ansicht nach muss sich professionelles Schulmanagement mit dem Begriff der Leistung, und zwar der Leistung speziell der Lehrer auseinander setzen und sich darauf konzentrieren, Leistungshemmnisse abzubauen. Es gibt meiner Ansicht nach in Schulen massive Leistungshemmnisse, eben weil zum Beispiel Schulen ihre Lehrer gar nicht selber einstellen können. Aus Sicht von Unternehmen erscheint das schulische Einstellungsverfahren wie aus einer anderen Welt. Wenn man die Schulen dem Wettbewerb öffnet, wird man sie professionellen Managementmethoden öffnen müssen. Das bedeutet, uber Probezeiten nachzudenken, über Assessment Center, über Leistungsorientierung und Prämiensysteme. Ironischerweise ist es so, dass sich die Schüler nach ihrer Schulzeit solchen Leistungsanforderungen bereits am ersten Tag stellen müssen: Sie bewerben sich bei einem Unternehmen und fallen vielleicht bei der Aufnahmeprüfung durch und fragen sich dann: Warum ist mir das passiert? Die Lehrer aber müssen sich diesem Prozess nicht kontinuierlich, jedenfalls nicht leistungs- und marktorientiert, stellen. Und da sehe ich einen Widerspruch zwischen dem, was man von den Schülern erwartet und zwischen dem, wie Schule funktioniert.

Ich glaube, dass sich Schulmanagement genauso wie Unternehmensmanagement an einigen Eckpunkten zu orientieren hat. Dazu gehört die Grundererkenntnis, dass in Zukunft Wertschöpfung in der Gesellschaft vor allem aus Wissensarbeit entsteht, insbesondere in Deutschland, weil andere Arbeit kaum mehr zu bezahlen ist im internationalen Wettbewerb. Die eigene Qualifikation ist ein Wettbewerbsvor- oder -nachteil. Und das muss die Schule berücksichtigen. Die Qualifikation unterliegt gleichzeitig einem ungeheuer schnellen Verschleiß. Es gibt keine klaren Berufsbilder mehr – oder sie verschwimmen immer mehr. Und die Fähigkeit und die Bereitschaft zu lebenslangem Lernen wird zu einem persönlichen Erfolgsfaktor. Neben einer Spezialisierung ist eine breite Qualifikation wichtig, das hatten wir schon festgestellt. Das Thema Internet ist ein weiteres Stichwort: Wer sich nicht mit Datenverarbeitung beschäftigt, hat nur geringe Chancen auf dem Arbeitsmarkt, was ebenso mit Blick auf Sprachen gilt. Betriebswirtschaft gehört zu den Grundlagenkenntnissen, die man an einer Schule vermitteln sollte, weil das Kosten-Nutzen-Denken in jeder Phase, in jedem Job künftig, egal wo man ist, eine Rolle spielt. Womit sich Schulmanagement auch beschäftigen muss, ist, dass fremde Kulturen akzeptiert werden. Unter den Bedingungen des Europäischen Marktes wird es für Unternehmen nicht akzeptabel sein, dass Vorbehalte gegenüber fremden Kulturen an den Schulen geduldet werden, im Gegenteil. Das Denken in Projektstrukturen und Projekterfolgen ist wichtig, wozu Teamfähigkeit und soziales Verantwortungsgefühl gehören. Wenn ein Unternehmen ein Klima der sozialen Kälte produziert, wird es gute Mitarbeiter schnell verlieren. Die Übernahme von sozialer Verantwortung ist nichts, was von Unternehmensseite als Ballastfaktor interpretiert werden würde oder was unter Wettbewerbsgesichtspunkten keine Bedeutung hätte.

Michael Hüttenberger: Schulmanagement heißt als Erstes einmal eine partizipative Führungsstruktur aufzubauen. Das hessische Schulgesetz kennt erst seit seiner Novellierung den Begriff der Schulleitung. Vorher gab es den hoheitlich definierten Schulleiter und seinen Vertreter. Da fängt es doch schon an. Teamstrukturen innerhalb der Schule aufzubauen, das heißt Verantwortung abzugeben, das heißt Anreize zu schaffen, selbst wenn ich sie offiziell nicht zur Verfügung habe. Wir setzen zum Beispiel Entlastungsstunden für Teamsprecher ein. Es gibt keine zentrale Konferenz mehr, die nicht innerhalb der Jahrgangssprecher vorbesprochen wurde. Der Schülerrat ist bei uns eine Institution, die über den Klassenrat organisiert ist, und der Regeln und Sanktionen mit festlegt. Zusammenfassend würde ich sagen, heißt Schulmanagement vor allem Interessenmanagement auf den verschiedenen Ebenen.

Budgetierung

Norman van Scherpenberg: Herr Hüttenberger hat angedeutet, was man alles mit professionellem Schulmanagement machen kann. Nichtsdestoweniger stellt sich beim Management immer die entscheidende Frage: Wer ist denn wem verantwortlich? Und wenn wir sagen, der Schulleiter ist dem Träger verantwortlich, dann muss man auch hier sagen: Welche Freiheiten hat er, innerhalb deren er diese Verantwortung wahrnehmen kann? Welche Freiheiten hat er, Verantwortung zu delegieren und dann nicht für jeden Fehler, den jemand, an den er delegiert hat, im Detail gemacht hat, verantwortlich zu sein. Und wenn er für alles verantwortlich bleibt, kann er nicht delegieren. Und dazu gehört, dass der Schulträger sagt, dass dem Schulleiter die Freiheit gegeben ist, Eltern so einzubinden, dass dabei etwas herauskommen kann, was der Schulträger nicht genau vorgeschrieben hat. Beim Management muss Klarheit herrschen: Wer ist eigentlich der Träger und mit wessen Geld managt der Schulleiter? Und hier liegt in meinen Augen einer der großen Fehler unseres Schulsystems: Der Schulleiter managt mit dem Geld von zwei völlig verschiedenen Ebenen, nämlich mit dem der Kommune, die sozusagen die Schule als Hardware bereitstellt und dem des Landes, das das Personal bereitstellt. Wenn das aus einer Hand käme und der Schulleiter hier mit Budgets arbeiten könnte, dann könnte er sehr viel effizienter und professioneller managen.

Die Position der Schulleiterin und des Schulleiters

Cornelia von Ilsemann: In Hamburg kommt das Geld in der Regel aus einer Hand, weil die Schulbehörde (das Ministerium) gleichzeitig der Schulträger aller staatlichen Schulen ist. Damit sind aber noch nicht alle Probleme gelöst. Wir stoßen ja zum Beispiel bei

Fragen der Personalentwicklung an Grenzen des Beamtenrechts. Alle hier sind sich einig: Es wäre gut, wenn Schulen ihr Personal auswählen könnten oder bei der Auswahl mindestens entscheidend mitwirken könnten. Eine wesentliche Frage bleibt aber doch bestehen: Können Schulen auch jemanden wegschicken oder entlassen? Und für dieses Problem müssen wir Lösungen finden. Es sollte für Lehrerinnen und Lehrer die Möglichkeit geben nach zehn Jahren Beruf etwas anderes machen zu können. Hier sind Personalentwicklungsstrukturen, Aussteige- und Quereinstiegsmöglichkeiten gefragt. Auch Leistungsanreize für Lehrerinnen und Lehrer können wichtige Instrumente von Personalentwicklung sein. Ob sie allerdings im Schulbereich bei Prämien liegen und es nicht andere Formen des Ausgleichs, wie etwa Arbeitszeitanteile oder Gestaltungsfreiheiten, geben sollte, darüber muss man noch einmal in Ruhe nachdenken. Insgesamt brauchen wir in Schulen ein Arbeitszeitmodell, dass die tatsächlich geleistet Arbeit von Lehrerinnen und Lehrern widerspiegelt, vor allem also auch die Arbeit, die für das System als Ganzes geleistet wird, und nicht nur (wie bisher) nach unterrichteten Stunden gemessen wird. Zur Verantwortung des Schulleiters und der Schulleiterin möchte ich noch einen Akzent setzen: Ich finde Schulleitungsteams wichtig, sie können die Effektivität einer Schulleitung steigern, das kann jedoch nicht darüber hinweg täuschen, dass die Verantwortung des Schulleiters oder der Schulleiterin für die Schule im Zusammenhang mit verstärkter Eigenverantwortung der Schule wächst. Die steht durchaus im Gegensatz zu Vorstellungen der 68er Lehrer, die in einer kollektiven Schulleitung alle Entscheidungen per Mehrheit fällen wollten oder auch zu Vorstellungen aus der Weimarer Republik, wie wir sie in Hamburg an Versuchsschulen hatten, eines jährlich wechselnden Schulleiters. Ich denke, dass wir einen starken Schulleiter oder eine starke Schulleiterin brauchen, die Managementfunktionen übernehmen, die Verantwortung tragen und die Prozesse steuern. Es erscheint mir sinnvoll, solche Funktionen auf Zeit zu besetzen, damit es einen regelmäßigen Wechsel geben kann (zum Beispiel 8-10 Jahre). Aber in der Zeit, in der er oder sie verantwortlich ist für die Schule, muss er oder sie auch steuern und die Möglichkeit haben Personal- und Ressourcenentscheidungen zu treffen, auch und gerade wenn diese unangenehm sind.

Michael Hüttenberger: Ich meine keine kollegiale Schulleitung oder ein Schulleitungskollektiv, ich meine eine Teamstruktur im Sinne dessen, dass bestimmte Aufgaben delegiert und innerhalb des Teams selbstständig wahrgenommen werden können. Ich halte eine letztendliche Entscheidungsverantwortung und -vollmacht bei einer einzelnen Person für unabdingbar.

Thomas Riecke: Zum Abschluss möchte ich auf eine Grundintention des Buches verweisen, die sich auch in Ihren Äußerungen widerspiegelt. Wie sieht das Rollenverständnis von Schulleitern eigentlich aus? Entsprechende Umfragen verweisen darauf, dass die Mehrheitsmeinung in dem altbekannten Satz vom *primus inter pares* zusammenfasst werden kann: „Ich bin als Schulleiter Erster unter Gleichen." Das Paradoxe ist jedoch, dass Schulleiter nicht unbedingt die besten Lehrer sind, da haben manche Kollegen Schulleitern etwas voraus. Wir wollen in dem Buch ein Führungsverständnis bekräftigen, bei dem die Motivation des Kollegiums als entscheidendes Subjekt der Gestaltung von Schule im Zentrum der Leitungsarbeit steht. Dafür ist Transparenz eine entscheidende Voraussetzung: Das betrifft das Aufdecken von Prozessen, die Frage, was leistet eine Fachschaft, was sind die Ergebnisse des Unterrichts, oder die Frage, wie zufrieden sind die Eltern und Schüler mit uns, wie zufrieden ist das Kollegium mit der Schulleitung, was können wir verbessern. Ein solches Führungsverständnis ist untrennbar mit der Frage verbunden, wie können wir eine noch bessere Schule für *und* mit Schülern und Eltern machen. Mit Blick auf diese Fragen möchten wir uns herzlich für Ihre Anregungen und Positionsbestimmungen bedanken.

Training: Handlungsfelder für Schulleitungen

Aufgaben:

- Welche Handlungsfelder sehen Sie für sich als Schulleitung im nächsten Jahr?
  Geben Sie den 6 Kästen eine Überschrift mit einem Begriff für das Handlungsfeld.
- Welche vordringlichen Probleme oder Vorschläge sehen Sie in den jeweiligen Feldern? Schreiben Sie dazu Stichwörter auf.
- Was soll der Schwerpunkt für das nächste Jahr sein: Heben Sie den Kasten deutlich hervor.

Schulleitung

Musterbeispiel

Personalführung
- Bildung von Jahrgangsteams
- Zuordnung von Schulleitungsmitgliedern
- Einführung von jährlichen Entwicklungsgesprächen

Budgetierung
- Energiesparmaßnahmen im Rahmen von 50:50-Programmen Geld-statt-Stellen
- Einsatz von Erziehern in der Schule

Schulprogramm
- Stärke-Schwäche-Bilanz
- Vorschlagpapiere von Lehrern, Eltern, Schülern erstellen
- Podiumsdiskussion

Schulleitung

Gremienarbeit
- Einführung von schriftlichen Vorlagen
- Informationsfluss durch ein schulinternes Mitteilungsblatt

Qualitätssicherung
- Vergleichsarbeiten in den Klassen 7 und 10 in den Fächern …
- Maßnahmen zur Verbesserung der Anmeldezahlen

Außenvertretung
- Regelmäßiger Austausch mit Nachbarschulen
- Kooperationsprojekte mit Handwerksbetrieben und Vereinen

Selbstkonzept Schulleiter

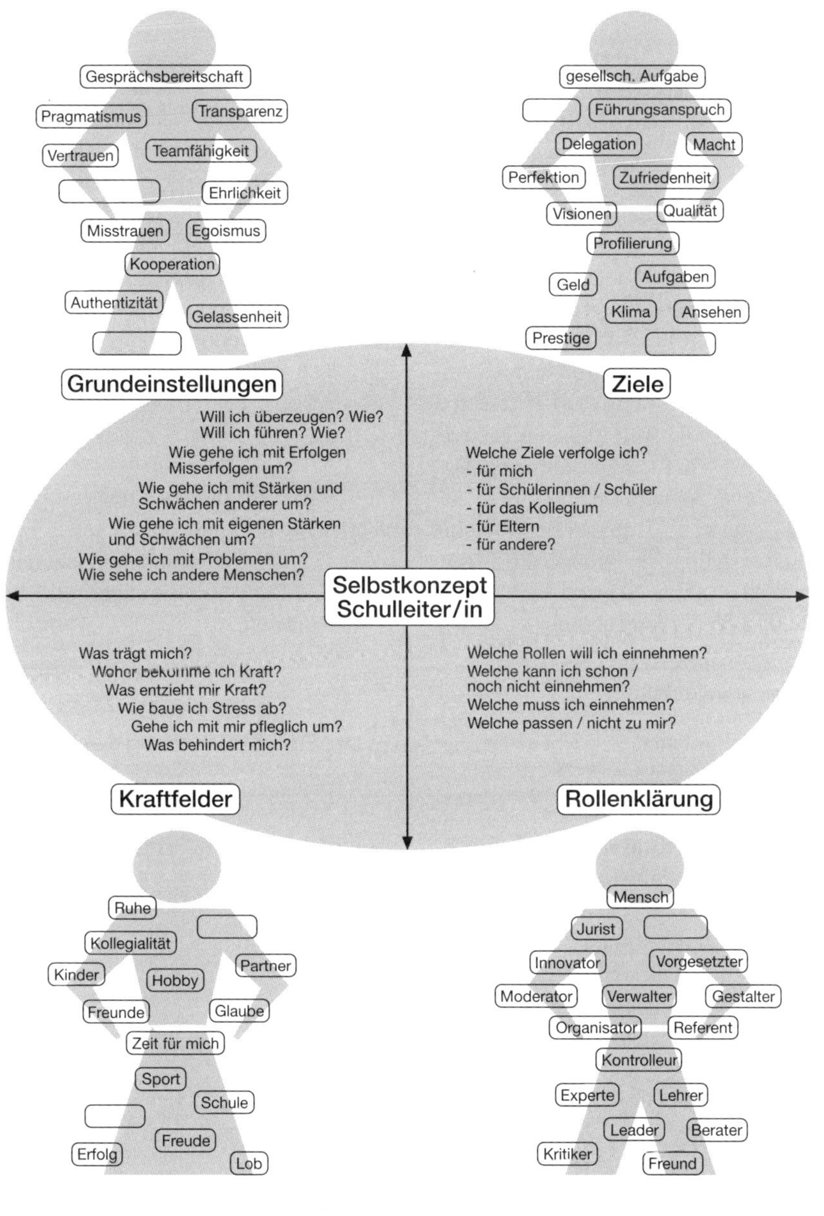

Qualität - Diagnose, Schulprogramm, Evaluation

Qualitätsentwicklung: Grundsätze und Qualitätsparameter

Eines der zentralen Probleme von Schulentwicklung ist, dass viele Bereiche von schulischen Leistungen weitgehend intransparent sind. Wie in kaum einem anderen Bereich geht die Schere zwischen der gesellschaftlichen Bedeutsamkeit der Arbeit und dem Wissen um die Resultate so weit auseinander wie im Schulwesen. Ein Mehr an Eigenständigkeit von Schulen ist ohne eine Lösung dieses Transparenzproblems nicht vorstellbar. Je größer die Eigenständigkeit einer Schule wird, desto größer ist die Verantwortung der Schule dafür, die eigenen Leistungen zu überprüfen und der Gesellschaft, Eltern wie Schülern, Rechenschaft abzulegen.

Mehr Eigenständigkeit von Schulen bedeutet, die administrativen Steuerungsmechanismen zu verändern und schulinterne Steuerungsinstrumente aufzubauen. Managementaufgaben werden damit an die Schulen selbst delegiert. Dies setzt voraus, dass auch die dafür notwendigen Ressourcen stärker dezentralisiert werden.

Die Prinzipien neuer Steuerungsmechanismen in einer Schule sowie zwischen Schulen und staatlicher Schulaufsicht sind Zielvereinbarungen und Resultatskontrolle:

Steuerungskreislauf:

Zielvereinbarungen im Schulprogramm	⟶ ⟵	Ergebnisbewertung durch interne und externe Evaluation

Qualität von Schule thematisieren

Bei Zielvereinbarungen und der Ergebnisbewertung stellt sich die grundlegende Frage nach dem Inhalt von Schulqualität. Bei einigen Einwände gegen die Bestimmung von Schulqualität wird übersehen, dass jede Schule ihre besondere Qualität *hat*. Diese in Erfahrung zu bringen, ist ein Vorgang reflexiver Selbstvergewisserung. Am Anfang stehen ganz einfache, aber folgenreiche Fragen:

- Welche Vorstellungen haben wir von einer guten Schule?
- Entspricht unsere Schule diesen Vorstellungen?
- Tun wir das Richtige?
- Welche Ergebnisse erreichen wir mit unserer Arbeit?

Eine Verständigung über die Qualität einer Schule ist für viele Kollegien Neuland. Gleichzeitig existieren bei den einzelnen Kollegen recht klare Auffassungen über eine gute oder schlechte Schule. Schulqualität thematisieren, das bedeutet einen Meinungsbildungsprozess anzuregen, der die impliziten Handlungsvoraussetzungen transparent macht und hinterfragt. Ziel dieses Prozesses ist es, aus den verschiedenen Vorstellungen eine *gemeinsame* und *explizite* Handlungsgrundlage zu entwickeln.

Interessenlagen bestimmen

Schulprogramme basieren auf dem Versuch, allgemein-gesellschaftliche und konkrete Interessen der Schüler, Eltern und Lehrer vor Ort auf einen Nenner zu bringen.

Interessen und Qualität von Schule

Was unter Qualität von Schule verstanden wird, ist abhängig vom pädagogischen und gesellschaftspolitischen Standpunkt. Die Diskussion darüber findet im Spannungsfeld unterschiedlicher Interessen statt: Qualität von Schule erscheint zunächst dann erreicht, wenn Schule die jeweiligen Interessen der Kinder, Jugendlichen und jungen Erwachsenen berücksichtigt und sie in ihrem Entwicklungs- und Lernprozess fördert. Gleichzeitig hat Schule eine Vermittlungsfunktion, die sich nicht aus den spezifischen Interessen der Schüler und Eltern ergibt, sondern aus der Notwendigkeit der gesellschaftlichen Reproduktion.

Das, was an Kulturwissen und -techniken für eine Gesellschaft (lebens-) wichtig ist, kann einerseits nicht aus Umfragen unter Schülern und Eltern abgleitet werden. Anderseits ist die Kenntnis der Erwartungen von Eltern und Schülern wichtig, um das als gesellschaftlich notwendig bestimmte mit den subjektiven Interessen vermitteln zu können.

Da Qualität von Schule vor Ort gemacht wird, muss sie sich auch vor Ort bewähren. Qualitätskriterien und -maßstäbe werden deshalb in Bewegung bleiben. Entscheidend für die Qualitätsentwicklung vor Ort bleibt, dass

- im Kollegium eine gemeinsame, transparente und verbindliche Handlungsgrundlage vorhanden ist,
- diese Handlungsgrundlage in ihrer verschriftlichen Form als Schulprogramm regelmäßig auf ihre Wirkungen hin reflektiert wird.

Qualitätsmerkmale von Schulen

Rolff hat im Jahrbuch der Schulentwicklung, Band 6, in einem Aufsatz „Wie gut sind gute Schulen? Kritische Analysen zu einem Modethema“ wichtige Aspekte der internationalen und nationalen Diskussion über Qualität von Schule zusammengefasst und reinterpretiert. Weitere Hinweise zur Qualität von Schule haben Steffens und Bargel aufgeführt, die wir hier kommentarlos - im Sinne einer kritisch zu reflektierenden Anregung - darstellen:

Effektive Schulen wiesen danach folgende Merkmale auf:

1. Die Schulleitung hat *starke Führungsqualitäten* und akzentuiert den Unterricht als Zentrum der Schule.
2. *Unterricht* zur Vermittlung von Kulturtechniken hat gegenüber anderen Schulaktivitäten den Vorrang.
3. Es herrscht eine geordnete, aber nicht rigide *Lernatmosphäre* mit dem Ziel der Förderung der Schüler.
4. Die Lehrer haben *hohe Leistungserwartungen* an die Schüler, das gilt vor allem mit Blick auf Schüler, die ein bestimmtes Leistungsminimum erreichen sollen.
5. Die *Lernfortschritte* werden beobachtet und kontrolliert.
6. Es gibt eine ausgeprägte *Lehrerkooperation:* Sie umfasst die gemeinsame Unterrichtsplanung in den Schulstufen und Jahrgängen, ein regelmäßiges Lehrertraining und einen häufigen Erfahrungsaustausch, gegenseitige Hospitationen und die Koordination der Lehrpläne beziehungsweise deren Umsetzung.
7. An der Schule herrscht ein *Zusammengehörigkeitsgefühl* und ein *Klima des Vertrauens*.
8. Die Lehrer sind *innovationsbereit* und *-fähig*.
9. Die *Eltern* sind an der Gestaltung der Schule einbezogen.
10. Die *Schulaufsicht* unterstützt die Entwicklung der Schule.

Unterrichtsqualität setze die folgenden Bedingungen voraus, was als „Optimalklasse“ bezeichnet werden könne:

1. Es gibt klare Regeln, die Schüler und Lehrer miteinander vereinbart haben. Der Lehrer sorgt für die konsequente Einhaltung der Regeln.
2. Die Unterrichtszeit wird intensiv für die Behandlung des Unterrichtsstoffes genutzt.
3. Das Lernen findet häufig in Kleingruppen statt.
4. Der Schwierigkeitsgrad von Aufgaben wird so variiert, dass die Schüler entsprechend ihren Fähigkeiten häufig mit anspruchsvollen Fragen konfrontiert sind.
5. Gleichzeitig findet keine Überforderung der Schüler statt, indem schwierige Fragen dosiert eingesetzt werden.
6. Schwächere Schüler werden besonders gefördert.
7. Die Lehrer tolerieren Langsamkeit bei der Lösung von Aufgaben und reagieren mit Geduld und Gelassenheit auf Verzögerungen und Probleme beim Lernen.
8. Die Lehrer zeigen eine diagnostische Sensibilität, wobei sie vor allem auch die affektiven Lernvoraussetzungen der Schüler wahrnehmen (zum Beispiel: Versagensängste).
9. In der Klasse herrscht eine positive Stimmung, wozu Ermutigung durch den Lehrer und Humor gehört.
10. Leistungsorientierter Unterricht wird nicht als Selbstzweck verstanden. Der Lehrer legt keinen eingeengten Leistungsbegriff zu Grunde und versteht es, Leistungsängste bei den Schülern abzubauen.

Literaturhinweis: Rolff, H.-G. u. a. (Hrsg.): Jahrbuch der Schulentwicklung, Band 6. Weinheim 1990, S. 243-261 und Steffens, U./Bargel, T.: Erkundungen zur Qualität von Schule. Neuwied 1993

Ebenen von Schulqualität

Schulqualität umfasst nicht nur Ergebnisse (abrechenbare Schülerleistungen), sondern auch andere Ebenen schulischer Arbeit. Schulqualität lässt sich in Ergebnis-, Prozess- und Strukturqualität differenzieren:

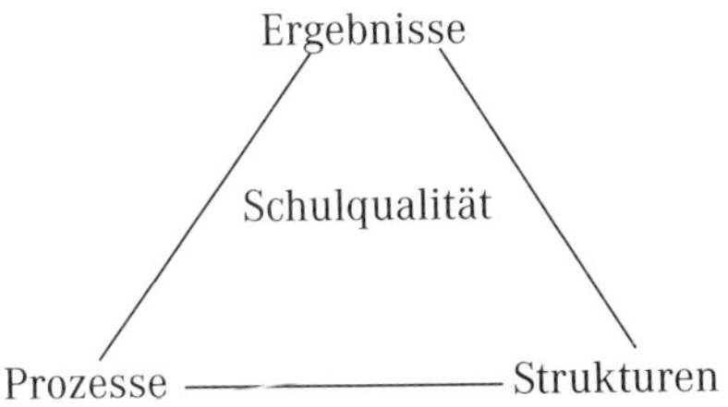

Die verschiedenen Ebenen stehen in einem engen Wechselverhältnis und durchdringen sich, sodass in bestimmten Punkten keine eindeutige Zuordnung möglich ist. Dennoch lassen sich wichtige Unterscheidungen vornehmen, wobei nur bestimmte Parameter in einfacher Form messbar sind (Zensuren, Anmeldezahlen), andere Parameter dagegen nur über aufwändigere Verfahren zu ermitteln sind (Akzeptanzumfragen, Eindrucksanalysen ...). Entsprechend dem pädagogischem Standpunkt wird die Gewichtung der einzelnen Aspekte unterschiedlich sein. Unterricht ist der für die Schülerinnen und Schüler entscheidende Ort schulischer Lernprozesse. Dabei sollte die Verbesserung der Unterrichtsqualität nicht isoliert betrachtet, sondern mit anderen Bereichen der Schulentwicklung verbunden werden: mit dem Schulklima, der Lehrerkooperation, der Zusammenarbeit von Lehrkräften mit den Lernenden und Eltern, dem Schulmanagement und den räumlich-strukturellen Bedingungen. Unterrichtsqualität ist jedoch nur in kleinen Schritten zu verbessern, weil Veränderungen in diesem Bereich Selbstverständnis und Alltagsroutinen der Lehrerinnen und Lehrer berühren.

Die auf Seite 130/131 abgebildete Auswahl von Parametern ist bewusst nicht hierarchisch geordnet und lediglich als *Reflexionsanregung* zu verstehen. Dabei ist zu beachten, dass Schulqualität und bestimmte Qualitätsparameter nicht notwendigerweise in einem kausalen Zusammenhang stehen, was beispielsweise der Werdegang der Absolventen veranschaulicht: So kann eine Schule ein qualifizierendes Angebot im Bereich der Berufsvorbereitung haben, ob aber deshalb eine größere Anzahl von Schülern eine Lehrstelle erhält, ist angesichts der hohen Arbeitslosigkeit natürlich nicht voraussagbar.

Bestimmte Fragestellungen geben also nur bedingt Auskunft über die Qualität von Schule, da sie weitgehend von anderen Faktoren abhängig sind. Dennoch ist - um im genannten Beispiel zu bleiben - mit dem Parameter „Werdegang der Absolventen“ die Frage aufgeworfen, ob die Berufsvorbereitung durch eine Schule der heutigen Situation angemessen ist, ob die früher vielleicht ausreichende Qualität von Schule in diesem Bereich gegenwärtig als mangelhaft zu beurteilen wäre.

Der *Fragebogen: Priorität von Qualitätsparametern* (Kopiervorlage 5, Seite 130/131) ist so gehalten, dass er direkt für Umfragen über Schwerpunkte für Diagnosen und Zielvereinbarungen benutzt werden kann. Nach einem Jahr kann die Umfrage - mit entsprechend veränderter

Fragestellung – wiederholt werden, um festzustellen:

- Wie weit sind wir mit der Veränderung gekommen?
- Wie bewerten wir die Veränderungen?

Auf das jeweils Wichtige konzentrieren: Handlungsfelder eingrenzen

Die angedeuteten Beispiele zeigen, dass es unmöglich ist, Schulqualität total zu erfassen. Im Umgang mit dieser Auswahl muss es vielmehr darum gehen, Arbeitsfelder zu systematisieren und Schwerpunkte festzulegen. Bei der Qualitätsentwicklung von Schule sollten Handlungsfelder bewusst eingegrenzt werden, um Verzettelung zu verhindern und wirkliche Veränderung zu ermöglichen.

Schulprogramme: Archimedische Punkte

Schulprogramme sind für die Qualitätsentwicklung von Schule von zentraler Bedeutung, weil mit und in ihnen eine verbindliche, nach innen und außen hin wirksame Handlungsgrundlage geschaffen wird. Schulprogramme beinhalten in explizierter Form die pädagogische Konzeption der Schule. Im Unterschied dazu ist das *Schulprofil* ein seit Jahren oder Jahrzehnten gewachsenes Bild einer Schule, indem - wie beim Profil eines Gesichts - Markantes zum Ausdruck kommt. Schulprofile sind nicht selten impliziter Natur und basieren nur teilweise auf verschriftlichten Botschaften über die Spezifik einer Schule. Jede Schule besitzt ein mehr oder weniger ausgeprägtes Schulprofil: Dazu gehören der Ruf der Schule in der Öffentlichkeit, ihre Tradition und ihre Besonderheiten wie zum Beispiel Ganztagsangebote, Integration oder musische Orientierung.

Schulprogramme sind die entscheidende Grundlage zur Profilbildung einer Schule, da mit ihnen Ziele, Inhalte und Schwerpunkte der Arbeit bestimmt werden. Dabei handelt es sich nicht einfach um ausführlicher begründete Maßnahmen für das nächste Schuljahr. Der bekannte Leitsatz *„keine Maßnahme ohne Diagnose“* basiert auf der Erfahrung, dass die alleinige Fixierung auf die nächsten Schritte zu Handwerkelei und Aktionismus führt. Das verbindende und motivierende Ziel der Arbeit kann mit Maßnahmekatalogen nicht bestimmt werden. Umgekehrt gilt: Schulprogramme sind nicht der Platz, wo ideologische Grundsatzpositionen festgeschrieben werden.

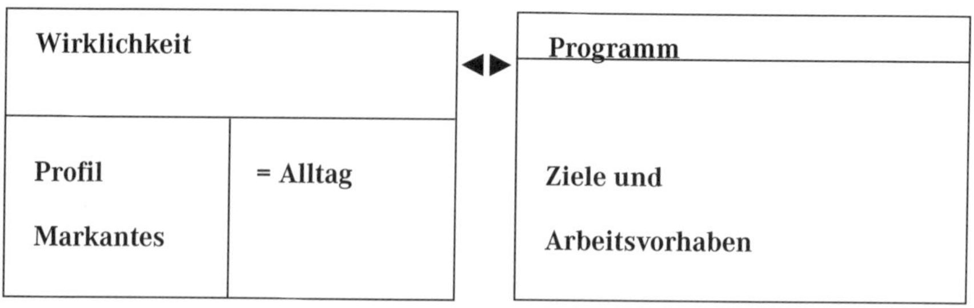

Ziele vereinbaren
Schulprogramme beinhalten primär *spezifische Zielvereinbarungen* an einer Schule. Gemeinsame Ziele sind die entscheidende Quelle für Motivation. Ohne Klarheit über die Ziele, kann es kein produktives Schulemachen geben. Zielvereinbarungen sind nicht mit Dienstvorschriften, Handreichungen oder Tätigkeitskatalogen zu verwechseln. Vorschriften schließen Freiräume, im besten Falle führt man sie aus. *Gemeinsame Ziele öffnen Freiräume*, sie regen zum selbstständigen Denken und Handeln an: „Auf welchem Weg können wir unsere Ziele erreichen?" Jeder Einzelne soll mit seiner Meinung und seiner Tat gefragt sein.
In gewisser Weise haben Zielvereinbarungen neben einer visionären auch eine pragmatische Seite, in ihnen wird ein Konsens festgehalten, das *gemeinsam Machbare*: Dies ist die Voraussetzung, um unterschiedliche ideologische Positionen integrieren zu können. Je größer Differenzen in grundsätzlichen Positionen an einer Schule sind, desto wichtiger ist es, konkret zu werden. Realismus fördert Motivation: Konzentration auf eher kurzfristig zu erreichende Ziele und praktikable Arbeitsvorhaben ist vor allem dann wichtig, wenn die Stimmung eher verhalten-abwartend ist oder pädagogische Grabenkämpfe das Kollegium lähmen.

Gegebenenfalls Leitbilder entwerfen
Mit Schulprogrammen nimmt eine Schule zielgerichteten und systematischen Einfluss auf ihr Profil und bestimmt die wesentlichen Arbeitsziele für die nächsten 2-5 Jahre. *Leitbilder* sind prägnante Aussagen über die pädagogische Grundorientierung und die besondere Qualität einer Schule. Das Führen und Präsentieren mit Hilfe von Leitbildern kommt aus dem Unternehmensbereich und basiert auf der Erfahrung, dass die Motivation eines Teams auch davon abhängig ist, ob die individuelle Arbeit mit der „Philosophie des Unternehmens" verbunden wird. Leitbilder beinhalten kurze Sätze oder Schlagwörter, mit denen sich ein Unternehmen nach innen und nach außen als eine Gemeinschaft, die innovativ und kompetent ist, darstellt. Leitbilder sind häufig auf Kundenorientierung, Servicequaltität und Teamarbeit konzentriert:

- *Kundenorientierung:* Wir wollen, dass unsere Kunden unser Angebot nicht einfach nur gut finden. Unsere Produkte sollen das Leben der Kunden so bereichern, dass sie davon begeistert sind.
- *Servicequalität:* Bei uns gibt es kein Warten auf Beratung und Service. Wir helfen sofort weiter.
- *Teamarbeit:* Hohes Engagement, Aufmerksamkeit, Freundlichkeit, Flexibilität - so wie wir mit dem Kunden arbeiten, so arbeiten wir im Team.

Leitbilder können einen wichtigen Beitrag leisten, das Konkrete mit allgemeinen Ansprüchen oder Visionen zu verbinden. Problematisch sind sie allerdings dann, wenn sie nur als platte Parolen im Mund geführt werden. Solche Leitbilder wirken kontraproduktiv, weil sie das Syndrom der Folgenlosigkeit großer Worte und Reden verstärken und Demotivation im Kollegium bewirken.

Leitbilder sind Bestandteile von Schulprogrammen oder eigenständige Dokumente, die auf einer Seite dargestellt werden. Der auf Seite 109/110 dokumentierte Text von Lehrern, Schülern und Eltern *Für ein besseres Miteinander* ist ein Beispiel:

- Fordern und fördern von Leistung - das heißt für uns ...
- Gegenseitige Achtung und konstruktive Kritik - das heißt für uns ...
- Gegenseitiges Zuhören und Verbindlichkeit - das heißt für uns ...
- Offenheit des Unterrichts und Transparenz - das heißt für uns ...
- Kreativität und Ordnung - das heißt für uns ...

Prozessorientierte Aussagen („besseres Miteinander") in Leitbildern sollten möglichst kombiniert werden mit Aussagen zu Ergebnissen („hohe Leistungsstandards, bei uns verlässt keiner die Schule ohne Abschluss") und Strukturen („Umweltschutz ist an unserer Schule Praxis").

Ziele auch über Mittel bestimmen

Leitbilder setzen voraus, dass ein Kollegium sich über die grundsätzlichen Ziele in der pädagogischen Arbeit verständigt. Die Arbeit an einem Leitbild folgt der Maxime, zuerst die Ziele zu klären, dann die Mittel. Die Erfahrung zeigt jedoch, dass es nicht immer sinnvoll ist, darauf zu bestehen, Zielvereinbarungen an den Anfang oder ins Zentrum des Verständigungsprozesses zu stellen. Dies kann für ein Kollegium, das schon zahlreiche allgemeine Debatten mit wenig Folgen hinter sich gebracht hat, geradezu der falsche Weg sein. Außerdem werden bei der Diskussion über Schulprogramme nicht selten *Ziele über die jeweiligen Mittel* bestimmt. Ziele und Mittel stehen in einem engen Wechselverhältnis, wobei bestimmte Ziele zu Mitteln werden können und umgekehrt. So mag die Profilbildung an einer Schule durch bilingualen Unterricht ein Mittel sein, um die Attraktivität der Schule in der Umgebung und damit die Anmeldezahlen zu erhöhen. Gleichzeitig ist die Einführung und Umsetzung des bilingualen Unterrichts für die Fremdsprachen unterrichtenden Kollegen ein eigenständiges und zentrales Ziel, für das bestimmte Mittel eingesetzt werden müssen.

Der gemeinsame Nenner „bilingualer Unterricht" kann aus verschiedenen Sichtweisen und Motiven heraus erreicht werden, die in einem Schulprogramm ihren Platz finden sollten. Entscheidend bleibt, die mit bestimmten Projekten implizierten Ziele transparent zu machen und festzuhalten - nur so ist eine angemessene Auswertung der Ergebnisse möglich.

Stärken und Schwächen analysieren

Zielgerichtet verändern können wir einen Zustand nur, wenn wir ihn in seiner Gewordenheit begreifen. Sicherlich: Ziele entstehen auch aus Visionen. Realisierbar werden sie dadurch, dass wir sie auf die bisherige Arbeit, auf das „wirkliche Leben", beziehen. Dazu gehört, sich die Stärken und Schwächen der Schule bewusst zu machen, ihre Leistungen und Probleme.

Nicht selten wird dieses Spannungsverhältnis einseitig interpretiert. Eine Diagnose wird zur reinen Anamnese, bei der Schulen und Kollegien als Mängelverwalter erscheinen: „Der Patient ist krank, die Krise der Schule verschärft sich ..." Ein derartiger Diagnoseweg kann fatale Folgen haben und das Gegenteil des Bezweckten erreichen. Nur selten bewirkt eine Negativsicht, dass sich die Betroffenen auf den Weg der Veränderung machen.

Bei Anamnesen wird übersehen, dass gerade das *Erkennen von Stärken* für den weiteren Weg *entscheidend* ist: Schließlich soll nicht das, was gut ist und sich bewährt hat, verändert werden.

Positiv denken, ohne Widersprüche zu glätten

Für Veränderungen braucht ein Kollegium Selbstbewusstsein, Kraft und positives Denken. Ohne Besinnung auf die Stärken einer Schule, des Kollegiums und der eigenen Arbeit, keine Bewegung nach vorne. Deshalb sollten für Bestandsaufnahmen *Stärke-Schwäche-Bilanzen* bevorzugt werden. Schwachstellenanalysen sind dann hilfreich, wenn ein Kollegium aus einer positiven Stimmung heraus gezielt nur bestimmte Probleme aufdecken und angehen möchte.

Einfach beginnen - Schwerpunkte setzen

Von Bedeutung für die Schulentwicklung ist auch, dass Hilfe durch Moderatoren oder Wissenschaftler von außen kommt. Viel wichtiger aber ist es, dass Kollegen sich trauen über Diagnose, Schulprogramme und Evaluation mitzureden, die Sache in die eigenen Hände zu nehmen. Für die ersten Schritte bei einer Bestandsaufnahme ist es nicht unbedingt erforderlich, eine umfassende Fortbildung vorzuschalten.

Im Bereich der Bestandsaufnahme ist das *learning on the job* praktikabel: Zusammensetzen, die Fragen auf den Tisch legen, einen ersten Fragebogen entwerfen und erproben - es ist spannender und lehrreicher im Prozess der Diagnose zu lernen als mit Hilfe von Sekundärinformationen über ihn. Ein Geheimnis von effizienten Organisationsdiagnosen liegt in der *Einfachheit* der Erhebungsmethoden, ihrer Praktikabilität, Nachvollziehbarkeit und Transparenz.

Eine umfassende Organisationsdiagnose ist für viele Kollegien weder leistbar noch sinnvoll, sodass es darauf ankommt, sich nicht zu verzetteln, sondern Schwerpunkte zu setzen. Dafür ist die Auswahl bestimmter Bereiche für die Bestandsaufnahme notwendig:

Eingrenzen durch Entscheiden

Bereiche *mit* Handlungsbedarf
➪ Festhalten für die Diagnose

Bereiche *ohne* Handlungsbedarf
➪ Festhalten, ohne sie zu bearbeiten

Eine Bestandsaufnahme im Bereich der Ziele, Inhalte, Methoden und Organisationsformen des *Unterrichts* ist für sich genommen schon ein umfangreiches, sogar zu komplexes Projekt für eine Schule, die mit Diagnosen beginnt. Selbst bei einer Konzentration auf den Unterricht empfiehlt es sich, *einen* Bereich, zum Beispiel die Frage der Methoden, ins Zentrum zu stellen:

- Welche Vermittlungsmethoden werden im Unterricht angewendet?
- Gibt es eine Dominanz bestimmter Methoden?
- Welche Erfahrungen haben die Kollegen mit den jeweiligen Methoden gemacht?

Wenn eine derartige Schwerpunktsetzung vorgenommen wird, sollten allerdings die verschiedenen Aspekte von Schulqualität zur Sprache kommen, um eine bewusste Entscheidung für beziehungsweise gegen bestimmte Punkte zu ermöglichen und Verfahrensweisen für andere „mit Handlungsbedarf" festzulegen.

Beispiele für Diagnose-Schwerpunkte		
• Unterrichtsmethoden und -organisationsformen	• Schulklima: Miteinander von Schülern und Lehrern	• Leitungsarbeit: Effektivität und Effizienz
• Schülerleistungen: allgemeine, fachbezogene	• Zufriedenheit und Erwartungen von Eltern	• Mindeststandards in den Fächern
• Ruf der Schule in der Öffentlichkeit	• Entwicklung der Anmeldezahlen	• Ökologie der Schule, Umweltschutz

Verhältnismäßigkeit der Mittel beachten

Für bestimmte Bereiche sind nun die Informationen - anders als bei Zeugnisnoten oder Anmeldezahlen - nicht direkt zugänglich. In diesen Fällen werden aufwändigere Erhebungsmethoden erforderlich. Oftmals wirkt der Aufwand dafür bereits so erdrückend, dass das Unterfangen ad acta gelegt wird. So gibt es Beispiele für Fragebogenerhebungen, bei denen der Aufwand die Unterrichtszeit in den Schatten stellt.

Da Fragebogenerhebungen sehr interpretationsbedürftig sind, sind klare Schwerpunktsetzungen notwendig. Der Umfang der Daten verleitet dazu, den Wald vor lauter Bäumen nicht zu sehen. Nicht selten sinkt die Aussagekraft einer Erhebung ab einem bestimmten Punkt mit der Fülle von Daten. Quantität und Qualität werden antiproportional.

Wissenschaftliche Erhebungen müssen sich daran messen lassen, inwieweit sie Validität (Gültigkeit) und Reliabilität (Zuverlässigkeit) besitzen. Vereinfacht - die kontroversen Positionen in der psychologischen Forschung außer Acht lassend - ausgedrückt, geht es bei diesen Kriterien um folgende Fragen:

- *Validität:*

Wird mit dem Erhebungsverfahren tatsächlich das gemessen, was gemessen werden soll? Kann der zu messende Parameter in der beabsichtigten Art und Weise überhaupt gemessen werden? Ist die Erhebung gültig?

- *Reliabilität:*
Sind die mit dem Erhebungsverfahren erfassten Daten so zuverlässig, dass die entsprechenden Aussagen auch bei einer Parallelerhebung rekonstruierbar sind oder enthalten die Daten mehr oder weniger zufällige Aussagen? Ist die Erhebung zuverlässig?

> **Vorrang für Praktikabilität**
>
> Für die ersten Diagnosen an einer Schule sollten diese Kriterien gegenüber Fragen der Umsetzbarkeit relativiert werden, um eine Bestandsaufnahme zur Sache des Kollegiums zu machen.

Sind Schulanalyse und -entwicklung vom Ziel „Schule für Schüler machen“ abgekoppelt, so entsteht das Phänomen, dass mehr Kraft für Erhebungen und Sitzungen aufgewendet wird als für die Arbeit mit den Schülerinnen und Schülern. In diesen Fällen gerät Schulentwicklung in Gefahr abzuheben und zum Selbstzweck, zu einem Sonderinteresse zu werden.

Die Arbeitsstruktur wird hier von den Füßen auf den Kopf gestellt. Solche Tendenzen treten nahezu gesetzmäßig in größeren und bürokratisch geprägten Systemen auf. Das spiegeln auch Steuergruppen wider, wenn sie sich zu Insidergroups entwickeln und wenig Resonanz im Kollegium finden. Für Organisationsdiagnosen sind *Transparenz der Arbeit* und *Offenheit der Strukturen* von der ersten Stunde an die entscheidenden Erfolgsbedingungen - nur so werden ehrliche Antworten der Befragten und eine aktive Teilnahme am Prozess erreicht.

Eine Analyse ohne Folgen hat ihren Zweck verfehlt

Oft ist es nicht das Problem, allgemeine Schlussfolgerungen aus einer Bestandsaufnahme zu ziehen. Schon für sich genommen wird der Prozess der Diagnose wertvoll sein, da er bewusstseinsbildend wirkt. Doch die entscheidenden Prozesse stehen noch aus. Spannend wird die Diskussion, wenn es um die nächsten Schritte geht:

- **Was** wollen wir konkret verändern?
- **Bis wann** wollen wir es erreicht haben?
- **Wie** steuern und kontrollieren wir diesen Prozess?
- Welches sind unsere **Erfolgskriterien**?

Die Beantwortung dieser Fragen droht am Ende von Sitzungen und Konferenzen oftmals unterzugehen, obwohl - oder vielleicht auch gerade deswegen geahnt wird, dass mit der Antwort über Erfolg und Misserfolg entschieden wird. Viele Kolleginnen und Kollegen kennen den Ausspruch zur Genüge:
„Wie viele Projekte sind in unserer Schule schon beschlossen und nicht umgesetzt worden?“

> **Folgenlosigkeit = „Motivationskiller Nr. 1“**
>
> Folgenlosigkeit des Redens erzeugt kurzzeitig Frustration. Langfristig entstehen Lustlosigkeit und sinkende Einsatzbereitschaft.

Das betrifft insbesondere engagierte Kollegen, von denen dann Sätze, wie das folgende Statement, zu hören sind:

„Besser keine pädagogische Konferenz mehr, als wieder eine ohne Konsequenzen.“

Für handlungsorientierte Entscheidungen ist ebenso Zeit und Konzentration notwendig, wie für die kontinuierliche Umsetzung. Dabei geht es um eine eigentlich sehr einfache Sache, nämlich die *Beschlusskontrolle,* die eine kontinuierliche *Prozessreflexion* beinhaltet. Beides - Weichenstellungen und Umsetzung - werden zumeist unterschätzt. Es bleibt richtig: Weniger ist mehr - wenn nicht sogar alles. Besser ein Projekt richtig machen, als drei anfangen und nicht zu Ende bringen! Dieser Gedanke ist allseits bekannt.

Liegt die Kunst, Ideen umzusetzen, darin, viele zu streichen?

Beteiligung und Führungsstil: Auch der Weg ist ein Ziel

Wandel setzt sowohl Energien frei, Neues zu erdenken und zu gestalten, er ist zugleich auch mit Ängsten verbunden, da Sicherheiten in Frage gestellt werden. In Zeiten des Wandels ist deshalb die Sensibilisierung für die Geschäftsgrundlagen der gemeinsamen Arbeit groß. In der Diskussion über gravierende Veränderungen stehen oftmals die Inhalte von Projektideen hinter den Verfahrensweisen zurück. Im Extremfall lässt die Debatte über das „*Wie* wurde die Projektidee erarbeitet, *wie* wird über sie entschieden?“ eine Beschäftigung mit den Inhalten gar nicht zu.

Kontroverse Diskussionen über Verfahrensweisen verdecken nicht selten unausgesprochene Differenzen in Interessenlagen und inhaltlichen Positionen. Dass die strategischen Fragen jedoch nicht ins Zentrum der Auseinandersetzung gelangen, deutet zunächst einmal auf Fehler im Management hin. Umgangsformen und Verfahrensweisen sind entscheidende Geschäftsgrundlagen der Zusammenarbeit, weil mit ihnen die Anerkennung des Gegenüber als Partner, seiner Arbeit und Meinung, steht oder fällt.

Verfahrens- sind Vertrauensfragen

In Verfahrensweisen offenbart sich, ob die Arbeitsgrundlage Vertrauen oder Misstrauen ist. Vertrauen bedeutet vor allem, dass ich sicher sein kann, mein Gegenüber redet ehrlich mit mir: Nicht oberflächliche Harmonisierung, sondern Respekt und Offenheit gerade in problematischen Phasen, darum geht es bei einer vertrauensvollen Zusammenarbeit.

So gesehen ist der Weg nicht bloß ein Mittel zu einem Zweck, der womöglich sogar noch durch diesen „geheiligt“ wird. Ein Weg, der auf Vertrauen und Kooperation beruht, ist ein eigenständiges Ziel jeder Schulentwicklung.

Weg und Ziel sollten immer in ihrem Zusammenhang gesehen werden: Wer kennt nicht ausufernde Konferenzen und Sitzungen, bei denen die Beteiligung alles ist, die Klarheit der Ziele und die Verantwortungsübernahme für die Umsetzung aber nur wenig zählt. Auch wenn Verfahrensweisen eigenständigen Zielcharakter in Prozessen haben, sollten sie nicht mit dem Selbstzweck verwechselt werden: Sie stehen in Relation zu den Zielen, zum gemeinsamen Tun.

Verfahren zum Misserfolg

Top-down-Verfahren:
Damit überhaupt etwas an der Schule passiert, werden dem Kollegium klare Vorgaben gemacht: Ein Schulprogramm wird von der Schulleitung ausgearbeitet und präsentiert.

➪ *Die Folgen:* Das Kollegium fühlt sich übergangen, das Programm ist so viel Wert, wie das Papier, auf dem es geschrieben ist.

Buttom-up-Verfahren:
Die Schulleitung überlässt den besonders engagierten Kollegen die Erarbeitung des Schulprogramms.

➪ *Die Folgen:* Die Akzeptanz der Arbeit dieser Kollegen im Kollegium wird untergraben, die Bedeutung des Programms relativiert. Meinungsverschiedenheiten zwischen Arbeitsgruppe und Schulleitung werden durch mangelnde Zusammenarbeit aufgestaut und verschärft.

Insidergroups
Eine kleine Gruppe im Kollegium übernimmt Verantwortung für die Schulentwicklung, erstellt eine Organisationsdiagnose, erarbeitet Konzepte und erprobt erste Ideen.

➪ *Die Folgen:* Der Rest des Kollegium fühlt sich in die Ecke gedrängt, reagiert zunehmend mit Aversionen und blockiert grundsätzliche Beschlüsse über das Schulprogramm oder kippt ehemals gefasste Beschlüsse über die Schulentwicklung.

Beschluss-ohne Kontrolle-Verfahren
Es werden Beschlüsse über ein Schulprogramm gefasst, ohne dass das Kollegium verbindlich klärt, durch wen und wie der Umsetzungsprozess kontrolliert und bilanziert wird.

➪ *Die Folgen:* Das Schulprogramm bleibt ein Papiertiger ohne Folgen. Die Motivation für weitere Reformvorhaben wird erheblich gemindert.

Gegenseitige Achtung und Respekt vor dem anderen sind zuallererst moralische Grundsätze. Diese Grundsätze haben jedoch ganz praktische Bedeutung für das Schulmanagement:

1. Zielklarheit
Probleme und Meinungen ernst zu nehmen, bedeutet Abschied von Beliebigkeit. Führung beinhaltet in diesem Zusammenhang, Ziele zu klären und Position zu beziehen.

2. Offene und unfertige Konzepte
Zielklarheit auf der einen Seite ermöglicht Offenheit in der Konzeptentwicklung auf der anderen. Je umfangreicher das Projekt ist, desto höher sollte die Beteiligungsdynamik bei der Erarbeitung des Konzepts sein.

Konzeptuelle Vorlagen haben *Aufforderungscharakter*, um die Meinung der anderen ausdrücklich zu erfragen: Sie werden im Bewusstsein angefertigt, dass hier nicht der Stein der Weisen vorliegt, sondern eine zu verändernde Diskussions- oder Arbeitsgrundlage.

3. Beteiligung

Alle Gruppen sollten frühzeitig an Projekten beteiligt werden. Das betrifft die Einbeziehung in die

- Analyse (Stärke-Schwäche-Bilanzen),
- Zielklärung (Was wollen wir erreichen?) und
- Konzeptentwicklung (Projektinhalte).

4. Rückkopplung mit dem gesamten Kollegium

Beteiligung heißt an der Schule vor allem, dass *alle* für Unterricht und Erziehung Verantwortlichen in den Prozess einbezogen werden. Die Entwicklung vieler Schulen wird durch einen kleineren sehr aktiven Kern von Kollegen vorangetrieben. Dieses Engagement ist außerordentlich wichtig. Allerdings ist die Schulleitung gefordert, für eine kontinuierliche Rückkopplung dieser Aktivitäten mit dem gesamten Kollegium sorgen.

Das gilt auch mit Blick auf die gestiegene Entscheidungskompetenz der Schulkonferenz in verschiedenen Bundesländern: Hier können relevante Projekte ohne die Einbeziehung des gesamten Kollegiums entschieden oder zumindest vorentschieden werden. Dies mag kurzfristig Erfolg versprechend erscheinen - bekanntlich wird der Preis für Risse in der Vertrauensbasis des gesamten Kollegiums sehr hoch und bei späteren Vorhaben zu zahlen sein.

5. Einheit von Entscheidung und Verantwortung

Alle Gruppen in die Schulentwicklung einzubeziehen bedeutet immer, Klarheit darüber herzustellen, dass das Recht der Mitentscheidung mit der Pflicht der Mitverantwortung und Umsetzung korrespondiert. Schulprogramme oder andere Projekte sollten deshalb in operativen Plänen zur Umsetzung und Prozessreflexion münden, in denen festgehalten wird, wer für was verantwortlich ist.

6. Transparenz der Prozesse

Vom Beginn der Zielklärung an bis zur kontinuierlichen Prozessreflexion bei der Umsetzung sollte möglichst große Transparenz über den jeweiligen Stand des Prozesses herrschen. Dazu gehören

- eine Kurzbeschreibung von Zielen und Inhalten des Projektes,
- eine Übersicht über den anvisierten Zeitplan und ggf. über Veränderungen,
- eine Übersicht über Verantwortlichkeiten und Kommunikationsstrukturen (Ausschüsse),
- ein Mitteilungsbuch für Protokolle der jeweiligen Sitzungen oder Konferenzen und Vorschläge aus dem Kollegium.

7. Modellversuche, Pilotprojekte und Prozessreflexion

Bei allen Vorhaben, insbesondere bei gravierenden Veränderungen, sollte eine Erprobungsphase eingeplant werden, in der das Kollegium nicht die gesamte Arbeit verändert, sondern zunächst in Teilbereichen praktische Erfahrungen sammelt und auswertet.

Beispielsweise könnten besondere Profile in bestimmten Klassen oder neue Verrechnungsweisen für die Lehrerarbeit nur für bestimmte Bereiche erprobt werden.

Vorgehensweise bei der Qualitätsentwicklung Beispiel: Erarbeitung eines Schulprogramms		
• Arbeits- und Kommunikationsstrukturen schaffen	⇨ Arbeitsgruppe, pädagogische Konferenz, Round Table	**1. Halbjahr** ca. 1 Monat
• Anlass und Problemstellung klären	⇨ Wozu brauchen wir ein Schulprogramm? ⇨ Was soll es beinhalten?	
• Gemeinsame Bestandsaufnahme vornehmen	⇨ Stärke-Schwäche-Bilanz	ca. 2-3 Monate
• Alle Gruppen der Schule beteiligen	⇨ Schüler und Eltern einbeziehen	
• Verständigung auf eindeutige Ziele und konkrete Schritte	⇨ Worauf konzentrieren wir uns? ⇨ Was wollen wir bis wann tun?	
• Diskussionsphase planen	⇨ In den Klassen, auf den Elternabenden und in den Gremien	**2. Halbjahr** ca. 2-3 Monate
• Überarbeitung und Beschlussfassung	⇨ Lehrer- und Schulkonferenz	ca. 1-2 Monate
• Evaluation	⇨ Kontinuierliche Prozessreflexion und Bilanz ⇨ Weiterentwicklung des Schulprogramms	im Zeitraum zwischen 1-3 Jahren

Diagnose, Evaluation, Benchmarking: Verändern durch messen und vergleichen

Der erste Schritt in Richtung Schulprogramm besteht in der Bestandsaufnahme, einer *Diagnose* über die Stärken und Schwächen der Schule. Dabei geht es um ein bereits beschriebenes Schlüsselproblem von Schule: dem Herstellen von Transparenz über die Leistungen der Arbeit. Hier gilt: Je größer die Eigenständigkeit von Schule wird, desto wichtiger wird die *bewusste* Steuerung der schulischen Prozesse. Diese Steuerung verläuft über die Kreislauf von Zielvereinbarungen über Schulprogramme und Auswertung der Ergebnisse:

- Sind die Zielsetzungen erreicht worden?
- Waren die Zielsetzungen realistisch und sinnvoll?
- Warum sind ggf. bestimmte Ziele nicht erreicht worden?
- Welche Konsequenzen ziehen wir für das nächste Schuljahr?

Evaluation kann mit den gleichen Methoden wie die Diagnose erfolgen, allerdings beinhaltet Evaluation, dass die Resultate auf die beschlossenen Ziele bezogen werden. Am Anfang von zielgerichteter Schulentwicklung steht die Selbstverständigung, die Bestandsaufnahme und Diagnose von Leistungen und Problemen der eigenen Arbeit. Im Schulprogramm werden die entsprechenden Konsequenzen dokumentiert. Bei der Evaluation werden die Ergebnisse bilanziert und bewertet.

Bei der *internen* Evaluation bleiben die Daten, die eine Schule erhebt, Eigentum der Schule, während bei der *externen* Evaluation Daten von außen erhoben oder intern ermittelte Daten von außen bewertet beziehungsweise überprüft werden. Externe Evaluation erfolgt beispielsweise über zentrale oder standardisierte Tests, systematische Analysen von Experten, Hospitationen und Beratung der Schulbehörde.

Benchmarking bedeutet, dass die Leistungen der eigenen Schule mit denen anderer Schulen verglichen werden - genau genommen geht es beim Benchmarking nicht nur um einen beliebigen Vergleich, sondern darum, sich mit den Bestleistungen anderer zu messen und daraus für die Entwicklung der eigenen Schule zu lernen. Benchmarking sollte eine interne und eine externe Dimension erhalten:

Internes Benchmarking als Hebel zur kontinuierlichen Verbesserung qualitativer und quantitativer Kennzahlen (im Sinne selbst gestellter Ziele) der eigenen Schule.

Externes Benchmarking als Fortschrittsvergleich gegenüber anderen Schulen im regionalen oder fachlichen Kontext und gegenüber den zentral gesetzten Mindeststandards.

Messen und Vergleichen	
• **Diagnose** (im eigentlichen Sinne: Erkennen von Krankheiten)	Bestandsaufnahme, Analyse von Stärken und Schwächen
• **Evaluation** (Auswertung, Einschätzung)	Bilanz des Erreichten und Bewertung des Verhältnisses von Zielen, Resultaten und eingesetzten Ressourcen
• **Benchmarking** (benchmark: Maßstab, Richtgröße)	Vergleiche mit anderen Schulen, insbesondere mit den Stärken und Bestleistungen, um von ihnen zu lernen

Diagnose, Evaluation und Benchmarking können auf die verschiedenen Ebenen von Schulqualität und auf verschiedene Aspekte des Schullebens bezogen sein:

Ebenen von Diagnose, Evaluation und Benchmarking Aspekte von Schulqualität		
Ergebnisse	**Prozesse**	**Strukturen**
• Schülerleistungen • Werdegang der Absolventen • ...	• Beteiligungsdynamik bei der Gestaltung der Schule • Schulklima • ...	• Zusammensetzung der Schule • Ökologie der Schule • ...

„Nur das, was wir messen, können wir verbessern!“

„Was lernen die Schüler in unserem Unterricht? Welche Auswirkungen hat unsere Arbeit an der Schule für Schüler und Eltern?“ In wohl kaum einem gesellschaftlichen Bereich ist das Missverhältnis zwischen der Relevanz einer Arbeit und dem Wissen um ihre Wirkungen so groß wie im Schulsektor. Gerade weil es keine monokausalen Zusammenhänge gemäß dem Reiz-Reaktions-Schema beim Lehren und Erziehen gibt, fällt es schwer, Leistungen von Schule zu beurteilen. Nicht zuletzt deshalb ist die These, „Nur das, was wir messen, können wir verbessern“, umstritten.

Die Vorstellung, Erziehung und Bildung ließen sich operationalisieren, ist schon in den 70er Jahren an den realen Verhältnissen gescheitert. Erziehung und Bildung lassen sich nicht total erfassen und vermessen. Die Problematik der Leistungsmessung mit Hilfe von Zensuren ist vielfach diskutiert worden. Es besteht weitgehend Einigkeit darüber, dass Handlungsfähigkeit von Schülern

kaum zu objektivieren ist. Und das, was Schule insgesamt leistet, erscheint noch weniger messbar.
Darüber hinaus ist die Einordnung des eigenen Unterrichts in der individualisierten Form der Lehrerarbeit nur schwer möglich. Lehr- und Bildungspläne bilden zwar den Hintergrund des Unterrichts - eine Reflexion aber, inwieweit die Ziele und Inhalte sinnvoll sind und inwieweit sie erreicht werden, findet eher in Ausnahmefällen als in der Regel statt. Das diffuse Bild über die Wirkungen der eigenen Arbeit kann sowohl ein wesentlicher Grund für Berufsunzufriedenheit als auch für fehlende Impulse zur kontinuierlichen Veränderung der eigenen Arbeit sein.

Messen schafft Transparenz

Messen beinhaltet den Versuch, die gemeinsame Arbeit zu systematisieren und auszuwerten. In der pädagogischen Arbeit erfordert Messen Bescheidenheit, es verlangt Mut zur Lücke im Wissen darum, dass die Unterstützung der Schüler in ihrer Handlungsfähigkeit nicht zu messen ist. Messen ist zuallerst Prozessreflexion mit dem Ziel bisher intransparente Ergebnisse sichtbar zu machen.

Gerade weil die Resultate schulischer Arbeit zumeist mehrdeutig sind, ist es wichtig, subjektive Eindrücke und Gefühle bewusstzumachen und zu objektivieren. Objektivieren sicherlich nicht im Sinne absoluter Wahrheit, wohl aber als Anregung, die eigene Arbeit aus einer anderen, verallgemeinerten Perspektive zu überprüfen und weiterzuentwickeln. So verstanden ist systematische Evaluation eine wichtige Möglichkeit zur Selbstreflexion.

Bildungsstandards: Ergebnisqualität

In Schulen wird ständig Leistung gemessen und verglichen. Lehrer sind eigentlich Profis im Messen und Vergleichen. Die tägliche Bewertung von Leistungen in der Schule ist eine weitgehende Selbstverständlichkeit - solange es um Schülerinnen und Schüler geht. Das hierbei auftretende Phänomen ungleicher Maßstäbe ist natürlich bekannt. Eine Überprüfung von Sinnhaftigkeit, Maßstäben und Methoden der Leistungsmessung ist in der Alltagspraxis, sofern überhaupt von Bedeutung, nachrangig.
Obgleich aus Zensuren nicht einfach Rückschlüsse auf die Qualität des Unterrichts und der Schule gezogen werden können, enthalten sie immer Hinweise auf die Ergebnisqualität des Unterrichts. In der täglichen Praxis der Leistungsmessung liegen wichtige Ansatzpunkte um die Qualität der Schule zu thematisieren:

- Ist es zentrales Ziel der Schule, möglichst gute Durchschnittsnoten bei den Abschlüssen zu erreichen?
- Kann auf das Kriterium „möglichst gute Durchschnittsnoten" weitgehend verzichtet werden zugunsten des Ziels „möglichst viele schaffen es"?
- In welchem Verhältnis stehen Ziele wie „Vermittlung von Schlüsselqualifikationen", „Fachkompetenz" und „gute Zensuren"?

Die Diskussion solcher Fragen ist untrennbar mit der Frage nach den inhaltlichen und methodischen Anforderungen in den Fächern verbunden. Befürchtungen, eine Festlegung konkreter Mindestanforderungen in den Fächern, führe zurück zur konservativen Paukschule mögen in bestimmten Fällen ihre Berechtigung haben. Doch die Willkür der Lehrkräfte bei der Auswahl von Inhalten, Methoden und Bewertungskriterien durch eine individualistische Autonomie in der Arbeit ist keine Alternative.

Pointiert formuliert: Die Verteidigung solcher Privilegien gegenüber Schülern und Eltern ist das Gegenteil von „fortschrittlich". Bewusst oder unbewusst ist es das Beharren auf bestimmten Machtpositionen im Verhältnis zu Schülern und Eltern. In unserem Verständnis ist Messen und Vergleichen ein unverzichtbarer Bestandteil kollegialer Kooperation und der Zusammenarbeit aller an Schule Beteiligten.

Qualitätssicherung durch Fachschaften und Jahrgangsteams

Das Problem bei Messungen und Vergleichen ist die Frage nach dem *Inhalt* von Bildungsstandards, den Kriterien und *Maßstäben*. Die für die fachliche Qualitätssicherung entscheidenden Gremien einer Schule sind die Fachschaften oder Jahrgangsteams - unter Einbeziehung der Schüler und Eltern, wie es einige Schulgesetze vorsehen.

Eine kontinuierliche Diskussion der Didaktik und Methodik des Unterrichts sowie der konkreten Ergebnisse ist sehr unterschiedlich entwickelt, in vielen Fällen findet eine intensivere Kooperation gar nicht statt. Eine Profilbildung von Schulen erfordert eine deutliche Aufwertung der Arbeit der Jahrgangsteams und Fachschaften, um Zielvereinbarungen und Resultatsbewertung in einer der Schule angemessenen Weise zu realisieren.

Allgemeine Bildungsstandards einer Schule

Die Lehrer- und die Schulkonferenz können die Ergebnisse der Diskussionen in den Jahrgangsteams und Fachschaften zusammenfassen und darauf aufbauend verallgemeinernde Bildungsstandards für die gesamte Schule formulieren. Bildungsstandards sind Produkt einer gemeinsamen Positionsbestimmung von Lehrern, Schülern und Eltern. *Gemeinsam* schließt spezifische Aufgabenverteilungen bei der Erarbeitung von Bildungsstandards ein.

In der Diskussion der Schulgesetze bleibt teilweise unklar, dass die Verantwortlichkeit der Lehrer für die Vermittlungs- und Gestaltungsarbeit an der Schule nicht relativiert werden kann. Im Gegenteil: Ihre Verantwortung, mit eigenen Ideen initiativ zu werden und dabei die Schüler und Eltern einzubeziehen, steigt. Die Erarbeitung von Bildungsstandards zusammen mit Schülern und Eltern ist eine Herausforderung an die Dialog- und Konsensfähigkeit der Fachschaften und des gesamten Kollegiums.

Beispiele für die Messung von Ergebnisqualität einer Schule

- Anforderungsniveau von Klausuren und Prüfungsgesprächen
- Durchschnittszensuren der Abschlüsse - Entwicklung in den letzten Jahren
- Durchschnittszensuren der Abschlüsse - Vergleich mit anderen Schulen
- Verteilung der Zensuren (Häufungen u.Ä.)
- Erfolgsquote: Bestandene Abschlüsse im Verhältnis zur Schülerzahl
- Exemplarische Werdegänge bisheriger Absolventen
- Entwicklung der Anmeldezahlen vor dem Hintergrund demografischer Prozesse

Ergebnisse bei Vergleichsklausuren

Beispiele für Vergleiche zwischen Schulen

- Vergleichsklausuren
- Gegenlesen von Korrekturen/Fremdkorrekturen
- Prüfungsgespräche mit größerer Zuhörerschaft
- Prüfungskommissionen mit Kollegen aus anderen Schulen

Eine wichtige, nur wenig genutzte Möglichkeit des Vergleichens ist die gegenseitige Hospitation und das Teamteaching: Hospitationen und *Teamteaching* sind sehr effiziente Mittel der Qualitätsentwicklung. Sie sind Ausgangspunkte gemeinsamer Reflexion und Zielbestimmung und sie können gleichzeitig wertvolle Lernmöglichkeiten im Sinne eines kooperativen Coachings sein.

(Vgl. hierzu auch das Kapitel „Intensiv-Lernen: Coaching/Supervision“, Seite 179 ff. sowie die folgenden Kopiervorlagen 4 und 6: *Mustercheckliste für Analysen und Evaluation,* Seite 129 und *Übersicht: Vor- und Nachteile bestimmter Diagnoseverfahren,* Seite 132/133.*)*

Schulprogramme - Ziele, Inhalte, Struktur

„Endlich ist es so weit, wir dürfen Schulprogramme erarbeiten!“ Dieser Satz wird wohl nur mit ironischem Unterton in Kollegien zu hören sein. Viele Kolleginnen und Kollegen vertreten die Auffassung: „Die Belastung ist jetzt schon hoch. Wie sollen wir noch Zeit für die Arbeit an einem Schulprogramm finden, wenn die Unterrichtsverpflichtung weiter ansteigt?“ Es stimmt, Schulprogramme machen keinen Sinn, wenn sie die Arbeit erschweren und von der wichtigsten Aufgabe, dem Unterricht, ablenken.

Schulprogramme müssen nützlich sein

Umgekehrt gilt: Schulprogramme sind dann sinnvoll, wenn sie für die an Schule Tätigen Vorteile bringen. Hier sind insbesondere die Schulleiterinnen und Schuleiter sowie die Kolleginnen und Kollegen gemeint: Schulprogramme sollten die tägliche Arbeit *erleichtern* und *verbessern* helfen. Ein zunächst größerer Zeitaufwand kann durchaus zu mehr Arbeitszufriedenheit und Entspannung führen.

Schulprogramme sind weder Wunderwaffen für eine gute Schule, noch eine Sache für Experten - sie sollten als Handwerkzeuge betrachtet und von jeder Kollegin und jedem Kollegen in eigener Weise mitgestaltet werden können. Einen konkreten Nutzen können sie dann haben, wenn sie an den jeweiligen Problemen des Alltags ansetzen. Schulprogramme sind also keine Werbebroschüren über das Schöne an einer Schule, sondern Instrumente um Verbesserungen zu erreichen.

Schulprogramme sollten Alltagsbezug haben: Das können Schwierigkeiten sein, Regeln in den Klassen zu verankern, Schülerinnen und Schüler zur Anstrengungsbereitschaft zu motivieren, mit einer großen Anzahl von Rückläufern Schule zu machen oder alle Schüler zu einem qualifizierten Abschluss zu befähigen. Bei diesen Themen ist *jede* Lehrerin und *jeder* Lehrer Experte und gefragt.

Was sind die Gründe dafür, dass Schulprogramme eine Hilfe sein können, den Alltag besser - erfolgreicher, angenehmer, zufriedener und entspannter - zu gestalten?

Probleme der Lehrerarbeit

Die Erfahrung lehrt: Immer wieder werden Schülerinnen und Schüler mit sehr unterschiedlichen Erziehungsstilen konfrontiert. Der eine Lehrer kontrolliert die Hausaufgaben bei jedem Schüler, der andere verzichtet darauf, um ein noch recht harmloses Beispiel zu nennen. Die „Schaukel-Diät" der Erziehung führt aus Sicht der Schüler zu unübersichtlichen und unverbindlichen Regeln, sodass vernünftige Umgangsformen im Unterricht zum immer wiederkehrenden, von Stunde zu Stunde neu zu lösenden Problem werden. Die Lehrerinnen und Lehrer erschweren sich durch mangelnde Abstimmung und Koordination ihre Arbeit.

Ähnliches gilt für die inhaltlichen und methodischen Anforderungen, mit denen sich die Schülerinnen und Schüler auseinander setzen müssen. Die starken Reibungsverluste bei einem Fachlehrerwechsel - „Frau Y hat ganz andere Erwartungen und zensiert viel strenger" - oder das Lehrer-Mobbing durch Schüler, bei dem Kollegen gegeneinander ausgespielt werden - „Herr X bringt es nicht, der hat keine Ahnung" -, weisen auf den großen Druck hin, dem Lehrerinnen und Lehrer ausgesetzt sind, wenn das Kollegium nicht als Team auftritt.

„Also, ich übernehme ab jetzt eure Klasse und wollte euch gleich sagen, dass nun ein anderer Wind weht, ab heute werdet ihr lernen, was Mathematik wirklich bedeutet" - der Fall, dass Lehrer andere Kollegen durch mehr oder weniger subtile Äußerungen vor einer Klasse diskreditieren, ist kein Einzelfall. Kurzfristig erscheint dem Einzelnen ein solches Verhalten Entlastung und Anerkennung vor der Klasse zu bringen. Ob im Gegeneinander und mit Einzelkämpfertum befriedigende und erfolgreiche Arbeit geleistet werden kann, das ist allerdings nicht mehr fragwürdig.

Mit Kooperation fängt alles an

Genau hier sollten Schulprogramme ansetzen: Nicht folgenloses Reden, sondern eine Verständigung auf konkretes *Handeln* ist gefragt:

- Das tägliche Handeln kann erheblich erleichtert und verbessert werden, wenn ein Kollegium an einem Strang zieht. Verfolgt jede Kollegin und jeder Kollege nur ein individuelles Ziel, dann wirken Kräfte gegeneinander, reiben sich und verschleißen.
- Es ist bekannt: Gemeinsame Ziele machen stark, ohne Ziele gibt es keine Motivation. Die Besinnung auf gemeinsame Visionen kann Kräfte wecken. Schulprogramme entstehen dadurch, dass sich ein Kollegium auf Ziele verständigt und fragt: „Wie können wir diese Ziele erreichen? Wie können wir die Schülerinnen und Schüler wirksamer fordern und fördern?“ Schulprogramme zielen ganz wesentlich auf die Verbesserung des Unterrichts, nämlich auf die Bestimmung des wirklich Wichtigen in den Fächern sowie auf effektive Lehr- und Lernmethoden.
- Die konkreten Ziele, die sich ein Kollegium gemeinsam mit Eltern und Schülern setzt, bilden die Grundlage des Schulprogramms. Doch woran soll das Erreichen der Ziele gemessen werden? Wenn es stimmt, dass nur das verändert wird, was wir messen, dann gehören in das Schulprogramm konkrete Messkriterien. „Was bedeutet es im Unterricht, wenn wir in Klasse 4 oder 9 ein größeres Maß an Selbstständigkeit der Schüler erreichen wollen? Wie können wir das messen?“

Mut zur Kürze

Arbeitserleichterung und bessere Arbeit durch Kooperation und Besinnung auf gemeinsame Ziele - diesem Sinn von Schulprogramm widerspricht in der Regel, ein Grundsatzdokument für die nächsten 5-10 Jahre zu erarbeiten. Gerade weil sich die Schulwirklichkeit ständig verändert, müssen Schulprogramme in Bewegung bleiben, Papiertiger gibt es genug.

So ist es durchaus wirkungsvoller, einen ersten kurzen Entwurf zu verfassen und diesen mit allen an Schule Beteiligten zu diskutieren. Am Anfang werden die Weichen gestellt: Wer (scheinbare) Patentrezepte vorlegt, wird das Gegenteil einer lebendigen Diskussionskultur erzeugen. Ausufernde Zielkataloge und Initiativen mögen vielleicht ein Zeichen von Kreativität sein, umsetzbar sind sie zumeist nicht. Wer sich nicht auf das Wesentliche konzentriert und den Mut zur Prioritätensetzung hat, wird nur schwer wirkliche Veränderungen erreichen können.

Keine Angst vor Mythen

Schulprogramme sind schon fast ein Mythos. Angesichts der Flut von Veröffentlichungen und Seminaren zu Schulprogrammen ist bei Kolleginnen und Kollegen der Eindruck entstanden, die Arbeit daran wäre eine komplizierte und außerordentlich aufwändige Angelegenheit. Das Gegenteil sollte der Fall sein. Eigentlich könnten Sie sofort mit der Arbeit am Schulprogramm beginnen. Nutzen Sie das Buch dazu, die im Prozess der Arbeit entstehenden Fragen zu lösen, indem sie Ihr jeweiliges Thema nachlesen und abarbeiten.

Wir möchten Ihnen empfehlen: Nehmen Sie sich vor allem Zeit für kurze Antworten auf folgende Fragen. Erörtern Sie die Fragen mit interessierten

Kolleginnen und Kollegen in kleiner Runde und im gesamten Kollegium, sprechen Sie die Fragen - entsprechend übersetzt - in einem Klassengespräch oder auf einem Elternabend an:

> **Mit Fragen zum Schulprogramm**
>
> 1. Was sind die wichtigsten Probleme bei der Arbeit an Ihrer Schule?
> 2. Worin liegen die Stärken und Schwächen Ihrer Schule?
> 3. Was wollen Sie mit Blick auf den Unterricht in den nächsten 1-3 Jahren verändern?
> 4. Welche Initiativen zur Gestaltung des Schullebens sind Ihnen wichtig?
> 5. Woran wollen Sie den Erfolg der Veränderungsbemühungen messen?
> 6. Wie könnte der Umsetzungsprozess kontrolliert und ausgewertet werden?
> 7. Über welche Initiativen und Organisationsformen könnten das Kollegium, die Schüler und die Eltern in die Erarbeitung des Schulprogramms einbezogen werden?
> 8. Welches sind die nächsten Schritte?
>
> (Siehe die Kopiervorlagen 7-10 *Erste Schritte zum Schulprogramm (1)* und *(2)*, Seite 134/135, sowie die *Kurzfragebogen (1) und (2)*, Seite 136/137)

Die Funktion von Schulprogrammen klären

Schulprogramme sind wichtige Maßstäbe für die Qualität einer Schule. Mit ihnen stellt die Schule ihre Spezifik nach *innen* und *außen* dar. Es gibt in der schulpolitischen Diskussion kein vereinheitlichtes Verständnis darüber, was nun genau ein Schulprogramm darstellt. Die differenzierte Beschreibung von Schulprogrammen variiert in den Schulgesetzen der verschiedenen Bundesländer.

Dies ist im Übrigen bei Konzepten oder Programmen von Unternehmen nicht anders. Ein vereinheitlichtes Schema für Programme ist weder möglich, noch sinnvoll, da die Spezifik des jeweiligen Unternehmens oder der jeweiligen Schule natürlich auch die Funktion und Struktur solcher Programme beeinflusst. Für die Schullandschaft wäre es ein lähmender Zustand, an jeder Schule das gleiche Schulprogrammraster vorzufinden.

Vor dem Hintergrund unterschiedlicher Ausgangssituationen bei der Erarbeitung von Schulprogrammen ist eine Verständigung über die Ziele und die Struktur des zu erarbeitenden Schulprogramms im Kollegium erforderlich:

- Was wollen wir mit einem Schulprogramm bewirken?
- Was gehört in das Programm, was nicht?
- Wie wollen wir damit arbeiten?

Hilfreich für die Klärung ist außerdem, das Schulprogramm von anderen schriftlich festgehaltenen Beschlüssen oder Positionen einer Schule abzugrenzen: Was soll das Schulprogramm *nicht* darstellen?

Spannungsfeld	
Imagebroschüre	**Umsetzungsplan**
Schulprogramme sind in der Regel nicht gleichbedeutend mit einer Broschüre, mit der sich die Schule nach außen dargestellt. Solche Broschüren, in mancher Publikation leichtfertig als „Werbebroschüren“ abqualifiziert, sind außerordentlich wichtig zur Information von Eltern und Schülern, aber auch für die Identifikation der Kollegen mit *ihrer* Schule. In ihnen kommt in konzentrierter Form Wesentliches über die Schule zum Ausdruck. Imagebroschüren sind ein unverzichtbarer Bestandteil der Öffentlichkeitsarbeit. Sie fördern Realitätsnähe und wirken anspornend, die dargestellten Maßstäbe auch tatsächlich einzuhalten. Diese Broschüren unterscheiden sich allerdings dadurch von Schulprogrammen, dass sie in der Regel *keine* Zielvereinbarungen und Vorschläge zur Weiterentwicklung der Schule enthalten.	Umsetzungspläne, konkrete Arbeitspläne für ein Halb- oder Schuljahr, sind zwar die Konsequenz aus einem Schulprogramm. Die notwendige Differenzierung von Teilschritten, Terminen und Verantwortlichkeiten sprengt allerdings in der Regel den Rahmen eines Schulprogramms, da Schulprogramme eine Reichweite von 1-3 Jahren oder länger haben sollten. Die operative Umsetzung von Programmen ist *immer* ein eigenständig zu organisierender Prozess. Außerdem macht es wenig Sinn, dass Eltern, Schüler und Lehrer in ihren Gremien Beschlüsse über eine Vielzahl von Terminen und Verantwortlichkeiten fassen, die von den Gremien im Einzelnen nicht überschaubar sind. Ähnliches gilt für die Schulaufsicht: Die detaillierte Umsetzungsplanung kann nicht Gegenstand der Genehmigung von Programmen sein.

Positiv ausgedrückt bilden Schulprogramme die Grundlage sowohl für die Außendarstellung als auch für Umsetzungspläne. Wird ein Schulprogramm auch mit Blick auf die Außendarstellung geschrieben, ist es ein einfaches, zentrale Aussagen zu den Zielen, Inhalten und Angeboten der Schule in optisch ansprechender Form aufzubereiten.

Umsetzungspläne sollten sich direkt auf die Zielvereinbarungen im Schulprogramm beziehen und von einem Programmausschuss der Schulkonferenz, unter maßgeblicher Verantwortung der Schulleitung, kontinuierlich ausgewertet werden.

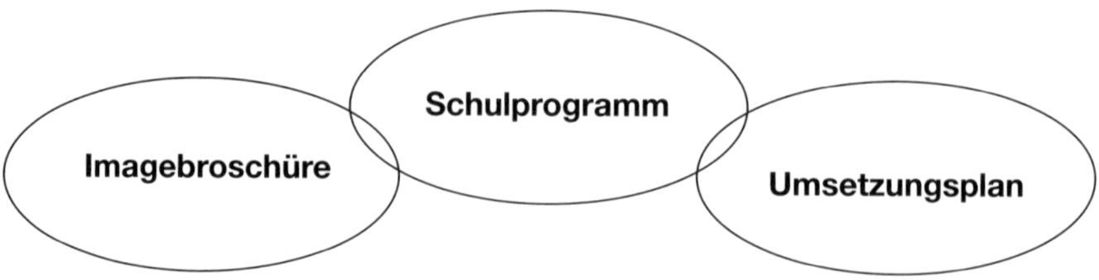

Schulprogramme sind zwar einerseits grundsätzliche Dokumente, die nicht von Halbjahr zu Halbjahr verändert werden. Andererseits sollten sie überschaubar sein, damit sie tatsächlich orientierend für die konkrete Arbeit wirken. Ein 20 bis 30 Seiten umfassendes Programm kann vielleicht als Broschüre in der Außendarstellung Attraktivität vermitteln. Die Erfahrung zeigt jedoch, dass mit Hilfe solcher Programme die Arbeit nur schwer gestaltet und ausgewertet werden kann. Das Programm einer Schule kann durchaus in vernünftiger Weise auf zehn oder weniger Seiten dargestellt werden.

Handlungsgrundlage Schulprogramm

Wenn das Schulprogramm die Handlungsgrundlage für alle an der Schule Beteiligten darstellen soll, dann sollte es

- integrativ und nicht ausgrenzend wirken,
- positive Visionen mit erreichbaren Zielen verbinden,
- sich nicht im Utopischen verirren oder im Pragmatischen erschöpfen.

Von entscheidender Bedeutung ist, Schulprogramme als dynamische und zu verändernde *Handlungsplattformen* zu betrachten. Die interne Evaluation ist Voraussetzung dafür, dass aus geduldigem Papier folgenreiche Prozesse werden, dass Schulprogramme eine zeitlich begrenzte Reichweite haben und veränderbar bleiben. Sie sollten spätestens nach drei Jahren überprüft werden. Nicht selten ist es jedoch erforderlich, einzelne Aspekte von Jahr zu Jahr neu akzentuieren.

Widersprüchliche Interessenlagen

Die Interessen an der Erarbeitung eines Schulprogramms sind innerhalb eines Kollegiums zumeist ambivalent. Obgleich der Satz gilt „Innovation wirkt motivierend“, können innerhalb der Lehrerschaft mit der Schulprogrammdiskussion Ängste und Abwehrreaktionen ausgelöst werden. Deshalb kommt es darauf an, am Beginn der Schulprogrammarbeit die möglichen Vorteile von Schulprogrammen für die tägliche Arbeit zu bestimmen und vorhandene Bedenken zu berücksichtigen.

Kollegien und Schulprogramme	
mögliche Interessen	**mögliche Bedenken**
+ größere Identifikation und Spaß an der Arbeit durch die gemeinsame Gestaltung des Schullebens	– größere Arbeitsbelastung
+ Verbesserung der Arbeitsatmosphäre und -bedingungen, indem die Schule zu einem interessanten und angenehmen Arbeitsplatz gemacht wird	– Längere Arbeitszeit in der Schule
+ Erleichterung der Vermittlungsarbeit durch gemeinsame Ziele und damit verbundene Kooperation	– Verlust an Autonomie
+ Erleichterung der erzieherischen Arbeit durch abgestimmte Regeln und Vorgehensweisen	– Verlust an pädagogischen Freiräumen
+ Transparenz und Rückmeldung über die Ergebnisse der eigenen Arbeit	– Stärkere Kontrolle der eigenen Arbeit durch Kollegen, Schulleitung, Eltern oder Schüler
+ Darstellung der Arbeit nach innen und außen	– zu viel Papier und Aufwand

Gliederung eines Schulprogramms

Entsprechend den konkreten Ansprüchen an das jeweilige Schulprogramm, die vor der Erarbeitung des Programms im Rahmen der Schulkonferenz abgestimmt werden sollten, kann das Schulprogramm die folgende Bereiche umfassen, die in unterschiedlicher Reihenfolge und Gewichtung ihren Platz in Schulprogrammen haben:

Aufbau eines Schulprogramms

1. Präambel: Schultyp und pädagogische Grundsätze
2. Regeln der Zusammenarbeit
3. Zielvereinbarungen
4. Inhalte und Methoden
5. Zeitstrukturen und Rhythmisierung
6. Evaluationsverfahren

Prägnant und handlungsorientiert geschrieben, kann diese Struktur auch kurz auf einem vierseitigen Faltblatt dargestellt werden, beispielsweise mit folgender Gewichtung:

Präambel: - Seite
Regeln: 1 Seite
Zielvereinbarungen: - Seite
Inhalte und Methoden: 1 Seite
Zeitstrukturen und Rhythmisierung: - Seite
Evaluationsverfahren: - Seite

1. Präambel: Schultyp und pädagogische Grundsätze

Dieser Teil beinhaltet:

- Kurzbeschreibung des Schultyps (vierzügige volle, verlässliche Halbtagsgrundschule mit Integrationsklassen)
- Bei besonderen Namen: Wofür steht der Name der Schule?
- Pädagogische Grundsätze und besondere Akzente der Arbeit (Leitideen der pädagogischen Arbeit, themenzentrierte Profile in den Stufen)

2. Regeln der Zusammenarbeit

Die Regeln der Zusammenarbeit müssen nicht notwendigerweise Bestandteil des Schulprogramms sein. Sie können ebenso ein eigenständiges Dokument darstellen, das - wie im untenstehenden Beispiel eines Gymnasiums aus Hamburg auf Seite 112/113 - in allen Klassen, auf Elternabenden, Konferenzen sowie auf einer Podiumsdiskussion erörtert und in den Klassenräumen aushängt wurde. Die Regeln sollen konkrete Orientierungshilfen für das tägliche Miteinander in der Schule bilden.

Für ein besseres Miteinander

Die folgenden Punkte sollen Grundlage für ein besseres Miteinander von Schülern, Lehrern und Eltern sein. Es geht darum, dass alle Beteiligten Verantwortung für ein vernünftiges schulisches Zusammenleben übernehmen. Diese Punkte sollen in allen Klassen und auf Elternabenden diskutiert werden.

Gegenseitige Achtung und konstruktive Kritik

Unterschiedliche Auffassungen und Konflikte sind ein Teil unseres Schulalltags. Lehrreich können sie für alle Beteiligten sein, wenn wir versuchen, auch die Sicht des anderen zu verstehen und Vorurteile abzubauen. Dies setzt gegenseitige Achtung voraus. Wir wünschen uns einen Schulalltag, der von einem höflichen Umgang miteinander und gegenseitigem Respekt geprägt ist. Bei „Entgleisungen“ zeigt man mit einer entsprechenden Entschuldigung nicht Schwäche, sondern Stärke. Dazu gehört auch, bei Fehlverhalten nicht zu schweigen, sondern die eigene Meinung zu sagen.

Gegenseitiges Zuhören und Verbindlichkeit

Unterricht ist auf gegenseitiges Zuhören angewiesen. Ohne Phasen konzentrierter Ruhe ist dies nicht möglich. Der Lautere setzt sich durch – das kann nicht das Prinzip eines sinnvollen Dialogs sein. Regeln, auch die während einer Diskussion, haben nur dann einen Sinn, wenn sie für alle verbindlich sind. Was für alle gelten soll, das muss auch für den Einzelnen der Maßstab sein. Das gilt auch für einen pünktlichen Unterrichtsbeginn und -schluss, für die Vollständigkeit der Arbeitsmittel. Verspätungen und Vergesslichkeiten können vorkommen. Doch dann kann die Allgemeinheit eine höfliche und ehrliche Entschuldigung erwarten.

Essen und Trinken während des Unterrichts sind nicht gestattet. Bei Verstößen gegen die gemeinsamen Regeln werden Sanktionen ergriffen. Ganz allgemein sollte gelten: Das Fehlverhalten eines anderen ist noch lange kein Grund für das eigene, im Gegenteil. Für Gespräche über Probleme und allgemeine Belange sollte innerhalb und außerhalb des Unterrichts Zeit sein.

Offenheit des Unterrichts und Transparenz der Bewertung

Unterschiedliche Lehrmethoden und Lerntechniken sollten im produktiven Wechsel von Unterricht stehen. Ein Ziel ist dabei, dass Lehrer und Schüler gemeinsam Verantwortung für einen interessanten Unterricht übernehmen und Einsatzbereitschaft beweisen. Dafür ist ein Unterrichtsklima notwendig, in dem Fragen erwünscht sind, Ernst genommen und beantwortet werden. Unterrichtsplanung und Kriterien der Leistungsbewertung sollten offen gelegt und möglichst diskutiert werden.

Kreativität und Ordnung in Klassenräumen

Die längste Zeit der eigenen Schullaufbahn verbringen Schüler und Lehrer in den Klassenräumen. In Klassenräumen sollen sich Schüler und Lehrer wohl fühlen können. Klassenräume sollten mit Fantasie gestaltet sein und die Aktivitäten der Klasse widerspiegeln. Kreative Gestaltung, Ökologie und Ordnung gehören zusammen. Was für unsere Verantwortung gegenüber der Umwelt ganz allgemein gilt, muss auch für unser tägliches Leben gelten: Nein zu Zerstörung und Verschmutzung. Mit privatem und gemeinschaftlichen Eigentum muss sorgsam umgegangen werden.

3. Zielvereinbarungen

Die Bestandsaufnahme bildet die Grundlage für Zielvereinbarungen. Zeigt die Stärke-Schwäche-Bilanz beispielsweise, dass viele Schüler Probleme bei der Suche nach einen Ausbildungsplatz haben oder dass die meisten Mädchen naturwissenschaftliche Fächer abwählen, dann können im Schulprogramm Zielsetzungen und Maßnahmen vereinbart werden, um diesen Zustand zu verändern. Zielvereinbarungen müssen konkret und an Kriterien gebunden sein. Im genannten Beispiel wären das möglicherweise der Prozentsatz von Schülern mit einer festen Zusage auf einen Ausbildungsplatz beziehungsweise der Prozentsatz an Mädchen, die die Naturwissenschaften wählen und/oder die dort gute oder sehr gute Leistungen erbringen.

Bei Zielvereinbarungen ist zu beachten, dass zunächst nicht Tätigkeiten, sondern Tätigkeitsziele vereinbart werden. Für Schule neu und schwierig ist es, in einem zweiten Schritt die konkreten Messkriterien zu bestimmen, an denen das Erreichen oder Nicht-Erreichen der Ziele gemessen werden soll. Die Konkretisierung von Messkriterien fällt dann leichter, wenn sie mit Blick auf bestimmte Initiativen gedacht wird.

Zielvereinbarungen können entsprechend den unterschiedlichen Ebenen von Schulqualität auf Ergebnisse, Prozesse und Strukturen bezogen sein, was die folgenden Beispiele andeuten sollen. Das Schema eignet sich auch für Umfragen zu Zielen, Messkriterien und Umsetzungsinitiativen im Kollegium. Bei der Vereinbarung von Zielen sollte dann allerdings eine klare Konzentration vorgenommen werden (siehe auch die Kopiervorlage 11 *Beispiele für Zielvereinbarungen*, Seite 138/139).

An dieser Stelle wollen wir kurz auf eine an einigen Schulen kontrovers diskutierte Frage eingehen, auf die Frage nach dem Verhältnis von *prozessorientierten* und *produktorientierten* Zielen.
Vereinfacht lässt sich sagen, dass prozessorientierte Ziele auf Verhaltensweisen und den Umgang miteinander, produktorientierte Ziele auf inhaltliche und methodische Qualifikationen bezogen sind.
Dem Versuch in den 70er Jahren, Lernziele zu operationalisieren und damit Wissen, Fähigkeiten und Fertigkeiten von Schülern objektiv zu erfassen, folgte ein Trend stärkerer Betonung interaktiver Prozesse. Wird das Spannungsverhältnis zwischen prozess- und produktorientierten Zielen zugunsten einer Seite aufgelöst, entstehen Programmstereotypen der „Interaktionsschule" einerseits oder der „Paukschule" andererseits.
Wir plädieren dafür, produkt- und prozessorientierte Ziele als eine Einheit zu sehen und nicht gegeneinander zu stellen oder zu gewichten. Allgemein gilt:
Je besser die Prozesse ablaufen, desto größer die Chance, gute Ergebnisse zu erzielen! Produktqualität setzt Prozessqualität voraus.
Auf diesen Zusammenhang verweisen schließlich auch die TIMSS-Studien mit der Analyse des japanischen Mathematikunterrichts als fachlich anspruchsvoll, methodisch sehr variabel und die Aktivität der Schüler fördernd (vergleiche Seite 17/18).
Gute Leistungen in der Schule bilden aus unserer Sicht *immer* eine Einheit von Wissen und Fähigkeiten, von Fertigkeiten und Verhaltensweisen. Mit Blick auf die dargestellten gesellschaftlichen Entwicklungstrends stellt sich gerade nicht die Alternative „Wissen" versus „Teamfähigkeit, Kreativität oder Kommunikationsfähigkeit".
So bilden beispielsweise Sprachkompetenz und weltoffenes, tolerantes Verhalten *zusammengenommen* wichtige Voraussetzungen für die berufliche Entwicklung im zukünftigen Europa.

Bei Zielvereinbarungen

beachten	**vermeiden**
+ Auf wenige Ziele konzentrieren	– Zielflut
+ kurzfristig erreichbare Ziele akzentuieren	– unrealistische und langfristige Ziele
+ mess- und sichtbare Ergebnisse anvisieren	– diffuse Ziele
+ Ziele auch auf Stärken beziehen	– Ziele nur auf Schwächen ausrichten
+ Prozess- und Strukturziele gewichten	– Ziele auf Ergebnisse vereinseitigen

4. Inhalte und Methoden der schulischen Arbeit

In diesem Abschnitt des Schulprogramms werden die inhaltlichen Angebote und Schwerpunkte sowie die Methoden der Arbeit an der Schule dargestellt. Dazu gehören die Bereiche:

- allgemeines inhaltliches Profil der Schule ⇨ Natur- und Umweltbezug, Musikzweig
- inhaltliche Akzente im Unterricht ⇨ Sprachen, Praktika, Projekte ...
- methodische Akzente im Unterricht ⇨ jahrgangsübergreifend, Wochenplanarbeit
- weitere Angebote in der Woche ⇨ Arbeitsgemeinschaften, Betreuung
- besondere Aktivitäten im Schuljahr ⇨ Austausch, Feste, Aufführungen ...
- besondere Schuleinrichtungen ⇨ Schulküche, Werkstätten ...

Beispiel: Profilklassen in den Jahrgangsstufen 9 und 10

an der Gesamtschule Bergedorf, Ladenbeker Weg 13, 21037 Hamburg

Profilklassen sind die neuen Klassen in den Jahrgangsstufen 9 und 10. Alle Schüler des Jahrgangs 8 entscheiden sich für einen inhaltlichen Schwerpunkt (Profil), der eins seiner beiden Wahlpflichtfächer ersetzt. Die Schüler, die den gleichen Schwerpunkt gewählt haben, kommen gemeinsam in eine Klasse.
Aus den sechs Klassen des Jahrgangs 8 werden dabei neun Klassen in den Jahrgangsstufen 9 und 10. Eine Profilklassen hat höchstens 20, im durchschnitt 17 Schüler.

In dem neuen Klassenverband werden folgende Fächer unterrichtet:
Das Profilfach, Arbeitslehre, Politik, Sport, Tutor und evtl. Kunst/Musik.

Leistungsdifferenziert werden folgende Fächer unterrichtet:
Englisch, Mathematik, Deutsch, Biologie, Physik, Chemie.

Aufgaben und Sinn der Profilklassen:
Jede Klasse übernimmt Aufgaben für die Schulgemeinschaft oder den Stadtteil. Diese praktischen Arbeiten werden geplant, durchgeführt und allen an der Schule vorgestellt.
Dadurch verändert sich das Lernen: Mit Gleichgesinnten ein Thema haben, das alle in der Gruppe interessiert, die Arbeit unter sich aufteilen und organisieren ... Das Lernen in der Schule erhält dadurch unmittelbar einen Sinn, die einzelne Schülerin, der einzelne Schüler, die Gruppe, die Klasse erleben, dass ihre Arbeit ernst genommen wird, Anerkennung und Kritik erfährt.
Durch die Profilklassen erhält jede Klasse mindestens 12, in der Regel 15 Stunden gemeinsamen Unterricht, davon 6 Stunden bei dem Klassenlehrer, der auch verantwortlich für den inhaltlichen Schwerpunkt ist.
Ein Wochentag ist **Profiltag**, an dem das Profil Inhalt des Tages im Klassenverband ist.

Beispiele:
Die Profilklasse *Zeitung* hat die Aufgabe, zweimal im Halbjahr eine Schulzeitung zu veröffentlichen ...
Die Profilklasse *Mensch und Natur* könnte zum Beispiel eine Regenwassernutzanlage für die Schule planen und einrichten, im Schulgelände andere Tiere und Pflanzen heimisch machen, eine Solaranlage auf dem Schuldach einrichten, Energiesparmaßnahmen an der Schule einführen ...

Weitere Beispiele für Profile:
Sport - Kunst-Stücke - Theater-Werkstatt - Schule international - Politikwerkstatt - Die Firma „Schulbistro“

5. Zeitstrukturen und Rhythmisierung

Die Zeitstrukturen leiten sich aus den inhaltlichen und methodischen Schwerpunkten einer Schule ab. Wichtige Aspekte in diesem Bereich können unter anderem sein:

- Feste Öffnungszeiten
- Gleitende Anfangszeiten:
  7.45-8.00 Uhr
- Neue Rhythmisierung des Schultages durch Zeitbänder, in denen die Lerngruppen je nach Bedarf Pause machen:
  Hofpause 8.00-9.45 und 10.00-11.45, Mittagspause 12.30-13.30
- Neue Rhythmisierung der Schulwoche beispielsweise durch einen feststehenden Projekttag
- Neue Rhythmisierung des Schulhalbjahres durch feststehende Praktika oder Projektwochen.

Zeitraster einer Grundschule s.S. 114.

6. Evaluationsverfahren

Das Schulprogramm enthält schließlich Festlegungen über die Organisation und den zeitlichen Verlauf der Evaluation. Ein Beispiel ist:

- Ausschuss der Schulkonferenz zur Evaluation des Schulprogramms (aus Schulleitung, 2 Lehrern, 2 Eltern, 2 Schülern)
- Nach *einem* Jahr:
  Hearing zur Bilanz der Umsetzung - ggf. Veränderungen am Schulprogramm
- Nach *zwei* Jahren:
  Fragebogen zur Bilanz der Umsetzung - ggf. Veränderungen am Schulprogramm
- Nach *drei* Jahren:
  Auswertung mit schriftlichem Bericht unter Einbeziehung von Externen (Kollegen anderer Schulen, Wissenschaftlern, Schulaufsicht) - ggf. Überarbeitung des Schulprogramms.

Zeitraster einer Grundschule

Zeit	Elemente	Mo	Di	Mi	Do	Fr
7.50	• Offener Anfang • Morgenkreis • Arbeitsphasen mit individuellen Pausen • Frühstückspause		Projekt-tag kein Fachlehrer-unterricht			
9.30	Hofpause					
9.50	• Arbeitsphasen mit individuellen Pausen					
11.20	Hofpause					Ende
11.40	• Wahlpflichtangebote • Arbeitsgemeinschaften • Förderkurse • Schlusskreis	12.30-13.30 OE-Block				
13.10	**Schulschluss**					

OE-Block: Konferenzen des Gesamtkollegiums, der Jahrgangsteams, von Arbeitsgruppen

Hinweise zur redaktionellen Arbeit an einem Schulprogramm

1. Einen Kurztext als Diskussionsgrundlage verfassen
Die Programmgruppe oder die Schulleitung entwirft (wenn möglich vor dem Hintergrund einer Bestandsaufnahme) einen Kurztext, in dem auf 2 Seiten beispielsweise die folgenden Punkte dargestellt werden:

- Kennzeichen oder Leitideen der Schule,
- Stärken der Schule,
- Schwächen der Schule,
- Vorschläge für wesentliche Ziele der nächsten Jahre,
- Veränderungsvorschläge.

2. Den Kurztext in den Gremien diskutieren (1. Lesung)
Der Kurztext sollte mehrere Tage vor der Gremiensitzung (Lehrerkonferenz, Elternrat, gegebenenfalls Schülerrat und Schulkonferenz) den Mitgliedern vorliegen, damit die Diskussion auf den Text konzentriert werden kann. Veränderungsvorschläge werden entweder direkt festgehalten oder später schriftlich nachgereicht.

3. Den Kurztext ausdifferenzieren (2. Lesung)

Der Kurztext wird um die Veränderungen ergänzt und in den folgenden Wochen von der Programmgruppe (oder in großen Kollegien bereichsweise von mehreren Arbeitsgruppen) ausdifferenziert. Dieser Entwurf stellt das Schulprogramm im eigentlichen Sinne dar. Je nach Situation sollte der Entwurf vor der entscheidenden Behandlung in den Gremien einer größeren Zahl von Kollegen, Eltern und Schülern vorgestellt werden, wofür verschiedene Möglichkeiten denkbar sind:

- Pädagogische Ganztagskonferenz (mit Schüler- und Elternvertretern),
- Hearing für interessierte Lehrer, Eltern und Schüler,
- Individuelle Umfrage: Den Entwurf zum Gegenlesen an alle Kollegen, Eltern- und Schülervertreter verteilen und um konkrete Veränderungsvorschläge bitten.

4. Über den Entwurf beschließen (3. Lesung)

Die beschlussfassenden Gremiensitzungen sollten so vorbereitet werden, dass die Beteiligten Veränderungsanträge möglichst vorher und *schriftlich* einreichen. Das Programm sollte bei größeren Veränderungen vor der Beschlussfassung vorgelesen werden.

Siehe dazu die Kopiervorlagen 12 bis 19, Seite 140-152.

Umfrage des Elternrats: Wie sehen Eltern die Schule?

Umfrage des Schülerrats: Wie sehen Schüler ihre Lehrer?

Umgang und Auswertung der Fragebögen

Grafik: Auswertung von Fragebogenerhebungen

Schulprogramme: Hindernisse und Nutzen

Cluster: Nutzen von Schulprogrammen

Cluster: Hindernisse bei der Schulprogrammarbeit

Erwartungen von Eltern an die Schule – Erfahrungen mit der Schule

Schulprogramme und Evaluation in Hessen

Grundannahmen für die Gestaltung eines Schulprogramms:

- In einem Schulprogramm werden (...) die pädagogischen Ziele und die daraus abgeleiteten Konsequenzen und Aufgaben beschrieben (...)
- In ihrem Schulprogramm stimmt die Schule ihre Unterrichts- und Erziehungsarbeit unter den Zielsetzungen ab, die für die Schulform bestimmend sind.
- In ihrem Schulprogramm koordiniert die Schulgemeinde alle Aktivitäten der Schule in Hinblick auf die verabredeten Zielsetzungen der Schule.
- In ihrem Schulprogramm informiert die Schule nach außen über Absichten und Formen ihres Unterrichts, über ihre zusätzlichen Angebote und über ihre Anforderungen und Erwartungen an die Mitglieder der Schulgemeinde (...)
- Das Schulprogramm ist für alle in der Schulgemeinde verbindlich und schafft damit Verlässlichkeit nach innen und außen (...)
- Das Schulprogramm legt ein realistisches Arbeitsprogramm mittlerer Reichweite fest (...)
- Das Schulprogramm wird im Rahmen der Zuständigkeit der Gesamtkonferenz erarbeitet (...) Anschließend entscheidet die Schulkonferenz über den Programmentwurf. Danach wird er dem Staatlichen Schulamt zur Zustimmung vorgelegt. (Die Zustimmung ist gemäß dem Gesetzentwurf zur Änderung des Hessischen Schulgesetzes vom September 1996 zu versagen, wenn beispielsweise die Gleichwertigkeit des schulischen Angebots und Standards in den Bildungsgängen nicht sichergestellt sind oder wenn es nicht mit den Programmen der Schulen abgestimmt ist, mit denen sie zusammenarbeitet.)

Planungsgegenstände:

- Grundsätze der Klassenzusammensetzung und der Unterrichtsverteilung
- Unterrichtsorganisation der klassen- und jahrgangsübergreifenden Lerngruppen
- fächerübergreifendes Arbeiten
- Berücksichtigung der Fächerschwerpunkte der Schule
- Schwerpunkt bei der Vermittlung von Lern- und Arbeitstechniken (Lernen des Lernens)
- Berücksichtigung der besonderen Angebote und pädagogischen Traditionen der Schule
- Einbindung außerschulischer Lernorte
- Formen der Zusammenarbeit zwischen den Gruppen der Schule
- Schwerpunkte der Fortbildung

Aus: Hessisches Kultusministerium: Schulprogramme und Evaluation in Hessen. Arbeits- und Diskussionsentwurf des Kultusministeriums und Landesinstituts für Pädagogik in Hessen, Teil 2. Wiesbaden 1996, S. 5-9

Gesetzliche Vorgaben für Schulprogramme in Hamburg

§ 51
Schulprogramm

1. Die Schule legt die besonderen Ziele, Schwerpunkte und Organisationsformen ihrer pädagogischen Arbeit sowie Kriterien für die Zielerreichung in einem Schulprogramm fest. Sie konkretisiert darin den allgemeinen Bildungs- und Erziehungsauftrag im Hinblick auf die spezifischen Voraussetzungen und Merkmale ihrer Schülerschaft und die spezifischen Gegebenheiten der Schule und ihres regionalen Umfeldes unter Nutzung der ihr nach diesem Gesetz gegebenen inhaltlichen und unterrichtsorganisatorischen Gestaltungsmöglichkeiten. Zu den Festlegungen des Schulprogramms können gehören:

   - besondere didaktisch-methodische Schwerpunkte im Unterricht,
   - die Umsetzung der fächerübergreifend zu unterrichtenden Aufgabengebiete,
   - fächerübergreifend unterrichtete Lernbereiche (...),
   - Abweichungen von den Stundentafeln (...),
   - die Ausgestaltung der Stunden- und Pausenordnung,
   - besondere Maßnahmen zur Förderung spezifischer Schülergruppen (...),
   - besondere Beratungs-, Betreuungs- und Freizeitangebote,
   - besondere Formen der Schülermitwirkung,
   - besondere Maßnahmen zur Förderung des Schullebens,
   - die Kooperation mit anderen Schulen und Einrichtungen des Stadtteils,
   - Grundsätze für die Verwendung der Personal- und Sachmittel, die der Schule zur eigenen Bewirtschaftung zur Verfügung stehen, im Rahmen ihrer Zweckbestimmung.

2. Bei der Erarbeitung des Schulprogramms sind die Rechts- und Verwaltungsvorschriften (...) zu beachten. Das Schulprogramm und seine Fortschreibung bedürfen der Genehmigung durch die zuständige Behörde (...)

3. Auf der Grundlage des Schulprogramms überprüft die Schule in regelmäßigen Abständen eigenverantwortlich die Durchführung und den Erfolg ihrer pädagogischen Arbeit und berichtet der zuständigen Behörde über die Ergebnisse.

Aus: Hamburger Schulgesetz vom 16. April 1997

Funktionen von Schulprogrammen in Nordrhein-Westfalen

Stellungnahme der Bezirksregierung Münster, Nordrhein-Westfalen

Welche Funktionen haben Schulprogramme in Schulentwicklungsprozessen?

- Identifikation mit dem System
- Bestandsaufnahme; Problemanalyse
- Vereinbarung von Arbeitsschwerpunkten und Verantwortlichkeiten
- Entwicklung von Kommunikationsstrukturen/Konfliktlösungsstrategien (schulintern/schulextern)
- Verbesserung des Arbeitsklimas
- Forcierung der Teamarbeit
- Verbindlichkeit von Zielvereinbarungen auf Zeit – orientiert an periodischer Überprüfung

Aus: Ministerium für Schule: Schulprogramm und Schulentwicklung. Schriftenreihe Nr. 9016, Düsseldorf 1997, S. 70

Fallbeispiel: „Im Wettbewerb um Anmeldungen"

An einem Gymnasium sind die Anmeldezahlen seit einigen Jahren rückläufig, sodass die bisherige Dreizügigkeit nicht mehr aufrecht erhalten werden kann. Gelänge keine Umkehr dieser Entwicklung, wären die Folgen für das Kollegium (Versetzungen) und insbesondere für die Oberstufe (geringe Wahlmöglichkeiten) sehr negativ. Vor allem die Elternschaft drängt seit längerer Zeit auf nachhaltige Veränderungen. Die Schulkonferenz beschließt daraufhin, sich dem Wettbewerb mit den umliegenden Gymnasien zu stellen.

Die Handlungsgrundlage ist folgende Vorlage, die wir hier in Absprache mit der betreffenden Schule unter Absehung von konkreten Zahlen und Namen dokumentieren.

Vorbemerkung

Die Schulkonferenz hat einen Ausschuss gebildet, der sich mit einer Ursachenanalyse für die Anmeldezahlen und den Schlussfolgerungen befassen soll. Es arbeiten mit: Je zwei Eltern, Schüler und Lehrer sowie ein Mitglied der Schulleitung.

Der Ausschuss schlägt folgendes Verfahren vor:

1. Der Ausschuss behandelt das folgende Analyse- und Vorschlagspapier.
2. Die Schulkonferenz behandelt diese Vorlage. Termin:
3. Die Vorlage wird innerhalb der drei Gruppen der Schule erörtert. Termin:
4. Die Schulkonferenz beschließt das veränderte Papier. Termin:
5. Die Schulkonferenz begleitet die Umsetzung (kontinuierliche Prozessreflexion).

Anmeldezahlen

Ziele und Vorschläge

Zur Ausgangslage

Die Anmeldezahlen, und dies ist wohl

eine konsensuale Einschätzung unter Lehrern, Eltern und Schülern, sind nicht zufrieden stellend, man könnte auch sagen alarmierend. Das ist allerdings keine neue Aussage. Sie wurde in den letzten Jahren wiederholt geäußert. Eine systematische Beschäftigung mit dem Problem hat jedoch nicht in ausreichender Weise stattgefunden.
Woran es mangelt, ist unter anderem Folgendes:

- Eine Ursachenanalyse,
- entsprechende konzeptionelle und personelle Konsequenzen,
- Entschlossenheit, Veränderungen herbeizuführen und
- die kontinuierliche Arbeit an diesen Veränderungen.

Bekanntlich hängen die Ursachen für bestimmte Entwicklungen immer eng miteinander zusammen und stehen in einer Wechselwirkung. Es ist naturgemäß schwierig, eindeutige Kausalitäten festzuhalten (der Ruf ist schlecht, deshalb ...). Dennoch lassen sich anhand der vorliegenden Informationen bestimmte Aspekte herausheben, die mehr oder weniger großen Einfluss auf die Anmeldezahlen haben:

- Die Qualitäten unserer Schule werden in der Öffentlichkeit mangelhaft dargestellt – Ausnahmen bestätigen die Regel.
- Wir sind eine zu wenig diskussionsfreudige, innovative und stadtteilorientierte Schule.
- Die Präsentation unserer Schule an den Grundschulen und die Zusammenarbeit mit den Grundschulen, den Eltern, Schulleitern und Lehrern, ist nicht ausreichend.
- Es fehlt Klarheit über die besonderen Qualitäten und über den Bedarf an Veränderungen. Das Kollegium als Ganzes ist zu wenig Repräsentant unserer Schule.

In welchen Bereichen können wir Veränderungen erreichen? Folgendes Schaubild soll die einzelnen Handlungsfelder veranschaulichen.
Welche Bedeutung haben die einzelnen Faktoren?

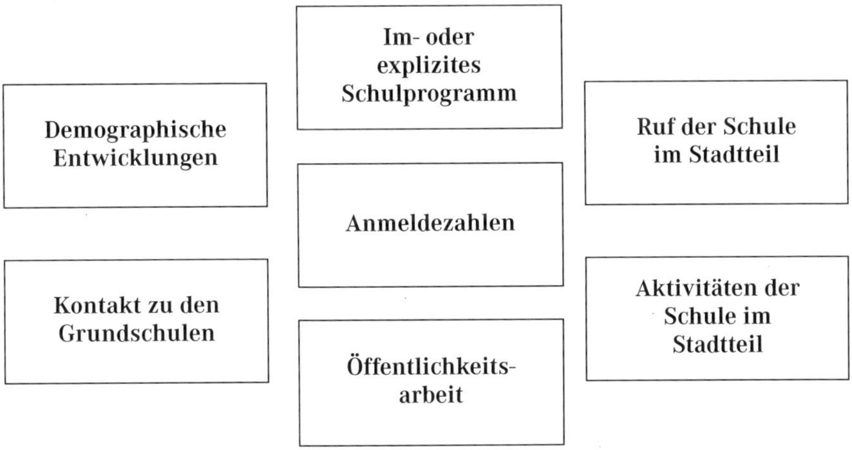

Demografische Entwicklungen

1. Gemäß den Zahlen des Schulentwicklungsplans und den vorliegenden Anmeldestatistiken haben sich die Schülerzahlen in unserem Bezirk und Einzugsbereich nicht grundlegend verändert. Sie werden sich, so die Prognose, auch in der Zukunft nicht verändern.
2. Die Abgangszahlen der umliegenden Grundschulen waren im Jahr: ...
3. Das Schülerpotenzial für unsere Schule beträgt ca. ...

Schlussfolgerung

Unsere Schule hat ein Schülerpotenzial für eine dreizügige Schule. Es gibt zahlreiche Eltern/Schüler (Größenordnung ca. ...), die eine andere Schule unserer vorziehen, obwohl damit erheblich längere Anfahrzeiten verbunden sind. Nicht wenige Schüler gehen auf ihrem Schulweg an unserer Schule vorbei. Wir schöpfen also unser Potenzial nicht aus.

Im- oder explizites Schulprogramm

Jede Schule hat zumindest ein implizites Schulprogramm, das im Laufe der Jahre entstanden ist. Auf einer der letzten pädagogischen Ganztagskonferenzen hat sich das Kollegium mit Stärken und Schwächen der Schule beschäftigt. Die explizite und zu beschließende Form wird zur Zeit von den drei Gruppen der Schule vorbereitet. An dieser Stelle sollen deshalb nur einige Aspekte stehen, die in der Öffentlichkeit mehr zur Geltung gebracht oder verändert werden sollten.

Folgende Stärken sollten wir betonen:

Unsere Schule

1. sorgt für eine konzentrierte und tolerante Lernatmosphäre,
2. arbeitet auf einem soliden bis hohen fachlichen Niveau,
3. bietet Dreisprachigkeit, verstärkten Musik- und Sportunterricht in der Beobachtungsstufe und
4. vielfältige außerunterrichtliche Aktivitäten an (Austausch, AG's, Reisen),
5. hat eine aktive Eltern- und Schülerschaft.

Folgende Punkte sollten wir angehen:

Von entscheidender Bedeutung für das Schulprogramm ist, ob wir uns zu einer kleinen zweizügigen Schule entwickeln. Umgekehrt gilt, was die Eltern zu Recht betonen: Eines der wichtigsten kurz- und mittelfristigen Ziele für unsere Schule ist die Steigerung der Anmeldezahlen, um die Dreizügigkeit wiederherzustellen. Dieses Ziel verbinden wir mit dem Anspruch, die Qualität unseres Unterrichts weiterzuentwickeln sowie Schülerinnen und Schüler in der Orientierungsstufe gezielt zu fördern.
Die Beobachtungsstufe sollte zu einem Schwerpunkt unserer Arbeit werden.

Ohne Prioritätensetzungen mit einer entsprechenden Konzentration der Kräfte, das zeigen die letzten Jahre, wird es keine durchgreifenden Veränderungen geben:

1. Die Klassenlehrer und stellvertretenden Klassenlehrer stehen als Teams für die neuen 5. Klassen frühzeitig fest.

Termin: ...... Verantwortlichkeit: ......

2. Diese Kollegen führen zusammen mit anderen interessierten eine Stufenkonferenz durch. Ein Ziel ist es, Ideen für die pädagogische Arbeit auszutauschen und ein Faltblatt zu erstellen: „Das sind die Lehrerteams, die für die Klassen verantwortlich sind ..., das sind unsere pädagogischen Ansprüche ..., das machen wir in der Beobachtungsstufe ...“

Termin: ...... Verantwortlichkeit: ......

3. Die Lehrerteams stellen sich an den Schwerpunktgrundschulen vor.

Termin: ...... Verantwortlichkeit: ......

4. Die Erfahrungen mit dem verstärkten Musik- und Sportunterricht werden durch die Fachkonferenzen ausgewertet. Ggf. werden diese Aspekte stärker für die Öffentlichkeitsarbeit genutzt.

Termin: ...... Verantwortlichkeit: ......

5. Aktivitäten wie „Tag der offenen Tür“ und Probierstunden werden im Rahmen der Schulkonferenz erörtert.

Termin: ...... Verantwortlichkeit: ......

6. Wie schon mit Blick auf das Schulprogramm bedacht, werden in Zusammenarbeit mit den Eltern Betreuungs- und Förderungsangebote nach dem Unterrichtsende konzipiert.

Termin: ...... Verantwortlichkeit: ......

7. Es wird geprüft, ob für bestimmte Aktivitäten ein Belastungsausgleich notwendig und möglich ist.

Termin: ...... Verantwortlichkeit: ......

Zusammenarbeit mit den Grundschulen

Bei der Zusammenarbeit mit den Grundschulen ist zu beachten, dass wir im Jahr ... aus ... Schulen Schüler erhalten haben, wobei die Mehrzahl aus ... Schulen gekommen ist.

Schlussfolgerung

Wir brauchen sowohl eine Vorstellung unserer Schule in vielen Schulen als auch gezielte Aktivitäten an wenigen Schulen. Solche Schwerpunktschulen sind: ...

Maßnahmen

1. Die Vorstellung unserer Schule wird durch ein Team realisiert, zu dem auch Eltern und Schüler gehören. Dieses Team bereitet die Vorstellung gemeinsam vor.

Termin: ...... Verantwortlichkeit: ......

2. Wir entwickeln einzelne Kooperationsprojekte mit den Grundschulen. Beispiele:

- Sport-AG für umliegende Grundschulen,
- Benefiz Auftritte der Band,
- Gemeinsames Sportfest im Sommer,
- Einladung zum Abendsportfest „Turn- und Tanzshow“,
- Erste Hilfe-Kurs für interessierte Lehrer und Eltern unserer Schule und umliegenden GS.

Termin: ...... Verantwortlichkeit: ......

Öffentlichkeitsarbeit, Ruf der Schule und Aktivitäten im Stadtteil

Maßnahmen

1. Es wird die Initiative der Eltern unterstützt, einen Ausschuss für die Öffentlichkeitsarbeit zu gründen.

Termin: → Verantwortlichkeit:

2. Es wird eine stadtteilbezogene Aktion im Jahr durchgeführt. Beispiele:

- Sponsoring walk,
- Sportfest,
- Band battle.

Termin: ...... Verantwortlichkeit: ......

Auszüge aus dem Schulkonzept der Erich Kästner-Schule
Grundschule und Integrierte Gesamtschule
Wickopweg 2, Bartningstr. 33, 64289 Darmstadt

Inhaltsverzeichnis **Seite**

3. Es wird ein Videoclip über unsere Schule erstellt.
Termin: ...... Verantwortlichkeit: ......
4. Eine Homepage im Internet wird eingerichtet bzw. verbessert.
Termin: ...... Verantwortlichkeit: ......

Schulkonzept und Schulprogramm
Grundlagen und Entstehungsprozess

Rechtzeitig zum Beginn des Schuljahres 1997/98 und zeitgleich mit dem Einzug der IGS-Jahrgangsstufen 5-7 in das neue Schulgebäude legt die EKS die erste Fassung ihrer Schulkonzeption vor. Damit ist eine erste Etappe von Schulentwicklung konzeptionell gefasst worden, die die EKS seit den Beschlüssen von Magistrat und Stadtverordnetenversammlung im Jahre 1990 genommen hat – die Umwandlung von einer Grundschule mit Förderstufe in eine Integrierte Gesamtschule von der Vorklasse bis zur Jahrggangsstufe 10.

Schulkonzepte sind an sich nichts Ungewöhnliches oder gar Besonderes, jede Schule arbeitet mehr oder weniger unausgesprochen und verbindlich vereinbart auf der Grundlage übergreifender Konzeptionen. Dass ein solches Konzept in schriftlicher Form vorliegt, ist eher noch die Ausnahme und hat in der Regel von außen gesetzte strukturelle Entstehungsursachen. So auch an der EKS.

Mit dem seit dem Schuljahr 1994/95 verbindlich gewordenen Rahmenplan für die Grundschule war jede Grundschule aufgefordert, sich ein „schuleigenes pädagogisches Konzept" zu geben und „in gemeinsamer Verantwortung ein standortspezifisches schuleigenes Profil auszubilden". Als erster Schritt zu einem solchen schuleigenen Konzept wurde die Bilanzierung des bisher Geleisteten und Erarbeiteten vorgesehen. Diese Bilanzierung hat an der Erich Kästner-Schule in den Schuljahren 1994 und 1995 stattgefunden. Die Konzeptionen zur Grundschule mit festen Öffnungszeiten, Zeitstrukturen, Pausenregelungen und insbesondere die unterrichtliche Praxis wie projektorientiertes Arbeiten, Binnendifferenzierung, Leistungsbewertung und Fragen der Kooperationsstruktur wurden aufgegriffen. In der Bilanzierung wurden Wertungen dahingehend getroffen, welche Konzeptbausteine so übernommen, welche neu überdacht und ergänzt und welche konzeptionell neu erarbeitet werden müssen. So entstand mit dem Schaubild, dem „Haus des Lebens und Lernens" die Grundlage für eine weiterführende Konzeptdiskussion. Gleichzeitig nahmen die Rahmenplangruppen ihre zunächst fächerbezogene Arbeit auf.

Die Umwandlung der EKS zur IGS vollzog sich zunächst nur pädagogisch-inhaltlich. Zum Schuljahr 1995/96 wurde die neue Jahrgangsstufe 5 erstmals nach IGS-Konzeption unterrichtet, sie war formal letztmalig ein Jahrgang der Förderstufe. Mit einem Vorlauf von ca. einem halben Jahr bereitete das künftige Jahrgangsteam die Arbeit konzeptionell vor. Teammodell, Projektorientierung, AL ab Jahrgang 5, Fragen der äußeren Fachleistungsdifferenzierung, Aspekte der Binnendifferenzierung sowie die inhaltliche und personelle Verknüpfung mit der Grundschule wurden zu diesem Zeitpunkt bereits verankert.

Mit dem bevorstehenden Organisationserlass, der zum Schuljahr 1996/1997 erfolgte, war die Erstellung einer Planvorlage notwendig geworden. Die zu diesem Zweck einberufene Planungsgruppe begann ihre Arbeit im März 1996 ...

Seit Februar 1997 gehört die EKS zu den Pilotschulen in Sachen Schulprogramm. Konzeptentwicklung, Erarbeitung des Schulprogramms, Durchführung und Evaluation gehören seitdem zu den Aufgaben und Dokumentationspflichten unserer Schule. Insofern gewinnt die vorliegende Konzeption auch im Zusammenhang mit dieser Aufgabenstellung an Bedeutung.

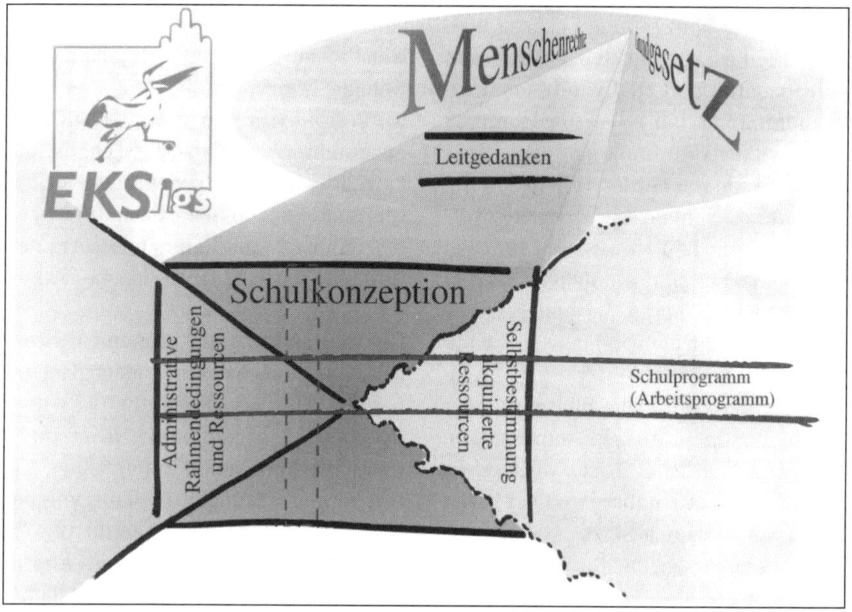

Die Beschäftigung mit der Thematik „Schulprogramm“ als solches führte zur Notwendigkeit einer detaillierten Begriffsklärung. Es galt bislang nahezu synonym verwendete Begrifflichkeiten wie Schulkonzept, Schulprogramm, Schulprofil und Planvorlage abzugrenzen, zu definieren und in entsprechende Strukturzusammenhänge zu bringen. Das Ergebnis dieses Klärungsprozesses ist wesentlicher Bestandteil der vorliegenden Konzeption.

Eine weitere wichtige Aufgabe wird die Ausarbeitung neuer Zeitstrukturen sein. Aspekte der Rhythmisierung und Ritualisierung bedürfen auf Grund äußerer Veränderungen wie verkürzte Öffnungszeiten in der Grundschule, neuer Raumkonzeption durch jetzt getrennte Standorte für Grundstufe und Sekundarstufe u.a. der Überarbeitung bzw. Neufassung.

Der Aspekt „Öffnung der Schule“, der an der EKS bereits umfassend praktiziert wird, muss dokumentiert und um die Bereiche „Zusammenarbeit mit Betrieben“ sowie „Ganztagsangebot“ erweitert werden.

Schließlich gilt es, die zentralen Leitgedanken auszuarbeiten. Ziel ist es, das Schulkonzept der EKS in seiner vorläufig endgültigen Fassung bis zum Ende des Schuljahres 1997/98 vorzulegen und zu beschließen.

Im Rahmen der schulprogrammatischen Arbeit ist die Umsetzung, die Überprüfung und ggf. die Revision des Konzeptes Teil eines fortschreitenden inneren Schulentwicklungsprozesses.

Die Schulkonzeption der EKS wird deshalb nie über den Status ihrer vorläufigen Endgültigkeit hinauskommen.

Erläuterungen zur Grafik „Schulkonzeption“:
Menschenrechte und Grundgesetz stehen als Synonym für die Einbettung der Schulkonzeption in kulturelle und rechtliche Werte und Vorgaben. Jede Schulkonzeption muss u.a. den Vorgaben des HSchG entsprechen.
Die Schulkonzeption steht gleichzeitig in einem Abhängigkeitsverhältnis zu den administrativ vorgegebenen Rahmenbedingungen und zur Verfügung gestellten Ressourcen. Diese können verändert werden durch im Rahmen von Selbstbestimmungsmöglichkeiten akquirierte weitere Ressourcen.
Das Schulprogramm ist immer ein Arbeitsprogramm. Es befasst sich mit der Umsetzung, der Veränderung, der Anpassung von Schulkonzeptbausteinen unter den aktuellen Bedingungen. Über die schulprogrammatische Arbeit können veränderte oder neue Säulen der Schulkonzeption entstehen.
Die Leitgedanken sind das begrifflich kurzgefasste Bindeglied zwischen der umfassenden Schulkonzeption und den kulturellen und rechtlichen Vorgaben.

Fallbeispiel: Erste Schritte auf dem Weg zum einem Schulprogramm
Pädagogische Konferenz
von 8.30 - 15.30 Uhr

Ziele:
1. Auf der Grundlage einer aktuellen Bestandsaufnahme der Vorzüge unserer Schule soll eine Verständigung über Verbesserungsmöglichkeiten erreicht und (später) umgesetzt werden.
2. Wir führen die konzeptionelle Arbeit unserer letzten pädagogischen Konferenz fort.
3. Wir berücksichtigen dabei die Anregungen des neuen Schulgesetzes.
4. Wir erarbeiten konkrete Projekte zur Profilierung unserer Schule.
5. Unsere Meinung und unsere Vorschläge stellen wir in der Schulöffentlichkeit (Schulmitteilungen, Eltern- und Schülerrat) zur Diskussion und bitten um Anregungen zur *gemeinsamen* Weiterentwicklung unserer Schule.

Aus diesen Zielen wird deutlich, dass wir eine breitere Meinungsbildung beginnen wollen. Dieser Diskussionsprozess müsste also nicht bereits auf dieser Konferenz zu zahlreichen konkreten Beschlüssen führen. Vielmehr sollten auch Eltern und Schüler einbezogen werden. Wir könnten die Ergebnisse dann auf einer - vor den Sommerferien folgenden - pädagogischen Konferenz auswerten und in entsprechende Beschlüsse überführen.

Vorschlag zur Tagesordnung der Konferenz:
1. Plenum: 8.30 - 10.30 Uhr
Bestandsaufnahme.
Die drei Koordinatoren stellen kurz ihre Stufe vor. Anschließend erfolgt eine Aussprache.
Erste allgemeine Verständigung über mögliche Veränderungen.

Zur Anregung sind die beiliegenden THESEN des Vorbereitungsausschusses gedacht.
Kaffeepause: 10.30 - 11.00 Uhr

2. Arbeitsgruppen: 11.00 - 12.30 Uhr
Mittag: 12.30 - 13.30 Uhr
Fortsetzung der Arbeitsgruppen: 13.30 - 14.30 Uhr
Die Arbeitsgruppen präsentieren ihre Ergebnisse schriftlich. Diese können in der folgenden Pause eingesehen werden.
Kaffeepause: 14.30 - 15.00 Uhr

Plenum - Aussprache zum weiteren Verfahren: 15.00 - 15.30 Uhr.

Thesen zur Pädagogischen Konferenz

I. Wie gehen wir an eine Profildiskussion heran?

1. Beschlüsse zur Profilierung unserer Schule, so z.B. die Idee einer musischen Schwerpunktsetzung, sollten im Zusammenhang mit einer Bestandsaufnahme der Stärken und Schwächen unserer Schule und den Erwartungen von Eltern und Schülern diskutiert werden.

2. Die Orientierung an anderen Schulen ist sicherlich hilfreich, doch eine Kopie von Ideen führt nicht unbedingt zum gewünschten Ergebnis: Die Veränderung unseres Bildes in der Öffentlichkeit ist eine eigenständig zu durchdenkende Aufgabe und nicht einfach mit vielfältigen Projekten kurzfristig zu verändern, denn unsere Schule bietet doch in dieser Hinsicht außerordentlich viel (s.u.).

3. Eine Bestandsaufnahme unserer Stärken und Schwächen sollte im Kollegium beginnen, aber verzahnt werden mit einer größeren Debatte unter Einbeziehung von Eltern und Schülern. Die These ist, dass ein solcher Diskussionsprozess sehr viele interessante Ideen hervorbringen und uns gleichzeitig in der Öffentlichkeit als lebendige und erneuerungswillge Schule zeigen kann.

II. Was sind aus unserer Sicht Stärken und Schwächen unserer Schule?

4. Wir verfügen über ein fachlich sehr kompetentes Kollegium und unserer Unterricht findet auf einem Niveau statt, der wohl über den Lehrplänen liegt. Eltern und Schüler können sich recht sicher sein, dass bei uns eine gute Studierfähigkeit mit dem Abitur erreicht wird.

5. Die außerunterrichtlichen Aktivitäten sind umfangreich und sehr ansprechend (Austausch: Frankreich, England, Polen, USA; Skireisen; musikalische Veranstaltungen; Theater; Projektwochen; Kunstausstellungen; Round Table; AIDS-Curriculum; Museumsbesuche; Sportfeste; Feiern; Arbeitsgruppen im Sport, in Sprachen, in der Informatik ...) Welche „kleine“ Schule bietet derartige Vielfalt und Qualität?

6. Und nicht zu unterschätzen ist, dass Gewalt und Ausländerfeindlichkeit nicht das Schulklima dominieren, obwohl wir hier sicher viel mehr tun könnten. Die Eltern können gewiss sein, dass ihre Kinder in einem recht geordneten Rahmen lernen.

7. Unser Problem liegt nicht primär in der Quantität und Qualität unserer Aktivitäten, sondern im „Schulklima". Natürlich müssen wir auch über neue Inhalte, Methoden nachdenken. Doch allein damit würden wir an einem zentralen Problem unserer Schule, ja von Schule überhaupt, vorbeidenken. Liebevolles Miteinander, Dialoge über Sachfragen hinaus, solidarischer Umgang mit Konflikten – diese Punkte sind zu einem entscheidenden Kriterium für eine lebendige Schule geworden.
Doch reden wir nicht häufig sehr abfällig über Schüler und auch über Eltern? Würdigen wir das Engagement von Schülern und Eltern genug? Tragen wir Konflikte direkt mit den Beteiligten aus? Schaffen wir es, in Kontroversen durchaus auch deutlich unsere Meinung zu sagen und gleichzeitig zu zeigen, dass wir den anderen persönlich schätzen? Entwickeln wir ein Interesse am Leben unserer Schüler?
Natürlich: Wir sind mit zahlreichen Konflikten konfrontiert. Unsere Belastungen sind gewachsen, die gesellschaftlichen Anforderungen steigen quasi umgekehrt proportional zur Anerkennung unserer Arbeit in der Öffentlichkeit. Doch verlief der Schulalltag früher wirklich glatter und reibungsloser?

III. Anregungen zur Veränderung

8. Wir reden zu oft *über* Schüler und Eltern als *mit* den Betroffenen. Dies lässt der Zeitrhythmus der Schule ja auch oft nicht anders zu. Dennoch sollten wir in folgende Richtung nachdenken:

- Immer wieder die notwendige Ruhe, Distanz und Zeit für das persönliche Gespräch mit unseren Schülern und Eltern suchen.
- Versetzungsprobleme mehr über die kontinuierliche und persönliche Schullaufbahnberatung während des ganzen Schuljahres als über Zeugniskonferenzen (also über Nichtversetzung) regeln.
- Immer wieder Phasen im Unterricht einrichten für freie Aussprachen über Erlebnisse, Probleme und den Unterricht.

9. Im Zusammenhang mit der Veränderung des Schulklimas sollten wir über die u.a. im neuen Schulgesetz angeregten organisatorischen, inhaltlichen und methodischen Veränderungsmöglichkeiten nachdenken. Dazu gehören insbesondere bereits angedachte Projekte (z.B. Musik-Kunstzug; Aktivitäten zur Integration ausländischer Schüler/gegen Ausländerhass, zur Förderung schwächerer Schüler, zur Mädchenförderung in den Naturwissenschaften).

10. Zur wirksamen Außendarstellung sollten wir eine „moderne" Broschüre herausgeben, in der wir uns als angebotsreiche, qualifizierte und lebendige, d.h. auch spaßvolle Schule darstellen.

Einige Ergebnisse der Arbeitsgruppen

AG 1: Entwicklungsziele und Strategien

Initiative „Schule im Dialog“: Über die Vorzüge, Probleme und Veränderungsmöglichkeiten der Schule mit Schülern und Eltern ins Gespräch kommen.

- Innerhalb der Schule über einen „Round Table“
- Öffentlichkeit schaffen durch ein Mitteilungsblatt des Kollegiums und die Schülerzeitung
- Pressearbeit im Stadtteil

AG 2: Kommunikationsstrukturen für die kollegiale Zusammenarbeit

- Teambildung der Klassenkollegien
- Institutionalisierung von pädagogischen Klassenkonferenzen
- Informationsaustausch über geplante Unterrichtsinhalte
- Gründung eines Stammtisches der Kolleginnen und Kollegen

AG 3: Änderungen in der Eingangsphase und Beobachtungsstufe

- In den ersten drei Tagen die Klassen durch den Klassenlehrer betreuen, Schwerpunkt setzen auf sozialintegrative Maßnahmen: Kennenlernspiele, gemeinsames Frühstück, Einrichtung und Dekoration des Klassenzimmers, Regeln des Zusammenlebens und Ordnungsrahmen
- Begrüßungsveranstaltung und Orientierungsrallye durchführen
- Kurzklassenreise frühzeitig unternehmen
- Unterricht öffnen
- Kleine Klassenteams bilden, die regelmäßig pädagogische Konferenzen abhalten
- Innerhalb einer Klasse feste Arbeitsgruppen bilden

AG 4: Mädchenförderung

Ein Ausgangspunkt der Diskussion war die Information aus einer Untersuchung, dass durchschnittlich ca. 70% der Aufmerksamkeit von Lehrern auf Jungen bezogen sei. Jungen dominierten sehr häufig den Unterricht. Mädchen reagierten darauf nicht selten mit Rückzug und Verstummen oder mit einem „Balzverhalten“, um die Achtung der Jungen zu erlangen. Als Lösungswege wurden diskutiert:

- Den Klassenverband von Klasse 5 bis 10 erhalten
- Phasenweise, je nach Erfordernis, geschlechtshomogene Gruppen (insbesondere in den naturwissenschaftlichen Fächern) bilden
- „Typisch weibliche“ Sportarten ab Klassse 5 gleichberechtigt im Sportunterricht aufnehmen
- Geschlechtsspezifische Projekte anbieten (z.B. Computerkurse für Mädchen)
- Weiblich-ganzheitliche Wissenschaftsansätze stärker berücksichtigen

Interessenbarometer

„Wie sieht die Interessenlage für die Weiterarbeit an bestimmten Themen im Kollegium aus?“ Um diese Frage etwas klären zu können, wurde das folgende „Barometer“ für die Themen der sechs Arbeitsgruppen erstellt. Alle Kolleginnen und Kollegen sollten einen Punkt hinter einer Zahl für jedes Thema machen:

0 = Ich habe kein Interesse daran.
1 = Ich habe wenig Interesse, werde Arbeitsvorhaben jedoch nicht behindern.
2 = Ich habe Interesse, bin jedoch noch passiv; sollte jemand etwas in Bewegung setzen, mache ich mit.
3 = Ich habe Interesse und möchte anfangen bzw. weitermachen.

Mustercheckliste für Analysen und Evaluation

Vermeiden	Beachten	das heißt für unsere Schule
– *Vertrauensbruch* Daten missbrauchen	* *Regeln* Vor der Erhebung verbindlich klären	1. 2. 3.
– *Datenflut* 1000 Ergebnisse – 0 Klarheit	* *Schwerpunkte* Fragen begrenzen	Analysebereiche 1. 2. 3.
– *Subjektivismus:* Gemeinsame Einschätzungen fehlen	* *Dokumentation* Ergebnisse schriftlich fixieren	Verantwortlich: 1. 2. 3.
– *Insidertum:* Informationen vorenthalten	* *Diskursivität:* Ergebnisse zügig besprechen	Transparenz durch: 1. 2. 3.

– *Beliebigkeit:*
Viele Worte, keine Taten

* *Folgenhaftigkeit:*
Konsequenzen ziehen

Wesentliche Vorschläge:

1. ______________________________

2. ______________________________

3. ______________________________

Fragebogen:
Priorität von Qualitätsparametern

Mit dieser Tabelle möchten wir Ihre Meinung über Schwerpunkte für eine Bestandsaufnahme und Zielvereinbarungen/Schulprogramm erfragen. Welche Priorität ordnen Sie den folgenden, bewusst nicht geordneten Qualitätsparametern zu?

1 = hohe Priorität, 4 = niedrige Priorität

Qualitätsparameter

		Priorität 1	2	3	4
	I. Ergebnisqualität				
Zensurendurchschnitt	von Jahrgängen und Abschlussklassen				
Soziales Klima	Ausmaß an Kooperation und Mitbestimmung, Toleranz				
Schlüsselqualifikationen	Selbstständigkeit, Teamfähigkeit, Kommunikationsfähigkeit, Kreativität				
Integrations- und Abbruchsquote	Anzahl der Schüler, die eine erfolgreiche Schullaufbahn realisieren oder die vor Abschluss der letzten Klasse die Schule verlassen				
Herausragende Leistungen	in kognitiven, sozialen, sportlichen oder künstlerischen Bereichen, „Jugend forscht“ und andere Wettbewerbe				
Werdegang der Absolventen	Erfolg bei Bewerbungen für eine weiterführende Ausbildung oder Tätigkeit und spätere Laufbahn				
öffentliches Ansehen Anmeldezahlen	Stellung der Schule im Stadtteil, Akzeptanz in der Öffentlichkeit Entwicklungstrends im Zusammenhang mit demographischen Veränderungen in der Umgebung				
...	...				

	II Prozessqualität				
Unterrichtsprozesse	Ziele, Inhalte, Methoden, Organisationsformen, Zeitrhythmen				
Zusammenarbeit von Lehrern und Schülern	Regeln, Umgangsformen, Vertrauen, Aussprachemöglichkeiten				
Kooperation im Kollegium	bei Planung und Gestaltung des Unterrichts sowie bei allgemeinen pädagogischen Aufgaben, Arbeit der Fachschaften, der Klassenkonferenzen und Jahrgangsteams				
Schulleitung	Führung bei der Schulentwicklung, bei der Erarbeitung und Umsetzung des Schulprogramms; Delegation von Verantwortung und Aufgaben, Unterstützung bei der Bildung und Arbeit von Teams; Unterstützung bei der Umsetzung veränderter Arbeitsarrangements				
Zusammenarbeit mit den Eltern	Elterngespräche, Elternabende, Zusammenarbeit in der Schulkonferenz, Einbeziehung in das Schulleben				
Gremienarbeit	Inhaltliche Arbeit und handlungsorientierte Beschlüsse, Beteiligung und Einbeziehung, Informationsfluss und Transparenz				
Verwaltungsarbeit, Hausmeisterei	Effizienz und Ausprägung des pädagogischen Selbstverständnisses in diesen Bereichen				
Zusammenarbeit mit der Schulaufsicht, mit Betrieben u.a. Institutionen	Ausmaß an kontinuierlicher Prozess- und Ergebnisreflexion sowie gegenseitiger Information				
	III. Strukturqualität				
Ausstattung	Finanzielle und räumliche Bedingungen, Lehr- und Lernmittel, Sammlungen				
Kollegium	Stärken und Schwächen, fachlich-methodische Kompetenzen, Belastung, Beschäftigung, Gesundheitsstand				
Ausmaß an Eigenständigkeit	Budgetierungsrechte, personelle Auswahlmöglichkeiten, flexible Arbeitszeitmodelle				
Ökologie	Gestaltung der Schule und des Schulhofes, Energiesparmaßnahmen, Müllvermeidung und -trennung				

Übersicht

Vor– und Nachteile bestimmter Diagnoseverfahren

Clustering

Das Kollegium äußert sich auf einer Konferenz über Karten an einer Pinnwand zu
- Stärken der Schule,
- Schwächen der Schule und
- Veränderungswünschen.

Die Ergebnisse werden von einer Arbeitsgruppe ausgewertet und zum Gegenstand einer Folgekonferenz gemacht.

Vorteile	*Nachteile*
+ wenig Zeit– und Arbeitsaufwand	– sehr stimmungsabhängig
+ große Transparenz	– selektiv: viele Bereiche werden nicht betrachtet
+ vorschlags– und handlungsorientiert	

Anamnese

Eine Arbeitsgruppe macht im Auftrag der Konferenz eine Umfrage zu wenigen Fragen, die Schwachstellen der Arbeit und der Schule betreffen.

Vorteile	*Nachteile*
+ Konzentration auf zu lösende Probleme	– Gefahr der Schwarzmalerei, Einseitigkeit
+ Förderung von Problembewusstsein	– Gefahr unehrlicher Antworten
+ Ernstnehmen von Problemen	– großer Erhebungsaufwand

Stärke-Schwäche-Bilanz

Im Auftrag der Konferenz macht eine Arbeitsgruppe eine umfangreichere Erhebung zu den Stärken und Schwächen der Arbeit mit Hilfe eines Fragebogen oder entsprechender Interviews.

Vorteile	*Nachteile*
+ umfangreiche Ergebnisse	– sehr großer Zeit– und Arbeitsaufwand
+ alle kommen zu Vielem zu Wort	– schwer zu interpretierende Datenfülle

Workshop

Die Schulleitung lädt zu einem offenen Workshop ein, in dem Fragen von Stärken und Schwächen der Schule diskutiert werden. Wichtige Ergebnisse werden auf einer Flipchart festgehalten und auf einer Konferenz vorgestellt.
Auf einem folgenden Workshop werden Vorschläge zur Veränderung behandelt.

Vorteile	*Nachteile*
+ sehr effektive und kreative Arbeit	– selektive Wahrnehmung
+ Aktivierung eines Teils Kollegiums	– Entkoppelung vom Kollegium, Entwicklung einer Insidergroup

Hearing

Zu festgelegten und vorher bekannten Fragestellungen werden das gesamte Kollegium oder werden bestimmte Kreise des Kollegiums (Abteilungsleiter, Unterstufenlehrer ...) und der anderen Gruppen der Schule eingeladen und um Stellungnahme gebeten.

Vorteile	*Nachteile*
+ effektive und themenbezogene Arbeit	– wenig Gesamtüberblick
+ intensive Einbeziehung bestimmter Gruppen	– mangelnde Repräsentativität

Erste Schritte zum Schulprogramm

Möglichkeit I: Clustering-Prinzip - Ideensammlung

1. Die Schulleitung bereitet Schritte für die Erarbeitung eines Schulprogramms vor und beruft eine Lehrerkonferenz ein.

2. Lehrerkonferenz zum Thema *Schulprogramm*; Methode: Metaplan/Clustering, Material: Für jeden Kollegen 3 grüne und 3 rote Karteikarten (je 1 große)

- Schreiben Sie in 3 bis 5 Worten auf die 3 grünen Karteikarten: „Was hat sich an der Schule besonders bewährt und sollte auf jeden Fall erhalten bleiben?
- Benutzen Sie die große Karte für das aus Ihrer Sicht Wichtigste. Schreiben Sie in 3 bis 5 Worten auf die 3 roten Karteikarten: „Welche Veränderungen sind aus Ihrer Sicht wünschenswert."

Was hat sich an der Schule bewährt?	Was sollte verändert werden?

3. Auf der Konferenz wird eine Arbeitsgruppe gebildet, die die Ergebnisse auswertet und eine Vorlage für die nächste Konferenz erarbeitet. Die Stellwände bleiben in den nächsten Tagen/Wochen im Lehrerzimmer stehen.

4. Die folgende Lehrerkonferenz erarbeitet erste Vorschläge für ein Schulprogramm und stellt diese in der Schulöffentlichkeit zur Diskussion. Dazu werden insbesondere die Schulkonferenz, der Schüler- und Elternrat einbezogen. Die Schulkonferenz bildet einen Arbeitsausschuss, um den Programmentwurf zu überarbeiten.

5. Der Entwurf wird in den Klassen diskutiert und auf einer Podiumsdiskussion vorgestellt.

6. Danach wird das Programm auf der Lehrerkonferenz abschließend beraten und in der Schulkonferenz beschlossen.

7. Der Text wird in den Klassenzimmern ausgehängt.

8. Der Arbeitsausschuss verfolgt die Umsetzung des Programms.

9. Für eine Zwischenbilanz wird ein Termin vereinbart: Spätestens nach einem Schuljahr.

Erste Schritte zum Schulprogramm

Möglichkeit II: Anamnese-Prinzip - Was wollen wir verbessern?

1. Auf einer Lehrerkonferenz wird beschlossen, eine Umfrage im Kollegium zu machen. Es besteht Einvernehmen über die Stärken der Schule. Das Kollegium unternimmt bewusst den Versuch, Schwächen der Arbeit anzugehen, ohne die Situation einseitig negativ darzustellen. Thema: „Welches sind die zentralen Probleme, die wir gemeinsam bearbeiten wollen?"

2. Die Umfrage wird von einer kleinen internen Gruppe und/oder externen Beratern mit Hilfe eines Kurzfragebogens durchgeführt und ausgewertet.

3. Die Ergebnisse werden schriftlich zusammengefasst, auf einer Stellwand ausgehängt und zum Thema einer pädagogischen Tageskonferenz gemacht.

4. Pädagogische Tageskonferenz:
   - Allgemeine Aussprache über die Ergebnisse der Umfrage.
   - Workshops zu den einzelnen Problembereichen mit dem Ziel, konkrete Lösungsvorschläge zu erarbeiten.
   - Plenum zum Verfahren mit den Vorschlägen/Beschlüssen/Programmentwurf.

5. Der Entwurf wird in den Klassen diskutiert und auf einer Podiumsdiskussion vorgestellt.

6. Danach wird das Programm auf der Lehrerkonferenz abschließend beraten und in der Schulkonferenz beschlossen.

7. Der Text wird in den Klassenzimmern ausgehängt.

8. Die Arbeitsausschuss verfolgt die Umsetzung des Programms.

9. Für eine Zwischenbilanz wird ein Termin vereinbart: Spätestens nach einem Schuljahr.

Schulprogramm

Kurzfragebogen Teil 1: Anamnese

Nennen Sie bitte ganz allgemein, das aus Ihrer Sicht wichtigste Problem, das an der Schule angegangen werden sollte.

Beschreiben Sie bitte mit wenigen Worten die zentralen Probleme für die folgenden Bereiche der schulischen Arbeit:

- **Unterricht (Ziele, Inhalte, Methoden, Organisationsformen):**

- **Unterricht (Lernkontrollen, Leistungsmessung):**

- **Außerunterrichtliche Angebote:**

- **Kooperation mit Kolleginnen und Kollegen:**

- **Zusammenarbeit mit den Schülerinnen und Schülern:**

- **Zusammenarbeit mit den Eltern:**

- **Arbeit der Schulleitung:**

Kommunikationsprozesse in der Schule:

Räumlich-strukturelle Bedingungen:

Schulprogramm

Kurzfragebogen Teil 2: Vorschläge

Welche Veränderung wäre aus Ihrer Sicht am wichtigsten für die Schule?

Beschreiben Sie bitte mit wenigen Worten die zentralen Probleme für die folgenden Bereiche der schulischen Arbeit:

- **Unterricht (Ziele, Inhalte, Methoden, Organisationsformen):**

- **Unterricht (Lernkontrollen, Leistungsmessung):**

- **Außerunterrichtliche Angebote:**

- **Kooperation mit Kolleginnen und Kollegen:**

- **Zusammenarbeit mit den Schülerinnen und Schülern:**

- **Zusammenarbeit mit den Eltern:**

- **Arbeit der Schulleitung:**

Kommunikationsprozesse in der Schule:

Räumlich-strukturelle Bedingungen:

Beispiele für Zielvereinbarungen

Qualitätsebene	Ziele	Messkriterien	Initiative
Ergebnisse	• Geringe Abbruchsquoten: Jeder Schüler erreicht einen Schulabschluss	⇨ Kein Schüler verlässt die Schule ohne Abschluss ...	⇨ Förderkurse ...
	• Erhöhung der Zahl von Schülerinnen in den naturwissenschaftlichen Wahlfächern	⇨ 40% der Mädchen belegen diese Wahlfächer ...	⇨ geschlechtshomogene Kurse
	• Verbesserung der Fähigkeit zur Teamarbeit		
	• Erhöhung der Anmeldezahlen	⇨ ...	⇨ ...
	• Verbesserung der Sprachkompetenz in Deutsch und Englisch		
	• Guter Zensurendurchschnitt und gute Leistungen bei den Abschlüssen		
	• Anspruchsvolle inhaltliche und methodische Lehrziele		
	• Ansehen der Abschlüsse bei Betrieben bzw. Hochschulen		
	• Erfolgreicher weiterer Werdegang vieler Absolventen der Schule		
	• ...		

Prozesse	• Beteiligung der Schüler am Schulleben und der Interessenvertretung Aufwertung der Klassensprecher • Einbeziehung der Eltern in die Gestaltung des Schullebens • Gegenseitiger Respekt, gewaltfreier Umgang und Toleranz • Verzicht auf das Rauchen an der Schule • Vertrauensvoller Umgang zwischen Lehrern und Schülern, Lehrern und Eltern • Gutes zwischenmenschliches Klima unter den Lehrern • Regelmäßige kollegiale Absprachen über fachbezogene und erzieherische Fragen • Verantwortungsbewusstsein des gesamten Kollegiums für die Gestaltung des Schullebens • ...	⇨ Regelmäßige aktuelle Aussprachen in den Klassen ... ⇨...	⇨ regelmäßige schulinterne Fortbildungsseminare für Klassensprecher ... ⇨...
Strukturen	• Gerechtere Arbeitsverteilung im Kollegium • Schaffung von räumlich abgrenzten Jahrgangszonen • Neugestaltung des Pausenhofes (Entsiegelung, Kletter- und Spielgeräte) • ökologische Gestaltung der Schule • ...	⇨ Angleichung von Systemarbeitszeiten ⇨...	⇨ Neues Arbeitszeitmodell ... ⇨...

Umfrage des Elternrats

Wie sehen Eltern die Schule?

Werten Sie bitte mit einem Kreuz in den Zeilen 1–18 die folgenden Aussagen:

Ich schätze an der Schule meiner Tochter/meines Sohnes, dass ...	1 trifft voll zu	2 trifft zu	3 trifft eher nicht zu	4 trifft nicht zu
1. die meisten Lehrer sehr engagiert sind.				
2. die meisten Lehrer gute Lernfortschritte der Kinder erreichen.				
3. die Lehrer hohen Wert auf angemessenes Sozialverhalten legen.				
4. die Schule sehr gut organisiert ist.				
5. die Schule vielfältige Aktivitäten anbietet.				
6. die Klassenräume freundlich ausgestaltet sind.				
7. die Schulleitung um ständige Verbesserungen bemüht ist.				
8. Probleme und Elternanliegen zügig und ehrlich behandelt werden.				
9. Konstruktive Schüler- und Elternkritik wirklich erwünscht ist.				

10. mein Kind ohne Angst in die Schule geht.				
11. der Unterricht abwechslungsreich gestaltet ist.				
12. der Unterricht auf das berufliche und gesellschaftliche Leben vorbereitet.				
13. viel Wert auf Selbstständigkeit und Selbstverantwortung gelegt wird.				
14. die Schule mit modernen Arbeitsmitteln ausgestattet ist.				
15. viel Sport betrieben wird.				
Was haben wir vergessen? Ergänzen Sie bitte:				
16.				
17. ...				
18. ...				

Das sind meine Wünsche an die Schule und meine Verbesserungsvorschläge:

Umfrage des Schülerrats

Wie sehen Schülerinnen und Schüler ihre Lehrer?

Wertet bitte mit einem Kreuz in den Zeilen 1–20 die folgenden Aussagen:

Unsere Lehrerin, unser Lehrer ...	1 trifft voll zu	2 trifft zu	3 trifft eher nicht zu	4 trifft nicht zu
1. ist freundlich und höflich.				
2. beurteilt die Leistungen gerecht.				
3. geht auf Nachfragen ein.				
4. sorgt für Ruhe und Konzentration im Unterricht.				
5. erklärt im Unterricht verständlich.				
6. regt uns zur selbstständigen Arbeit an.				
7. beginnt die Stunden pünktlich.				
8. beendet die Stunden pünktlich.				
9. lobt gute Leistungen.				

10. fordert von der Klasse gute Leistungen.				
11. schimpft viel im Unterricht.				
12. bevorzugt einige Schüler.				
13. bevorzugt Mädchen.				
14. bevorzugt Jungen.				
15. fragt nach unserer Meinung.				
16. geht auf unsere Interessen ein.				
Was haben wir vergessen? Ergänze bitte:				
17. ...				
18. ...				
19. ...				
20. ...				

Das sind meine Wünsche an meine Lehrerin/meinen Lehrer und Verbesserungsvorschläge für den Unterricht:

Umgang und Auswertung der Fragebögen

Die Fragebögen des Elternrats und des Schülerrats sind besonders für den Vergleich von Selbsteinschätzung und Fremdeinschätzung geeignet. Beide Fragebögen sollten auch von dem ganzen Kollegium ausgefüllt werden, um konvergierende und divergierende Einschätzungen herauszufinden. Dies ist sehr hilfreich, wenn die Schlüsselprobleme der Zusammenarbeit der drei Gruppen an der Schule reflektiert und Schwerpunkte für Veränderungen bestimmt werden sollen.
Die Bewertung aus Sicht der jeweiligen Gruppe kann in einer Grafik dargestellt und beispielsweise mit übereinander gelegten Folien mit den anderen Bewertungen anderer verglichen werden. Dabei ist natürlich zu beachten, dass nur positive bzw. nur negative Aussagen in dieser Weise dargestellt werden können.

Fallbeispiel

Bei 100 Antworten	**Kreuze (Anzahl)***				**Ø**	**Verteilung der Ø-Werte**	**Rang**
	1	**2**	**3**	**4**	**1-4**	**1 2 3**	
Ich schätze an der Schule meiner Tochter/meines Sohnes, dass ...							
1. die meisten Lehrer sehr engagiert sind.	10	20	60	10	2,7		6
2. die meisten Lehrer gute Lernfortschritte der Kinder erreichen.	20	40	20	20	2,4		3
3. die Lehrer hohen Wert auf angemessenes Sozialverhalten legen.	30	30	30	10	1,9		2
4. die Schule sehr gut organisiert ist.	10	30	50	10	2,6		5
5. die Schule vielfältige Aktivitäten anbietet.	70	20	10	0	1,4		1
6. die Klassenräume freundlich ausgestaltet sind.	10	10	20	60	3,3		9
7. die Schulleitung um ständige Verbesserungen bemüht ist.	20	30	30	20	2,5		4
8. Probleme und Elternanliegen zügig und ehrlich behandelt werden.	10	30	40	20	2,7		7
9. konstruktive Schüler- und Elternkritik wirklich erwünscht ist.	10	20	50	20	2,8		8

* 1 trifft voll zu, 2 trifft zu, 3 trifft eher nicht zu, 4 trifft nicht zu

In den markierten Bereichen zeigt sich augenscheinlich vordringlicher Handlungsbedarf. Die Fragebogenerhebung sollte in einem zweiten Schritt mit einer Detailanalyse verbunden werden. Dazu gehören beispielsweise Interviews, Workshops oder Hearings.

Grafik: Auswertung von Fragebogenerhebungen

	Kreuze (Anzahl)*				Ø	Verteilung der Ø-Werte	Rang
	1	2	3	4	1-4	1 2 3	
1.							
2.							
3.							
4.							
5.							
6.							
7.							
8.							
9.							
10.							
11.							
12.							
13.							
14.							
15.							
16.							
17.							
18.							
19.							
20.							

* 1 trifft voll zu, 2 trifft zu, 3 trifft eher nicht zu, 4 trifft nicht zu

Schulprogramme: Hindernisse und Nutzen

Welche Hindernisse erwarten Sie bei der Erarbeitung eines Schulprogramms?

Welchen Nutzen erwarten Sie von der Erarbeitung eines Schulprogramms?

Bitte schreiben Sie in jeden Kasten höchstens 3 Wörter:

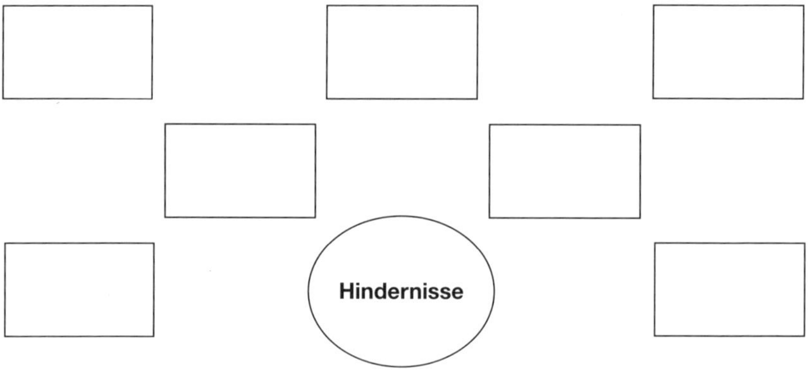

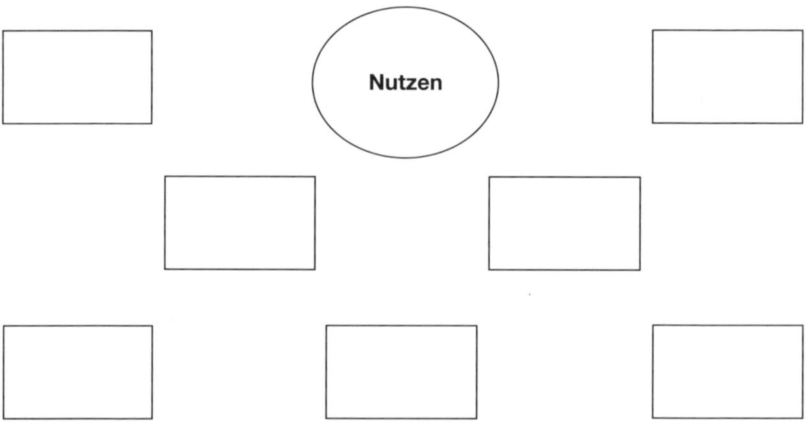

Cluster: Nutzen von Schulprogrammen

Quantifikation		*kein Nutzen*		Image
	klare Ziele		Selbstdarstellung	
Standortbestimmung		Synergie, Einigkeit		Profilierung
	Richtlinie für Zukunft		Zusammenarbeit	
Neue Impulse		**NUTZEN**		Transparenz
	Berufsvorbereitung		Effizienz	
Zufriedenheit		Vorbereitung Sek. I		Selbstkontrolle
	Einbeziehung E, S		Fremdkontrolle	
Schülerorientierung		Wettbewerb		Verbindlichkeit

Cluster: Hindernisse bei der Schulprogrammarbeit

Rechtlicher Zwang		persönliche Interessen		Mehrheitsverhältnisse
	Unklarheit über Sinn		Hilflosigkeit	
Teamfähigkeit des Kollegiums		Zeitaufwand		Struktur des Kollegiums
	Macht der Gewohnheit		Run aus der Schule	
Methodenfreiheit		**HINDERNISSE**		mangelnde Motivation
	unklare Ziele		mangelndes S-Interesse	
Folgenlosigkeit		Vorbereitung Sek. I		Überlastung
	Ängste		mangelndes E-Interesse	
„Es reicht"-Stimmung		Schulträger		Einbindung neuer Kollegen

Erwartungen von Eltern an die Schule – Erfahrungen mit der Schule[1]

Fragebogen für Eltern

Frage 1: Eltern erwägen viele verschiedene Umstände, wenn sie sich für eine Schule entscheiden. Bitte stufen Sie die folgenden Eigenschaften einer Schule auf einer Skala von 1 bis 5 (1 = unwichtig, 5 = sehr wichtig) ein.
Markieren Sie bitte in der linken Spalte auf welche Eigenschaften Sie bei der Auswahl einer Schule für Ihr Kind besonders geachtet haben und markieren Sie in der rechten Spalte, welchen Eindruck Sie in dieser Beziehung in unserer Schule gewonnen haben.

Wichtig für die Auswahl der Schule 1 → 5 unwichtig → wichtig		Qualität in unserer Schule 1 → 5 unwichtig → wichtig
1 2 3 4 5	Ruf der Schule	1 2 3 4 5
1 2 3 4 5	Ausbildung an der Schule	1 2 3 4 5
1 2 3 4 5	Qualität der Lehrerinnen und Lehrer	1 2 3 4 5
1 2 3 4 5	Schulgröße	1 2 3 4 5
1 2 3 4 5	Kleine Klassen	1 2 3 4 5
1 2 3 4 5	Entfernung von zu Hause	1 2 3 4 5
1 2 3 4 5	Zusammensetzung von Schülern und Lehrern	1 2 3 4 5
1 2 3 4 5	Entwicklung des Charakters	1 2 3 4 5
1 2 3 4 5	Erweiterung der Denkfähigkeiten	1 2 3 4 5
1 2 3 4 5	Vermittlung moralischer Werte	1 2 3 4 5
1 2 3 4 5	Gemeinschaftssinn	1 2 3 4 5
1 2 3 4 5	Leben auf dem Schulgelände	1 2 3 4 5
1 2 3 4 5	Freizeitprogramme	1 2 3 4 5
1 2 3 4 5	Erscheinungsbild des Schulgeländes	1 2 3 4 5
1 2 3 4 5	Computerausstattung	1 2 3 4 5
1 2 3 4 5	Sportgeräte	1 2 3 4 5
1 2 3 4 5	Theater- und Kunstausstattung	1 2 3 4 5
1 2 3 4 5	Sicherheit der schulischen Umgebung	1 2 3 4 5
1 2 3 4 5	Qualität des Sportangebotes	1 2 3 4 5
1 2 3 4 5	Meinung des Kindes	1 2 3 4 5

[1] Dieser Fragebogen wird an der Tabor Academy in Marion, Massachusetts, verwendet, den wir hier mit freundlicher Genehmigung von Jay Stroud, dem Schulleiter dieser privaten college-school, veröffentlichen.

Frage 2: Beschreiben Sie *unsere* Schule mit den ersten Worten, die Ihnen in den Sinn kommen.

____

____

____

____

Frage 3: Stufen Sie bitte ein für wie akademisch anspruchsvoll Sie unsere Schule gehalten haben, bevor sich Ihr Kind beworben hatte und markieren Sie für wie akademisch anspruchsvoll Sie unsere Schule gehalten haben, nachdem Ihr Kind zugelassen war. (Umkreisen Sie Ihre Einstufung auf der Skala von 1 bis 5)

	Nicht anspruchsvoll			⇨	Anspruchsvoll
Vor der Zulassung	1	2	3	4	5
Nach der Zulassung	1	2	3	4	5

Frage 4: Als wie gut schätzen Sie die Verständigung zwischen unserer Schule und Ihrer Familie ein ? (Umkreisen Sie bitte Ihre Antwort)

Schlecht			⇨	Anspruchsvoll
1	2	3	4	5

Sollte Ihre Einstufung 3 oder schlechter sein, machen Sie bitte konkrete Vorschläge zur Verbesserung der Verständigung.

____

____

____

Frage 5: Wie wichtig waren für Sie folgende Beratungsmöglichkeiten bei der Entscheidung für unsere Schule? (Bitte umkreisen Sie auf der Skala Ihre Antwort)

	Unwichtig		➪	Sehr wichtig	
Gespräch mit den Lehrern der letzten Schule	1	2	3	4	5
Tag der offenen Tür	1	2	3	4	5
Zeitlich unabhängiger Besuch des Schulgeländes	1	2	3	4	5
Korrespondenz und Gespräche mit der Schule	1	2	3	4	5
Broschüren *unserer Schule*	1	2	3	4	5
Homepage im Internet	1	2	3	4	5
Kontakt zu Schülern *unserer Schule*	1	2	3	4	5
Kontakt zu ehemaligen Schülern *unserer Schule*	1	2	3	4	5
Persönliches Gespräch mit Freunden	1	2	3	4	5

Frage 6: Was meinen Sie, wie genau die Broschüre unserer Schule das Programm und die Persönlichkeit der Schule widerspiegelt? (Umkreisen Sie bitte Ihre Antwort)

Nicht gut		➪	Sehr gut	
1	2	3	4	5

Sollte Ihre Einschätzung bei 3 oder schlechter liegen, geben Sie bitte an, wie der Katalog das schulische Leben unserer Schule genauer darstellen könnte.

____

Frage 7: Welches war schließlich der ausschlagende Grund für Ihre Entscheidung für unsere Schule?

____

____

____

Frage 8: War unsere Schule die Schule erster Wahl Ihres Kindes? (Umkreisen Sie bitte Ihre Antwort)

Ja Nein

Frage 9: Wie weit lässt sich Ihr Kind durch die folgenden Worte oder Sätze beschreiben? (Bitte umkreisen Sie Ihre Antwort auf der Skala)

		Kaum	➪	Sehr	
Lernfähigkeit	1	2	3	4	5
Selbstvertrauen	1	2	3	4	5
Künstlerisches Interesse / Fähigkeit	1	2	3	4	5
Sportliches Interesse / Fähigkeit	1	2	3	4	5
Unabhängigkeit	1	2	3	4	5
Reife	1	2	3	4	5
Motivation	1	2	3	4	5
Führungsfähigkeit	1	2	3	4	5
Sinn für Humor	1	2	3	4	5
Eigene Wertevorstellungen	1	2	3	4	5

Frage 10: Bitte vervollständigen Sie das folgende Familienprofil. (Umkreisen Sie bitte Ihre Antwort)

Schulart und die der Schüler vorher besuchte ____________________

Geschlecht des Schülers männlich weiblich

Dauer des Schulaufenthaltes in Jahren ____________________

Beantworter des Fragebogens männlich weiblich

Entfernung von zu Hause nach *unserer Schule* ____________________

Postleitzahl: ____________________

Wir danken Ihnen dafür, dass Sie uns Ihre Meinung mitgeteilt haben und dass Sie uns so bei der Verbesserung unserer Angebote helfen. Sollten Sie weitere Anregungen und Verbesserungsvorschläge haben, benutzen Sie bitte den verbleibenden Platz und die Rückseiten. Wir schätzen Ihre Bemühungen.

Kommunikation – Moderation, Gesprächsführung, Coaching

Kommunikationskonflikte: das Eisbergphänomen

Auf einer Lehrerkonferenz wird der Schulleiter von zwei Kollegen heftig und persönlich kritisiert. Der Vorwurf: Der Schulleiter hätte den Termin einer Klassenreise über den Kopf der Klassenlehrer hinweg festgelegt. Das Kollegium kann den Konflikt zwar nicht im Einzelnen nachvollziehen, steht jedoch auf der Seite der beiden Kollegen. Der Schulleiter ist der Auffassung, richtig gehandelt zu haben, da die Kollegen keinen akzeptablen Terminvorschlag machen konnten und die Eltern Klarheit forderten. Die Auseinandersetzung droht zu eskalieren.
Typisch an solchen Situationen ist, dass aus der Sicht eines Außenstehenden keine tief greifende Differenz zwischen den beiden Seiten vorliegt. Der Streitgegenstand ist von relativ geringer Bedeutung, eine Lösung des Konflikts nahe liegend. Dennoch entsteht ein Streit mit starken emotionalen Äußerungen und scheinbar unüberbrückbaren Positionen. Aus dem konkreten Fall wird eine Grundsatzfrage: „Darf der Schulleiter so verfahren?“ Aus der Grundsatzfrage wird ein personifizierter Machtkampf: „Wer hat Recht und zieht das Kollegium auf seine Seite?“
Zurück zur Situation: In der hitzigen Debatte reagiert der Schulleiter ernst und gelassen. Er stellt die Situation mit wenigen Worten aus seiner Sicht dar, zeigt Verständnis für die Gegenposition und begründet kurz seine Entscheidung. Danach bietet er eine Klärung des konkreten Termins nach der Konferenz an. In der Konferenzpause geht er von sich aus auf die Kollegen zu und führt ein entspannendes Gespräch.
In diesem Fall hat der Schulleiter deeskalierend gehandelt. Typisch an diesem Verhalten ist, dass es *unspektakulär* ist. Hat er in dieser Situation „richtig“ gehandelt? Hat er Autorität aufgegeben? Hätte er sich nicht auch verärgert zeigen sollen beispielsweise über das Unvermögen der Klassenlehrer einen vernünftigen Terminvorschlag zu präsentieren?
Sicherlich: Gerade mit Blick auf kommunikative Prozesse sollte Vorsicht bei Patentrezepten walten. So kann es Situationen geben, in denen es für eine Führungskraft richtig und wichtig ist, negative Gefühle deutlich auszusprechen und auf Positionen zu beharren. Professionelle Führung verlangt jedoch in der Regel Deeskalation. Das Verhalten des Schulleiters hat eine Problemlösung gefördert und nicht behindert. Es war richtig im Sinne eines gemeinsamen Handelns.

Emotionalisieren

Es ist ein Irrtum zu glauben, *Deeskalation* wäre gleichbedeutend mit Versachlichung und Entemotionalisierung, wie es das Beispiel nahe legt. Intersubjektive Konflikte haben sowohl eine inhaltsbezogene, rationale als auch eine beziehungsorientierte, emotionale Dimension. Im Verhältnis dieser Dimensionen ist der thematische Konflikt nicht selten nur die Spitze des Eisbergs. Eine sachliche Klärung von Problemen wird solange blockiert, wie die intersubjektive Beziehung gestört ist. Problemlösungen erfordern eine positive Stimmung, sie gehen einher mit einem Wandel negativer Gefühle zu einer positiven Einstellung dem anderen gegenüber.

In der Psychologie wird das Gelingen oder Scheitern von Kommunikation mit dem „Eisbergphänomen" beschrieben. Stark vereinfacht ausgedrückt bedeutet es, dass die Kommunikation zwischen Menschen circa 30% über das Bewusstsein und circa 70% über Gefühle gesteuert ist.

In diesem Modell wird allerdings das enge Wechselverhältnis zwischen Bewusstsein und Emotionalität nur wenig beachtet. Theoretisch gesprochen kommt der Emotionalität eine erkenntnisleitende Funktion zu: Als Vermittlung von Kognition und Aktivität ist die emotionale Befindlichkeit der Maßstab für ein Individuum, inwieweit bestimmte Handlungsmöglichkeiten subjektive

► Verschiedene Störungsqualitäten auf der Beziehungsebene

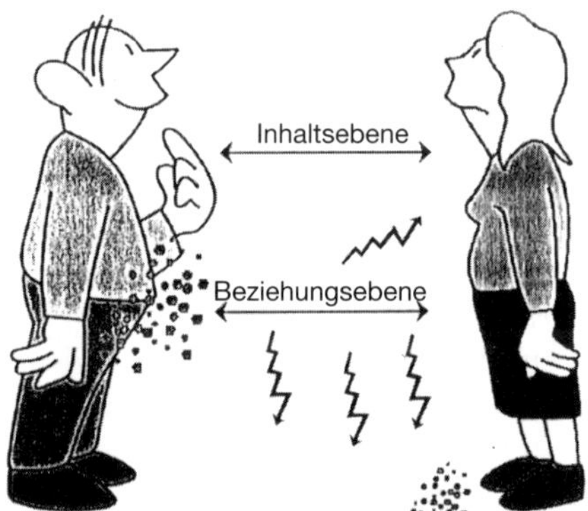

- ► diffuse Störungen „Nebelwerfen"
- ► offene, heftige Konflikte, „Ärger und Wut"

⇨Je größer die Störungen auf der Beziehungsebene, desto weniger können Informationen unverzerrt ausgetauscht werden!

Relevanz haben. Negative und positive Gefühle sind bewusstseinsfähig und beeinflussbar: Menschen können sich bewusst zu ihren Gefühlen verhalten – und über (ihren) Schatten springen.

Das Eisbergphänomen ist nicht selten Anlass für Fehlinterpretationen. Wenn wir von positiven Gefühlen in Arbeitsbeziehungen sprechen, dann meinen wir nicht Zuneigung, also besonders intime Gefühle, sondern Respekt vor der Person und Meinung des anderen, Verständnis für seine Situation und die ernsthafte Beschäftigung mit seiner Position.

Ohne positive emotionale Signale oftmals keine Lösung

Mit Versachlichung allein sind Konflikte nur schwer zu lösen. Notwendig ist gleichzeitig, dass von den Beteiligten positive *emotionale* Signale ausgesendet werden.

Der Satz, „Nur wenn das Betriebsklima stimmt, können konstruktive Lösungen gefunden werden", ist allgemein anerkannt. In Schönwetterlagen fällt es nicht schwer, ihn zu beherzigen. Führungsqualität zeigt sich darin, diesem Grundsatz in Konfliktsituationen Geltung zu verschaffen.
Eskalation führt in der Regel in Sackgassen. Dennoch sind Eskalationen in bestimmten Situationen nur schwer zu vermeiden. Ein oberflächliche Harmonisierung und Überdeckelung gravierender Konflikte kann für die Beteiligten zu sehr unbefriedigenden Arbeitsverhältnissen führen. Insofern kann eine Eskalation auch wie ein klärendes Gewitter wirken und den Weg für eine Veränderung bis hin zum Ende der überkommenden Arbeitsbeziehung freimachen.
An dem Konferenzbeispiel ist ein weiterer Aspekt wichtig: Konfliktlösung und Konsensbildung beinhalten keinen Verzicht auf eigene Positionen. Im Gegenteil. Eine Führungskraft bleibt nur solange glaubwürdig, wie sie eigene Vorschläge entwickeln und plausibel *begründen* kann. In Fortbildungsseminaren ist oft die Rede von verschiedenen „Führungsstilen". Da werden „autoritäre" von „patriachalischen", „demokratische" von „kooperativen" unterschieden.
In nicht wenigen dieser Schemata wird übersehen, dass Führung weder auf Anordnung, noch auf Moderation reduziert werden kann, wie wir bereits in Teil II ausgeführt haben. Führungskräfte sind nicht einfach Moderatoren, die Diskussionsprozesse arrangieren und steuern. Moderation ist wichtig, aber nicht alles. Führungskräfte leben wesentlich von der Lust auf Initiative und Verantwortung für das Ganze.

Anregungen zur Deeskalation von Konflikten	
tun	**vermeiden**
+ zuhören, zuhören, zuhören	– ich höre das, was ich hören will
+ respektieren und positive Signale aussenden	– der andere hatte schon immer merkwürdige Ansichten
+ innerlich nachfragen: Warum ist ihm das so wichtig?	– ja, mich interessiert seine Meinung – um sie zu widerlegen
+ positive Intentionen unterstellen	– der sagt das nur, um mich anzuschwärzen
+ was ich sage, ist meine Meinung und nicht die Wahrheit	– es ist so und wohl kaum anders
+ die Kirche im Dorfe lassen – zum konkreten Anlass sprechen	– mit Allgemeinplätzen und Weltanschauung aus einer Mücke einen Elefanten machen
+ sortieren: kurzfristig lösbare von schwierigen Konflikten trennen – pragmatisch verfahren	– alle Punkte auf einmal klären wollen

Kolleginnen und Kollegen: *Die* Kunden der Schulleitung?

„Ich haben meinem Kollegium gesagt, dass bei Gesprächen Eltern und Schüler Vorrang haben."

„Ich lasse die Tür meines Zimmers grundsätzlich offen, wodurch zahlreiche Gespräche mit Schülerinnen und Schülern ermöglicht werden."

„Durch die neuen Regelungen der Budgetierung bin ich in zahlreichen Gesprächen mit dem Schulträger und versuche mehr auf die Gemeidepolitik Einfluss zu nehmen."

Wer sind die Kunden der Schulleitung?

Wir haben bereits auf die verschiedenen Ebenen des Führungshandelns hingewiesen. Mit Blick auf Kommunikation gilt zu fragen, mit wem die Schulleitung hauptsächlich kommuniziert. In Unternehmen wird dementsprechend die Frage gestellt, wer die Kunden der Leitung seien. Die eindeutige Antwort auf diese Frage lautet unseres Erachtens: „Leitungen sind für die Mitarbeiterinnen und Mitarbeiter da und nicht umgekehrt."

Allein, mit plakativen Losungen wie „Kundenorientierung" sind eine Reihe von Missverständnissen verbunden. So kommt aus einigen Schulbehörden der Ruf nach verstärkter Kundenorientierung durch die Schulleiter. Gemeint ist, dass die Schulleiter verstärkt mit den Kunden arbeiten, sprich: mehr unterrichten, sollen.

„Kundenorientierung" bedeutet jedoch das Gegenteil: Sie ist sowohl nach außen als auch nach innen gerichtet. So gesehen sind die Mitarbeiter die Kunden der Führungskräfte und die Arbeit der Führungskräfte soll sich an den Anforderungen der Mitarbeiter, die den permanenten Kundenkontakt realisie-

ren, orientieren. Kundenorientierung nach innen hat die Konsequenz, Führungskräfte von operativen Arbeiten zu entlasten.
Aus der Sicht einer Schulleitung scheinen die zahlreichen Einzelgespräche und Gremiensitzungen die entscheidende Kommunikation der Schule mit Schülern und Eltern darzustellen. Die Bedeutung dieser Prozesse ist unbestreitbar. Allerdings steht, pointiert gesagt, dieses Leitungsverständnis auf dem Kopf: Es ist das gesamte Kollegium, das die zahlreichen, tagtäglichen Prozesse zwischen Schule und Schülern sowie Schule und Eltern realisiert. Eine Schulleitung kann das immer nur punktuell.

Kundenzufriedenheit verlangt Mitarbeiterorientierung

Die Arbeit der *Kolleginnen und Kollegen* zu unterstützen, das ist aus unserer Sicht die Hauptaufgabe von Schulleitungen mit Blick auf Kundenorientierung.
Kundenzufriedenheit lässt sich immer nur durch die Mitarbeiterinnen und Mitarbeiter erreichen.

Leitung mit offenen Türen?

Eine Lehrerin aus der Sekundarstufe 1 eines Gymnasiums berichtet:
„Bei uns gab es einen Wechsel der Schulleitung. Einige kleine Veränderungen im Alltag machten uns skeptisch. Der neue Schulleiter ließ seine Tür nicht mehr offen stehen und war nicht mehr ständig ansprechbar. Schüler, die ihn sprechen wollten, wurden zunächst gefragt, ob sie das Problem schon mit dem Klassenlehrer oder den Klassensprechern erörtert hätten. Für persönliche Gespräche mit Kollegen vereinbarte der Schulleiter Termine und legte diese zumeist in die Zeit nach dem Unterricht. Das Sekretariat wurde zu Tagesordnungspunkten in die Schulleitungssitzungen einbezogen, um bestimmte Elternanrufe oder Schüleranfragen direkt beantworten zu können. Diese und andere Veränderungen führten in der ersten Zeit zu einigen Irritationen und auch Korrekturen auf Seiten der Schulleitung. Nach ungefähr einem Jahr war folgendes spürbar:

- Als Klassenlehrer fühlten wir uns aufgewertet. Schüler und Eltern wendeten sich in Konfliktfällen eher an uns, als zunächst den Schulleiter anzurufen.
- Die persönlichen Gespräche zwischen Schulleitung und Kollegen erhielten eine größere Bedeutung. Wir sahen darin auch ein stärkere Hinwendung zu unseren Fragen und eine Anerkennung unserer Arbeit.
- Das Sekretariat empfand sich stärker als pädagogisches Personal und konnte viele Anfragen von Schülern und Eltern direkt beantworten ...“

Störungen von Gesprächen

Dieser Erfahrungsbericht soll kein Votum dafür sein Bürotüren zu schließen – in einigen Fällen wäre vielleicht die Öffnung der Bürotür gleichbedeutend mit einer Öffnung zu partnerschaftlicher Arbeit -, er spiegelt lediglich einige Probleme von Leitungsarbeit im Umgang mit Gesprächen wider:

- Gespräche von Kollegen mit der Schulleitung werden durch Telefonate, Unterrichtsbeginn oder andere

Vorkommnisse gestört und vielfach unterbrochen.

- Ausführlichere Gespräche über den Stand der Zusammenarbeit und der eigenen Tätigkeit, über weitere Ziele und Entwicklungsmöglichkeiten finden nur sporadisch statt.
- Die Schulleitung muss viele Anfragen von Schülern und Eltern beantworten, weil dem Kollegium wichtige Informationen fehlen.
- Die Schulleitung führt eine Fülle von Einzelgesprächen, da Schüler und Eltern bei Problemen den Weg über die Schulleitung wählen.

Probleme dort lösen, wo sie entstehen

Schulleiter haben eine Fülle von Aufgaben und Anfragen, die kaum zu bewältigen sind. Abhilfe wird es nur durch radikales Hinterfragen geben: Schwerpunkte setzen, das heißt, dem Kollegium Vorrang geben. Das heißt auch Grenzen ziehen. Nur so kann Mitverantwortung anderer entstehen. Die Schulleitung ist für viele an sie herangetragene Probleme (zunächst) nicht zuständig.

> **Verantwortung übertragen**
>
> Delegation bedeutet, Probleme dort lösen zu lassen, wo sie entstehen. Erst wenn die Möglichkeiten auf der jeweiligen Ebene ausgeschöpft sind, ist es Aufgabe der Leitung, das konkrete Problem zu behandeln. Vorher muss sie die *Methode*, den Weg der Lösung aufzeigen – auch wenn dieses Verfahren im Einzelfall zeitaufwändiger erscheint.

Delegation ist nicht zu verwechseln mit der Haltung „dafür bin ich nicht zuständig“. Es geht vielmehr darum den Kolleginnen und Kollegen mehr Verantwortung für konkrete Entscheidungen zuzutrauen und die Schülerinnen und Schüler zum Eintreten für ihre Interessen gegenüber den unmittelbar Beteiligten zu ermutigen.

Wenn Leitungen die Mitarbeiter, den Kollegen als „Kunden“ ansehen, dann sollte das nicht dazu führen, aufgetretene Probleme für sie zu lösen, wie es ein vereinfachtes Dienstleistungsverständnis nahe legen könnte. Nur selten sind stellvertretende Lösungen wirkliche. Es kommt darauf an, die Kolleginnen und Kollegen bei der selbstständigen Suche zu unterstützen oder sie dazu aufzufordern.

Das kann auch bedeuten, von den Kollegen, von einem Jahrgangsteam, einer Fachschaft konkrete Lösungsvorschläge zu erbitten. Die Frage „Was sollen wir denn jetzt machen?“ ist auf Seiten der Fragenden zumeist mit bestimmten Vorstellungen der Antwort verbunden. Von der Sache her gedacht, ist es ohnehin zumeist angemessen zu antworten: „Das kann ich Ihnen auch nicht sagen, bitte entwickeln Sie Alternativen zur Lösung“.

Methodisch gesehen ist diese Reaktion ein wichtiger Schritt andere in ihrer Kompetenz anzuerkennen und zu motivieren.

Möglichkeiten und Grenzen der Delegation	
• Kollegen sind aktiver, übernehmen Verantwortung und entwickeln neue Kraft zur Gestaltung der Schule.	➪ Die Aufgabenbereiche müssen klar definiert sein.
• Delegation fördert die Leistungsmotivation und Arbeitszufriedenheit von Kollegen.	➪ Es müssen Aufgaben mit Aussicht auf Lösung und Erfolg sein, keine unliebsamen, von der Leitung abgeschobenen Projekte.
• Durch Delegation werden die vielfältigen Kenntnisse und Fähigkeiten der Kollegen besser genutzt.	➪ Die Kollegen müssen für die jeweilige Aufgabe tatsächlich qualifiziert und motiviert sein.
• Im Kollegium entsteht ein größeres Kraftzentrum zur Mitgestaltung der Schule.	➪ Zwischeninformationen sind wichtig, aber die Schulleitung darf Delegation nicht durch ständiges Hineinreden behindern.
• Schulleitungen gewinnen Zeit für Führungsaufgaben.	➪ Delegation stößt bei Aufgaben mit großer Tragweite, hohem Risiko, hoher Vertraulichkeit und Gesamtverantwortung an Grenzen.

„Nur gemeinsame Ziele schaffen ein Team“

Wenn Probleme dort gelöst werden sollen, wo sie entstehen, sind funktionsfähige Arbeitsstrukturen erforderlich, an größeren Schulen sind dies Klassen- oder Jahrgangsteams und/oder Fachschaften. Bekanntlich ist die Arbeit in diesen Teams außerordentlich unterschiedlich entwickelt.

Ein immer wieder auftauchendes Problem ist die mangelnde *inhaltliche* Arbeit. Oftmals wird die meiste Zeit für die Klärung organisatorischer Fragen verwendet. Daher ist es die Aufgabe der Leitung, die Professionalisierung der Teamarbeit zu initiieren und zu fördern. Im Zentrum einer Professionalisierung steht die Anregung, dass Teamarbeit von Zielen abhängig ist. Mit Zielen werden die Schwerpunkte der Arbeit geklärt und die Aufgabenbereiche begrenzt.

Ein wesentlicher Inhalt von Zielbestimmungen ist die Frage nach der Qualität der eigenen und gemeinsamen Arbeit:

- Was wollen wir in einem Fach, in einer Klasse erreichen?
- Auf welche Standards und Rituale verständigen wir uns?
- Welche Regeln im Umgang wollen wir mit den Schülerinnen und Schülern erarbeiten?
- Welche Methoden haben sich bewährt, welche nicht?
- Wie können wir die Ergebnisse unserer Arbeit erfassen?
- Wie können wir uns in der Arbeit unterstützen?
- Welche Grenzen der Arbeit ziehen wir?
- Zu welchen Fragen wollen wir uns weiterqualifizieren?

In einigen Fällen hat es sich bewährt, Funktionen der Teambildung, Ziel- und

Aufgabenbestimmungen zum Gegenstand einer pädagogischen Konferenz zu machen und damit eine Initialzündung für die weitere Arbeit zu geben. Im Rahmen der Schulprogrammentwicklung kann es sinnvoll sein, die spezifischen Schwerpunkte in den einzelnen Fächern zu überdenken und neue Akzente zu setzen. Auf der Konferenz könnten sowohl allgemeine Anregungen zur Arbeitsweise („Wie bereite ich eine Teamsitzung effektiv vor und wie führe ich sie durch?") als auch Möglichkeiten der konkreten Abstimmung in einzelnen Teams gegeben werden.

Schulleitungssitzung: Ein „heiliger", aber kein geheimer Termin

Es klingt wie eine banale Selbstverständlichkeit: Die Teamsitzung der Schulleitung ist ein organisatorisches Zentrum des Schullebens. Und doch fallen viele der angesetzten Sitzungen aus. Gründe dafür gibt es genug. In nicht wenigen Fällen arbeiten Schulleiter und Stellvertreter schon seit Jahren zusammen. Der Fall, Anfang der 70er Jahre gemeinsam mit der Leitung einer Schule begonnen zu haben, ist keine Ausnahme. Man kennt sich gut, wozu sind noch ausführliche Sitzungen erforderlich?
Auch wenn dies der Fall ist, sollte nicht unterschätzt werden, dass der unverbindliche Umgang mit der Schulleitungssitzung („Ich muss heute dringend noch ein paar andere wichtige Termine wahrnehmen") ein wichtige Quelle für Unzufriedenheit im Leitungsteam sein kann. Eine Absage signalisiert, dass dieser Termin zweitrangig ist, sie enthält die unausgesprochene, sicher nicht beabsichtigte Botschaft, nicht das Team leitet die Schule, sondern „ich". Führung und die Delegation verantwortlicher Aufgaben setzt jedoch eine funktionierende Teamarbeit voraus. Wenn Führungstätigkeit wesentlich darauf bezogen ist Schulentwicklung zu steuern und die Kollegen bei ihrer alltäglichen Arbeit zu unterstützen, dann ist es schwer vorstellbar, dass in einer Woche wirklich nichts zur Besprechung anliegt.
„Bei uns muss schon die Erde beben, bevor eine Schulleitungssitzung ausfällt", so ein Kollege. „Wir nutzen unsere wöchentliche Sitzung inzwischen dazu andere Kollegen in die Arbeit einzubeziehen, sie zu bestimmten Tagesordnungspunkten einzuladen. Dieses Vorgehen bewirkt außerdem, dass unsere Arbeit als Schulleitung transparenter wird und Kollegen von sich aus mit Ideen für bestimmte Initiativen an unserer Sitzung teilnehmen." Die von diesem Kollegen angesprochene Transparenz von Schulleitungssitzungen ist einfach herzustellen, indem Tagesordnungen und Protokolle im *Mitteilungsbuch* abgeheftet werden.

In der Praxis von Schulleitungen haben sich die folgende Tagesordnungspunkte als obligatorisch herausgestellt:

Checkliste für eine Teamsitzung

– Keine Sitzung ohne

Sitzungsleitung

Tagesordnung
- Aktuelle Berichte aus der Schulpolitik, dem Kollegium (circa 10-30 Minuten)
- Stand der Umsetzung beschlossener Vorhaben (kurz)
- Schwerpunktthema/-themen (möglichst mit Vorlage)
- Zusammenfassung der Beschlüsse und der Arbeitsaufteilung *Dauer:* Zwischen 1 und 3 Stunden

Zeitplan

Ergebnisprotokoll (handschriftlich führen und abheften)

– Organisatorische Fragen kurz: Nur **anhand konkreter Vorschläge**

– Schwerpunkt: **Inhaltliche Diskussion**

– Nützliche **Vorlagen**: Es macht Spaß, Vorlagen zu machen, wenn alle etwas davon haben!

– **Ergebnisse** und weiteres **Verfahren** festhalten

Informationsfluss und Transparenz

Je stärker die Dezentralisierung die Arbeit, desto notwendiger ist der Informationsfluss. „Insiderinformationen“ haben nicht selten die im- oder explizite Funktion Privilegien zu schaffen. Wichtige Informationen für die gemeinsame Arbeit müssen allen Kollegen schnell und einfach zugänglich sein. Dieser einfache Aspekt der Leitungstätigkeit wir leicht unterschätzt. Eine Vernachlässigung führt jedoch sehr schnell zu Spannungen im Kollegium. Transparenz ist sowohl eine wesentlich Bedingung dafür Insidertum gar nicht erst aufkommen zu lassen, als auch eine Voraussetzung für Orientierung. Gerade wenn die Arbeit sehr teambezogen ist, entsteht das Problem, wie der Informationsfluss Gewähr leistet werden kann. In größeren Kollegien gibt es mehrere Lehrerzimmer, ein gemeinsamer Anlaufpunkt ist nicht vorhanden.

Folgende Möglichkeiten schneller und direkter Information haben sich bewährt:

Innerhalb des Kollegiums:
- Mitteilungsbuch der Schulleitung
- Mitteilungsbuch der Kolleginnen und Kollegen (auch für handschriftliche Eintragungen)
- Tafel für aktuelle Ankündigungen
- Protokollordner für Schulkonferenz, Jahrgangsteams, Fachschaften, Eltern-, Schülerrat

Innerhalb der Schule:

Mitteilungsblatt an alle Schüler und Eltern (2-6 Ausgaben im Halbjahr)

Außendarstellung:
- Allgemeine Broschüre über die Schule
- Faltblätter der Fachschaften (vergleiche das entsprechende Schaubild, Seite 162)

Gymnasium
XYZ

Straße **Telefon**
Ort **Telefax:**

Schule mit Bewegung
P
O
R
Bewegung macht fiT

SPORT wird bei uns großgeschrieben. Bewegen, Ausgleich, Fitness, Lernen mit allen Sinnen, Selbstständigkeit – Sport fördert eine gesunde Entwicklung und das Wohlbefinden. Im Sportunterricht setzen wir auf Vielseitigkeit. Training, also Spezialisierung, bieten wir in den zahlreichen Arbeitsgemeinschaften an.

Tägliche Sportstunde in einer fünften Klasse. In der Unterstufe kann gewählt werden zwischen einer Klasse mit verstärktem Musikunterricht und einer Klasse mit verstärktem Sportunterricht. Mit der täglichen Sportstunde bieten wir eine neue Möglichkeit für sportbegeisterte Mädchen und Jungen.

Vielseitigkeit ist unsere Alternative zur Bewegungseintönigkeit. Wir möchten den Schülerinnen und Schülern die Möglichkeiten der verschiedenen Sportarten nahe bringen. Turnen und Leichtathletik, Ballsportarten, vom Fußball bis Badminton, Tanzen und Rudern sind die Inhalte von Klasse 5-13. Wer andere Vorschläge hat, ist gefragt. In Neigungsgruppen lernen Schülerinnen und Schüler an selbstgewählten Themen.

Vielseitigkeit schafft Grundlagen auch für **Spitzenleistungen**: Die langjährigen hervorragenden Plazierungen unserer Mannschaften bei „Jugend trainiert für Olympia“ sind Beispiele dafür.

Skisport hat einen festen Platz an unserer Schule. Nach Oberau geht es in Klasse 8 oder 9. In der Oberstufe findet ein Skiprojekt nach Grächen/Wallis statt, das Schülerinnen und Schüler mitgestalten. Keine Skier? Im **Skikeller** können sich alle Schülerinnen und Schüler Skier und Skischuhe ausleihen.

Ein Beispiel für das Engagement unser Schülerinnen und Schüler sind die **Arbeitsgemeinschaften**, die nicht nur stark nachgefragt werden, sondern auch sehr kompetent von Schülerinnen und Schülern betreut werden. Eines unserer Ziele für das nächste Jahr: Aufbau mehrerer Basketballteams für Mädchen und Jungen. Spielstarke Schülerinnen und Schüler gibt es genug – nicht nur im Basketball.

Unsere Bitte: Regen Sie Ihre Kinder zum Mitmachen an!

Arbeitsgemeinschaften

Sportart	Für Schüler/innen	Termin	Leiter/in
Fußball	für alle		
Basketball	für alle		
Volleyball	für alle		
Badminton	für alle		
Handball	für alle		
Schwimmen	für alle		
Tennis	für alle		
Leichtathletik	für alle		

Programmpunkte 1999/2000

• Schulturnier Fußball	20. – 24. September
• Skiprojekte Mittelstufe und Oberstufe	Dezember/Januar
• Schulturnier Badminton	
• Schulturnier Beachvolleyball in der Halle	
• Schulturnier Basketball	
• Kinder Zehnkampf (ab Klasse 3)	
• Tag des Deutschen Sportabzeichens für Jedermann	
• 1. Hilfe Kurse für Schüler, Lehrer, Eltern	
• Sportfest der Leichtathletik und Spiele	
• Kreismeisterschaften Leichtathletik	
• Abendfest: Tanzen, Turnen, Akrobatik	

Das Sportteam:

•	•	•
•	•	•
•	•	•

Lehrerkonferenzen: Vorbereitung, Moderation, Visualisierung

Je nach Größe einer Schule haben Lehrerkonferenzen unterschiedliche Charaktere. Eine Konferenz mit 90 Kollegen erfordert andere Arbeitsformen als eine mit 15. Insbesondere Konferenzen in größeren Kollegien werden nicht selten als unbefriedigend empfunden, da inhaltliche Diskussionen nur schwer möglich sind. Oftmals dominieren organisatorische Probleme. Außerdem entsteht leicht eine Reihe von Unklarheiten über die Rolle der Diskussionsleitung, die Geschäftsordnung und Verfahrensfragen.

- Typische Probleme bei Lehrerkonferenzen sind:
- Mangelnde Schwerpunktsetzung und Konzentration in der Tagesordnung
- Fehlender Zeitplan
- Fehlende Orientierungs- und Entscheidungsgrundlagen in Form von Vorlagen
- Unprofessionelle Diskussionsleitung: Vermischung von Moderation und Stellungnahme, Nichteinhaltung der Redeliste, Umgang mit weiterführenden, alternativen oder geschäftsordnungsbezogenen Anträgen, unklare Abstimmungsmodi, mangelnde Stringenz und Zeitdisziplin
- Endlose Debatten über organisatorische Fragen
- Desinteresse von Kolleginnen und Kollegen
- Dominanz des Schulleiters

Konferenzvorbereitung

Unmut im Kollegium über Konferenzen rührt häufig daher, dass diese nicht sorgfältig vorbereitet sind und das Kollegium in die Vorbereitung nur unzureichend einbezogen ist. Folgende Punkte sollten beachtet werden:

1. Längerfristige Planung von Konferenzen mit Themenschwerpunkten

Die Schulleitung legt am Anfang des Halbjahres einen *Konferenzplan* für das Halbjahr vor, in dem die Konferenztermine (in der Regel zwischen 2-6 Terminen) und erste Themenschwerpunkte vorgeschlagen werden. Hinter jedem Terminvorschlag gibt es Raum für andere/weitere Themenvorschläge und für an der Vorbereitung interessierte Kollegen.

2. Verantwortlichkeiten für die Konferenzen im Schulleitungsteam festlegen

Die Verantwortlichkeiten für die jeweilige Konferenz werden im Schulleitungsteam aufgeteilt. Die Schulleitung bezieht interessierte Kolleginnen und Kollegen ein oder spricht sie gezielt für die Vorbereitung an.

3. Vorlagen mit Entscheidungsalternativen erstellen

Die für die Vorbereitung Verantwortlichen erstellen eine schriftliche Vorlage, die allen vor der Konferenz vorliegt. Bei wichtigen Entscheidungen sollte die Vorlage Rückmeldungen bereits vor der Konferenz ermöglichen, um Hinweise aus dem Kollegium vorweg aufnehmen zu können.

> **Eine Vorlage**
>
> - umfasst in der Regel 1-3 Seiten,
> - beinhaltet Ziele und Begründungen,
> - zeigt möglicherweise Entscheidungsalternativen auf,
> - enthält Realisierungsvorschläge, Verantwortlichkeiten und Termine,
> - verweist auf einen Anhang oder Materialien.

4. Wichtiges und Unwichtiges in der Tagesordnung und dem Zeitplan deutlich machen
Mit Hilfe eines einleitenden Satzes sollte auf das Ziel und der Schwerpunkt der Konferenz hingewiesen werden. Das Schwerpunktthema steht am Anfang, ist aber zeitlich so begrenzt, dass weitere Punkte kurz behandelt werden können. Die Tagesordnung wird am Beginn jeder Konferenz kurz vorgestellt und beschlossen.

Methoden und Organisationsformen auf Konferenzen
Um Konferenzen stärker auf die wesentlichen *Inhalte* zu konzentrieren, sollten Themen sorgfältig vorbereitet und präsentiert werden.

1. Orientierende Einleitung
Das Thema mit einem Einleitungsbeitrag eingrenzen (5 Minuten).

2. Kontroversen benennen
Unterschiedliche Positionen durch zwei vorbereitete Beiträge darstellen.

3. Brainstorming
Einleitungsphase, in der die Kollegen gebeten werden, ihre Meinung in 2-3 Sätzen zum Thema auf eine Karteikarte zu schreiben. Die Karten werden eingesammelt, aufgehängt und im Schnelldurchgang vorgelesen.

4. Vorlagen
Als erstes werden allgemeine Wortmeldungen zur Vorlage behandelt (Bestätigung, Kritik, Hinweise auf Fehlendes), danach erfolgt ein differenzierter Durchgang der Abschnitte (oder Seiten) bis zu den konkreten Vereinbarungen.

Moderation/Diskussionsleitung
Moderation ist nicht gleichbedeutend mit formaler Diskussionsleitung. Im Zusammenhang mit Konferenzen wollen wir Moderation auf die interne Leitung von Konferenzen beziehen und in einfacher Form darstellen. Für pädagogische Ganztagskonferenzen oder Seminare kann es sinnvoll sein externe Moderatoren in Anspruch zu nehmen. Die Moderation solcher Veranstaltungen beinhaltet umfangreichere Aufgaben als die Diskussionsleitung.

> **Der Moderator**
>
> - unterstützt die Vorbereitung der Veranstaltung,
> - unterstützt die Zusammenarbeit der Vorbereitungsgruppe,
> - entwickelt Vorschläge für die Arbeitsmethodik und Visualisierung,
> - regt an, leitet und steuert die Diskussion,
> - unterstützt die Ergebnissicherung.

Mit Blick auf zwei- bis dreistündige Lehrerkonferenzen sind die Aufgaben des Moderators stärker auf die Diskussionsleitung konzentriert. Der Moderator sollte stets in die vorbereitende Schulleitungssitzung einbezogen sein.

> **Wer soll die Diskussionsleitung übernehmen?**
>
> Diese Frage sollte nicht mit Hilfe des Rotationsverfahrens beantwortet werden, da Moderation gelernt sein will. Günstig ist es, wenn mehrere Kollegen sich bei der Konferenzleitung abwechseln, da die Moderation eigene Wortbeiträge des Moderators erheblich erschwert oder verunmöglicht.

Grundprinzipien der Moderation

1. Neutralität wahren und auf inhaltliche Stellungnahmen verzichten

In der Regel ist es wenig sinnvoll, wenn der Moderator inhaltliche Stellungnahmen abgibt und damit kurzzeitig seine Rolle wechselt. Gerade bei kontrovers diskutierten Punkten führt ein solches Verhalten schnell zur Überforderung des Moderators und zu Irritationen in der Gesamtgruppe. Hat der Moderator den Wunsch, einen inhaltlichen Beitrag zu halten, dann kann er sich durch eine sichtbare Wortmeldung selbst auf die Redeliste setzen (ohne die Reihenfolge zu durchbrechen) und sollte seinen Beitrag entsprechend einleiten.

Dieses Prinzip beinhaltet auch den Verzicht auf Wertungen, Parteilichkeit und Schiedsrichtergehabe.

2. Im Interesse der Gesamtgruppe handeln

Jeder Konferenzteilnehmer ist wichtig: Moderation bedeutet, niemanden auszugrenzen oder abzuqualifizieren. Aus dem bekannten Satz „Störungen haben Vorrang“ folgt, dass der Moderator in solchen Fällen nicht selbst versucht Störungen zu lösen, sondern die Gesamtgruppe einbezieht:

„Aus meiner Sicht scheint es so, dass hier ein tiefer gehender Konflikt vorliegt. Wie sollen wir damit verfahren? Was halten Sie davon, an dieser Stelle eine Pause zu machen und währenddessen im kleineren Kreis einen Verfahrensvorschlag zu beraten?“

3. Für ein positives Gesprächsklima sorgen

Bei allen Regeln, die beachtenswert sind, sollten Konferenzen nicht in strenger Sachlichkeit ablaufen. Für produktive Diskussionsprozesse sind Vertrauen und Offenheit unerlässlich. Beides ist untrennbar mit einer entspannten Gesprächsatmosphäre, einer gewissen Lockerheit, wozu auch Humor gehört, verbunden. Lachen ist immer noch eine gute Medizin.

> **Je größer die Konferenz, desto wichtiger die Konsequenz**
>
> Neben diesen Grundsätzen gibt es eine Reihe von Regeln, die bei der Diskussionsleitung zu beachten sind. Allgemein gilt: Je größer die Konferenz, desto notwendiger ist Konsequenz bei der Diskussionsleitung. Das gilt insbesondere für die Gewährleistung einer möglichst umfassenden Meinungsbildung.

Siehe hierzu auch die Kopiervorlage 20 *Das Abc der Diskussionsleitung,* Seite 182. Über die Diskussionsleitung hinaus behaltet Moderation auch Aspekte des Anregens und Steuerns von Kommunikationsprozessen. Beispiele für Interventionsmöglichkeiten des Moderators siehe die Kopiervorlage 21 *Weitere Hinweise für die Moderationspraxis*, Seite 183 sowie *Protokoll der Lehrerkonferenz* und *Fragebogen zur Auswertung einer Tagung*, Kopiervorlagen 22 und 23, Seite 184/185.

Anträge und Abstimmungsverfahren
Bei Beschlüssen über Anträge sollte zwischen Beschlusstext und Begründung unterschieden werden. Die meisten Beschlüsse sind Vereinbarungen über *konkrete Handlungsschritte*. Praktischen Initiativen kann man auch dann zustimmen, wenn man die Begründungszusammenhänge anders sieht als im Antrag dargelegt.
Der kleinste gemeinsame Nenner liegt in der Praxis, nicht in der Theorie. Anträge sollten deshalb aus einem kürzeren, pragmatischen *Beschlusstext* und einem demgegenüber längeren *Begründungstext* bestehen.
Diese Trennung ist bei Beschlüssen über ein Schulprogramm nicht mehr so einfach möglich. Bei Beschlüssen über umfangreichere Dokumente ist es sinnvoll, die Beschlussfassung auf mehrere Phasen zu verteilen: Das Grundsätzliche wird vor dem Konkreten behandelt. Diese Vorgehensweise kommt im *Lesungsverfahren* zur Anwendung:

1. Lesung
Erarbeitung der Gliederung und der grundsätzlichen Orientierungen des Schulprogramms (Betreuungsschule/Musikzweig/bilingualer Unterricht usw.) mit einer Grundsatzentscheidung.

2. Lesung
Erarbeitung der einzelnen Teile des Schulprogramms und konkreter Initiativen mit entsprechenden Teilbeschlüssen (in Arbeitsgruppen).

3. Lesung
Diskussion des gesamten Schulprogramms auf einer Konferenz mit anschließender Beschlussfassung.

Verfahrensfragen auf größeren Konferenzen
Mit den folgenden Regeln und Verfahrensweisen können die Abläufe insbesondere größerer Konferenzen erheblich optimiert werden:

1. Rede-Gegenrede-Abstimmung
Wenn die Diskussion abgeschlossen ist und die Konferenz in den Abstimmungsprozess eintritt, dann wird der Antrag noch einmal kurz begründet. Daraufhin kann es *eine* Gegenrede geben. Anschließend erfolgt die Abstimmung.

2. Vorrang des weiterführenden Antrags
Stehen zwei Anträge nebeneinander, so wird der weiter gehende zuerst abgestimmt, da er den anderen einschließt. Wird der weiter gehende abgelehnt, folgt die Abstimmung über den anderen Antrag.

3. Geschäftsordnungsanträge
Anträge zur Geschäftsordnung werden mit zwei gehobenen Händen signalisiert und beziehen sich auf Verfahrensfragen (Schluss der Debatte, sofortige Abstimmung, Pause, Auszeit usw.). Sie müssen sofort nach *einer* Gegenrede abgestimmt werden.

4. Problematik alternativer Abstimmungen
Steht Antrag gegen Antrag, dann sollte jeder Antrag eigenständig abgestimmt werden. Bei Alternativabstimmungen gilt sonst ein Antrag als angenommen, wenn er mehr Stimmen als der andere erhält - obwohl sich die Mehrheit enthalten hat (weil sie gegen beide ist). Wären die Anträge nacheinander abgestimmt worden, hätten beide keine Mehrheit erhalten.

5. Problematik relativer Mehrheiten
Wenn Beschlüsse Wirkung zeigen sollen, müssen sie von einem Großteil des Kollegiums getragen werden. Relative Mehrheiten (12 Ja/8 Nein/25 Enthaltungen) erweisen sich nicht selten als Pyrrhussiege. Bei absoluten Mehrheiten unterscheidet man 50% + X der anwesenden Kollegen oder des Gesamtkollegiums.

Visualisierung und Protokoll
Schulleitern und Lehrern etwas über Visualisierung erzählen zu wollen, erscheint vermessen. Dies ist ein wichtiger Teil des Berufsalltags der Kollegen. Unsere Hoffnung: Vielleicht enthält einer der folgenden Punkte eine Anregung für Sie.

Vorrang des Sehens bei der Informationsaufnahme

4/5 akustisch/visueller Informationen werden mit dem Auge, nur 1/5 mit dem Ohr aufgenommen. Diese große Bedeutung der optischen Informationsaufnahme wird bei der Vermittlungsarbeit zumeist unterschätzt.

Die Visualisierung von Informationen hat folgende Funktionen:

- Die Behaltensquote von Informationen steigt bei einer Kombination des akustischen Eingangskanals mit dem visuellen von 20% (nur Hören) beziehungsweise 30% (nur Sehen) auf 50% (Hören und Sehen) an.
- Optisch fixierte Informationen vereinheitlichen den Informationsstand, machen erzielte Ergebnisse transparent und zum Bezugspunkt der weiteren Diskussion.
- Optisch fixierte Informationen provozieren die Zuspitzung von Zusammenhängen und Klärung von Begriffen: „Trifft das niedergeschriebene Wort tatsächlich das, was wir meinen?“
- Optisch fixierte Informationen regen zum kreativen Nachdenken an, sie beleben die Fantasie, indem das Gesehene mit Assoziationen verbunden wird.

Hinweise zur Visualisierung

1. Jede Visualisierung braucht eine Überschrift und – vergleichbar einem Bild an der Wand – einen Rahmen.

Informationen erhalten durch eine Umrahmung Signalwirkung.

2. Vorsicht mit Laufüberschriften: Sich wiederholende Überschriften auf einer Visualisierungsserie („Arbeitsplanung der Gruppe Schulprogramm") wirken schnell inhaltsleer und belasten die Wahrnehmung.

3. Aktivieren Sie ♥ Herz und ∑ Verstand, sprechen Sie mit Bildern bewusst die emotionale Ebene an: Konkret, anschaulich, wenige Details.

4. **Schriftgröße** auf Karteikarten und Flipcharts zwischen 2,5 cm und 5 cm.
Bilden Sie Textblöcke.
Schreiben Sie groß, dick und eng.
Schreiben Sie mit 2 Schriftgrößen.
Schreiben Sie Wörter NICHT mit GROSSBUCHSTABEN.

5. Karteikarten:

Nur ein Aspekt
sieben Wörter
drei Zeilen

6. Folien:
Wenig Text mit **fetten Buchstaben** in mindestens 16° Schriftgröße.

7. Textgestaltung:
Kein DURCHEINANDER v o n Hervorhebungen und Schrifttypen.
Einfache und klare, immer wiederkehrende Gliederungen wählen.
Nur einen Schrifttyp verwenden.
Überschriften immer am gleichen Platz in der gleichen Größe und Farbe.
Der äußere Rahmen findet sich in allen Visualisierungen.
Das Schullogo erscheint immer an der gleichen Position.

8. **Farben** sparsam und gezielt einsetzen. Maximal 3 Farben benutzen. Gleiche Farbe – gleiche Funktion:
Schwarz oder blau für den Text; Rot für die Überschrift; Grün für Hervorhebungen.

Feed-back: Persönliche Gespräche und Gesprächsführung

Weitgehend fehlende horizontale und vertikale Veränderungsmöglichkeiten und eine stark individualisierte Form der Arbeit - das sind zwei typische Merkmale des Lehrerberufs. Eine nicht untypische Biografie von Lehrern ist, dass Kollegen 30 Jahre an derselben Schule, die gleichen Fächer und zusammen mit den gleichen Kollegen unterrichten. Die Zusammensetzung der Kollegien variiert nur geringfügig. Neuartige berufliche Herausforderungen wie die Leitung einer Abteilung oder die Mitarbeit in der Lehrerfortbildung stellen sich nur für eine Minderheit der Kollegen.

Bekanntlich ist die öffentliche Anerkennung der Lehrkräfte eher schwach ausgeprägt. Rückmeldungen für die eigene Arbeit von Schülern und Eltern erleben Lehrerinnen und Lehrer oftmals widersprüchlich. Unmittelbares, positives Feed-back ist eher selten oder wird leicht von anderen Erfahrungen überlagert. Die Dichte an widersprüchlichen Erfahrungen ist im Lehrerberuf im Vergleich zu anderen akademischen Berufen - beispielsweise in Unternehmen - außerordentlich hoch.

Um so erstaunlicher ist es, dass eine elementare Möglichkeit der Anerkennung und des Feed-backs nur selten wahrgenommen wird: Das persönliche Gespräch. Zunächst scheint diese Aussage gar nicht zuzutreffen. Bei einer Untersuchung über die Managementmethoden von Schulleitungen gaben alle befragten Schulleiter an persönliche Gespräche mit den Kollegen zu führen. Erst durch die Nachfrage, was denn darunter zu verstehen sei, zeigte sich, dass an keiner einzigen Schule systematische persönliche Gespräche regelmäßig geführt werden.

Persönliche Gespräche mit den Kollegen an der Schule werden - so die Ergebnisse der Befragung - meistens aus der Situation heraus, wegen eines konkreten Anlasses geführt. Oftmals werden sie spontan, manchmal in Pausen oder Freistunden durchgeführt. Ohne Zweifel: Diese Gespräche sind ein absolut notwendiger Bestandteil kollegialer Kooperation und Führungstätigkeit.

Anerkennungskultur pflegen

Diese situativen Gespräche sind jedoch kein Ersatz für grundsätzlichere Entwicklungsgespräche zwischen Schulleitungsmitglied und Kollegen. Entwicklungsgespräche haben mit Blick auf die Besonderheiten der Lehrerarbeit die zentrale Funktion, die Arbeit einer Kollegin und eines Kollegen - jenseits von Zwischen-Tür-und-Angel-Gesprächen - anzuerkennen und zu würdigen sowie die weiteren Perspektiven der Arbeit zu besprechen.

Persönliche Entwicklungsgespräche:

- haben in der Regel keinen konkreten Anlass,
- werden regelmäßig (ein Gespräch pro Schuljahr) mit allen Kollegen durchgeführt,
- haben klare Ziele und Inhalte und
- verlaufen bidirektional.

In größeren Kollegien liegt die Verantwortung für diese Gespräche naturgemäß auch bei Abteilungsleitern, Beratungslehrern und anderen Kollegen, die wiederum mit dem Schulleiter ihr Entwicklungsgespräch führen. Ein Leitungsmitglied sollte nicht für mehr als 7-8 Gespräche verantwortlich sein.

Grundsätze für Entwicklungsgespräche

1. Offenheit und Akzeptanz
Gegenstand des Gesprächs ist sowohl die Selbstsicht als auch die Sicht des anderen auf die eigene Arbeit. Dafür ist Vertrauen und Achtung des Gegenübers die Voraussetzung.

2. Positives verstärken
Ein wichtiges Ziel ist die Anerkennung und Würdigung der Arbeit des anderen. Die grundsätzlich positive Einstellung zum anderen bestimmt das Klima.

3. Beschreiben statt bewerten
Die Arbeit des anderen wird nicht bewertet, benotet, schon gar nicht abqualifiziert. Was an der Arbeit des anderen auffällt, wird beschrieben. Falsch: „Sie machen das nicht richtig." Besser: „Ich sehe ein Problem darin, wenn Sie so vorgehen ..."

4. Konflikte und Meinungsverschiedenheiten benennen
Die positive Würdigung der Arbeit des anderen ist nicht damit identisch, kritische Punkte unter den Tisch fallen zu lassen. Damit ist keinem geholfen. Wichtig ist, persönlich Stellung zu beziehen und die eigene Meinung nicht als Wahrheit zu verkaufen.
Nicht: „Sie sehen das falsch", sondern „ich stimme mit Ihnen nicht darin überein, dass ...".
In bestimmten Situationen kann dies natürlich auch bedeuten, dass der Vorgesetzte Konsequenzen ziehen muss, die nicht konsensual sind. In diesen Fällen handelt es sich allerdings weniger um ein Entwicklungsgespräch als um ein „Dienstgespräch".

5. Selbstkritisch diskutieren
Entwicklungsgespräche sind keine Einbahnstraße. Auch die eigene Arbeit (als Vorgesetzter) steht zur Diskussion. Probleme und Konflikte sind nicht selten durch Versäumnisse auf beiden Seiten entstanden. Der eigene Anteil gehört nicht unter den Teppich gekehrt, sondern auf den Tisch.

6. Ergebnisse fixieren
Die konkreten Ergebnisse, Vereinbarungen, nächsten Schritte werden schriftlich festgehalten. Es handelt sich dabei um interne Verabredungen, die nur mit beiderseitiger Zustimmung Dritten zugänglich gemacht werden.

Ziele und Inhalte von Entwicklungsgesprächen

1.Bilanz der eigenen Arbeit im letzten Jahr, in den letzten Jahren
- Was war für Sie besonders wichtig und positiv im letzten Jahr?
- Was hat Ihnen besonders Spaß gemacht, was war unbefriedigend?
- Welche Probleme haben sich für Sie ergeben?
- Welche Schlussfolgerungen ziehen Sie für sich aus den Erfahrungen des Jahres?

2. Meinungsaustausch über die Entwicklung der Schule und die Zusammenarbeit

- Was denken Sie über die Entwicklung unserer Schule im letzten Jahr?
- Was hat sich bewährt, wo sehen Sie Veränderungsbedarf?
- Wie empfinden Sie die kollegiale Zusammenarbeit, wo liegen aus Ihrer Sicht Stärken und Schwächen der Schulleitungsarbeit?

3. Wünsche und konkrete Vorstellungen für die nächste Zeit

- Welche Ziele und Wünsche haben Sie für Ihre Arbeit im nächsten Jahr und weiter in der Zukunft?

4. Konkrete Vereinbarungen treffen

- Mögliche und anvisierte Aufgaben im nächsten Jahr an der Schule (Klassenlehrer, Sammlungsleiter, Fachvertretung, Öffentlichkeitsarbeit, Mitarbeit in Gremien, Kontakt zur Presse...)
- Fortbildung
- Vorbereitung von Themen und Initiativen (Schulprogrammentwicklung, Arbeitsgemeinschaften, Jugend forscht, Betreuungsaufgaben...)

Mit Fragen führen –
10 Regeln der erfolgreichen Gesprächsführung

Negativ-Kreisläufe

Ich denke:
Mein Gegenüber ist unsympathisch

Ich verhalte mich:
Abweisend und distanziert

Mein Gegenüber denkt:
Der ist aber arrogant

Mein Gegenüber wird:
Unsicher und unfreundlich

Positiv-Kreisläufe

Ich denke:
Mein Gegenüber braucht meine Hilfe

Ich:
Gehe auf ihn zu und zeige Interesse

Mein Gegenüber denkt:
Mit dem kann ich sprechen

Mein Gegenüber ist:
Freundlich und öffnet sich

1. Einstimmen: „Wie geht es Ihrer Familie? ..."
Das „how do you do?" erscheint unernst und oberflächlich, wenn die Nachfrage stets allgemein formuliert wird und die Antwort eigentlich gar nicht interessiert. Interesse zeigen – das ist keine Frage einer besonders gewieften Gesprächstaktik. Die Klärung thematischer Fragen der Arbeit fällt leichter, wenn dem anderen gerade wichtige Erlebnisse und Gefühle des Gesprächspartners sichtbar sind: Ich kann ihn vielleicht etwas besser verstehen ...
„Parlieren", das unverbindliche und lebendige Gespräch über (wie nicht wenige Menschen meinen) Belanglosigkeiten, ist eine Kunst für sich. Es kann nervtötend werden, wenn es behindert, zur Sache zu kommen – es ist unerlässlich für eine entspannte und positive Gesprächsatmosphäre.

2. Aktivieren: „Was liegt Ihnen auf dem Herzen? Was wollen wir besprechen?"
Regen Sie dazu an, dass das Thema des Gesprächs klar formuliert wird. Helfen Sie bei der Strukturierung: „Was wollen wir zuerst klären?"

3. Meinung erfragen: „Welche Erfahrungen haben Sie damit gemacht?"
Lenken Sie das Gespräch von Allgemeinheiten auf konkrete Aussagen. Erfragen Sie die persönliche Meinung des Gesprächspartners.

4. Präzisieren: „Woran denken Sie dabei im Einzelnen?"
Haken Sie nach, um den anderen besser zu verstehen. Was möchte er mir eigentlich genau damit sagen? Regen Sie Ihren Gegenüber dazu an, Behauptungen durch Beispiele zu illustrieren oder zu hinterfragen.

5. Relativieren: „Wann ist das bei Ihnen so gewesen?"
Weisen Sie durch Nachfragen indirekt auf – in Gesprächen übliche – Übertreibungen hin.

6. Monokausalschlüsse hinterfragen: „Könnte es nicht auch sein, dass ...?"
Nehmen Sie aus Ihrer Sicht Stellung, indem Sie eigene Erfahrungen einbringen und einfache Wenn-dann-Schlussfolgerungen aus Ihrem Alltag darstellen. Fragen Sie direkt nach anderen Ursachen für eine bestimmte Erscheinung beziehungsweise Schlussfolgerung.

7. Darstellen: „Aus meiner Sicht sieht die Sache so aus ... Inwieweit können Sie das nachvollziehen?"
Stellen Sie Ihre Position dar, ohne dabei fachliche Überlegenheit („Das ist aber doch so und so ...") oder Verletzlichkeit („Also da bin ich aber doch enttäuscht ...") zu zeigen und bitten Sie Ihren Gesprächspartner sich darauf zu beziehen.

8. Bilanzieren: „Können Sie darin zustimmen, dass ...?"
Fassen Sie die Ergebnisse des Gesprächs aus Ihrer Sicht zusammen und erfragen Sie, ob dies Konsens sei.

9. Zur Zukunft wenden: „Was schlagen Sie vor?"
Regen Sie frühzeitig dazu an, über die konkreten Schlussfolgerungen und Handlungsperspektiven nachzudenken. Bei allen möglichen Differenzen über Vergangenes, bietet die Zukunft immer die Möglichkeit neuer, gemeinsamer Schritte.

10. Fixieren: „Folgende Punkte habe ich als Vereinbarungen notiert. Ist das auch aus Ihrer Sicht zutreffend formuliert?"
Halten Sie die Ergebnisse wichtiger Gespräche mit wenigen Notizen fest. Dazu gehören auch Bemerkungen über noch offene Fragen und ungeklärte Punkte.

Mitarbeitergespräche und Führungsfeedback in Unternehmen

Praxisbeispiel von *Hartmut Heitmann*, Leiter Berufsbildung eines Handelsunternehmens

Heute schon gefrühstückt? Die Gesprächskultur in unserem Unternehmen

„Feed-back is breakfest for champions", so könnte man die Bedeutung von Mitarbeitergesprächen kennzeichnen. Gezielte Gespräche, die durch Offenheit und gegenseitiges Vertrauen gekennzeichnet sind, die regelmäßig durchgeführt werden, vorbereitet sind und mit klaren Verabredungen schließen, sind der beste Garant für eine sinnvolle Weiterentwicklung der einzelnen Persönlichkeiten, der Beziehungen und der Arbeit. Es gab in meiner Berufspraxis kaum ein intensives persönliches Gespräch mit Mitarbeitern, in dem ich nicht etwas Neues über sie erfahren habe in Bezug auf ihre Haltungen, Wünsche, Neigungen, Motivation oder konkrete Pläne. Für eine Führungskraft sind solche Gespräche unerlässliche Informationsquellen.

Auf einem Seminar, welches wir regelmäßig mit Nachwuchskräften durchführen, stellen wir in einer Übung die Frage: „Welches ist Ihr größtes Problem in Ihrer derzeitigen Aufgabe – ein Problem, das Sie bei der Arbeit behindert und schwer zu lösen ist?"

Das Ergebnis: Bei circa 90 % aller Antworten handelt es sich um Beziehungs- und Kommunikatinsprobleme. Nicht mangelndes Knowhow, fehlende Ressourcen, schlechte Organisation oder Ähnliches sind die Hindernisse, sondern die Beziehung zu den Kollegen, Vorgesetzten oder anderen Mitarbeitern, was die folgenden Aussagen zeigen:

- „Der Kollege gibt wichtige Informationen, die ich für meine Arbeit brauche, nicht weiter".
- „Jedes Mal, wenn ich in einer Sitzung mit dem Kollegen zusammensitze, habe ich schon ein komisches Gefühl mit Magengrummeln".
- „Ich traue dem Kollegen einfach nicht über den Weg, der ist völlig demotiviert und ich weiß nicht, ob er unsere gemeinsamen Absprachen einhält".

Neben den Beziehungsproblemen treten häufig Schwierigkeiten in der Kommunikation auf: Absprachen sind nicht eindeutig, sondern unbestimmt, sodass die Klarheit für Aufgaben fehlt, es werden Arbeiten doppelt verrichtet und anderes: Auch diese Fälle verweisen auf Führungsprobleme. Entweder weiß die Führungskraft selbst nicht, was sie genau erwartet oder scheut davor zurück präzise Anforderungen zu formulieren. Ein großer Teil der täglichen Führungsarbeit ist Gesprächs*führung*. Jedes Gespräch ist in der Situation komplex. Die Führungskraft muss klar in ihren Aussagen sein und einfühlsam darauf achten, dass die Botschaften beim Gesprächspartner auch ankommen. Ein Gespräch ist etwas Gegenseitiges, ein Dialog. Es sollte von gegenseitigem Respekt und Offenheit geprägt sein. Vielleicht lässt es sich am einfachsten in der folgenden Formel zusammenfassen: „Sei freundlich zu dem Menschen, aber hart in der Sache".

Zu oft heißt es einfach, „sprechen wir einmal drüber“, oder ein Thema wird nebenbei auf dem Gang erledigt. Gespräche müssen ernst genommen werden. Das verlangt einen Termin zu vereinbaren und den notwendigen äußeren Rahmen zu schaffen. Dabei wird in der Vorbereitung und im Gespräch oft zu wenig überlegt, welches das Ziel des Gesprächs ist und wie die Vorgehensweise sein soll.
Bei der Zielklärung geht es zuallererst darum, den Charakter des Gesprächs genau zu bestimmen. Folgende Gesprächsarten lassen sich differenzieren: Entwicklungsgespräch, Konfliktgespräch, Kritikgespräch, Beratungsgespräch, Beurteilungsgespräch und Führungsfeedback.

Entwicklungsgespräch
Hier geht es um die Analyse von Stärken und Schwächen, den Abgleich von Aufgaben und Anforderungen und um die Frage, in welche Richtung die Entwicklung weitergehen soll. Dabei kann über das persönliche Potenzial in den unterschiedlichen Schlüsselqualifikationen gesprochen werden, um entsprechende Maßnahmen festzulegen: on the job (neue Aufgaben, Projekte) und of the job (Weiterbildungsmaßnahmen).
Entwicklungsgespräche eignen sich insbesondere zur Erstellung eines Selbstbildes. Ein Mitarbeiter oder eine Führungskraft schätzt dabei die eigenen Fähigkeiten anhand von Schlüsselqualifikationen (siehe die Kopiervorlage 24 *Erstellung eines Selbstbildes*, Seite 186/187) ein. Der Vorgesetzte füllt den Bogen mit Blick auf den Gesprächspartner ebenfalls aus. Beide Einschätzungen werden im Gespräch miteinander verglichen und besprochen.

Konfliktgespräch
Konflikte sind nicht grundsätzlich negativ, im Gegenteil. In der Regel bieten sie die Chance einer Weiterentwicklung. Aus der Spannung kann sich bei einer Klärung der Differenzen eine neue Qualität der Zusammenarbeit entwickeln. Bei komplizierten Situationen ist es sinnvoll, den Prozess durch eine neutrale Person moderieren zu lassen. Meine Erfahrung ist: Konfliktfähigkeit ist eine der Schlüsselqualifikationen, die am geringsten entwickelt ist. Das betrifft erstens die Fähigkeit, einen Konflikt überhaupt zu erkennen und ihn auszuhalten, ihn also nicht zu ignorieren oder zu übergehen, ihm nicht auszuweichen oder ihn auszusitzen. Zweitens kommt es darauf an, einen Konflikt mit angemessenen Methoden konstruktiv zu lösen.

Kritikgespräch
Dies ist ein Gespräch, das ein Vorgesetzter mit dem Mitarbeiter führt. Es erfolgt bei gravierenderen Problemen in der Arbeit. Das oberstes Prinzip ist hier: Die Kritik sofort und in klaren Worten aussprechen. Sie sollte vor allem auf Dinge zielen, die sich verändern lassen. Eine Kritik der Persönlichkeit ist dagegen vermessen und wenig fruchtbar.

Beratungsgespräch
Im Rückblick auf schlecht gelaufene Situationen oder vor schwierigen Entscheidungen ist es wichtig, sich in einem Team zu beraten. Diese Art Coaching ist unter Kollegen möglich, es kann aber auch mit der Führungskraft erfolgen. Manchmal ist es auch sinnvoll, ganz Fremde mit ihrer Außensicht

als Berater hinzuzuziehen. Der Grundsatz in diesem Typ von Gespräch ist: Aktiv fragen, um die Situation wirklich analysieren können - aktiv zuhören, um das Problem wirklich zu erfassen. Tipps und Hinweise der Gesprächspartner können erfragt und geäußert werden. Sie haben den Charakter von Anregungen und stellen keine Patentlösungen dar.

Beurteilungsgespräch
In diesen Gesprächen wird die Erledigung der vereinbarten Aufgaben, die Zusammenarbeit und die persönliche Leistung bilanziert. In der Arbeitspraxis ist es sinnvoll, im Zeitraum zwischen einem Jahr und drei Jahren Aufgaben und Arbeitsergebnisse durchzusprechen. Beurteilungen werden schriftlich auf einem Formular festgehalten, um sie kontrollierbar zu machen.

Führungsfeedback
Bei Beurteilungen sollte nicht vergessen werden, dass Beurteilung ein gegenseitiger Prozess ist. Deswegen sollte auch die Arbeit der Führungskräfte regelmäßig durch die Mitarbeiter beurteilt werden. Diesen Prozess nennen wir Führungsfeedback: Die Mitarbeiter einer Abteilung oder eines Bereichs bekommen einen Bogen mit verschiedenen Kriterien der Führungsleistung und beurteilen ihren Vorgesetzten.

Die von den Mitarbeitern ausgefüllten Fragebögen zum Führungsfeedback (siehe Kopiervorlage 25 *Feed-back für Führungskräfte*, Seite 188) werden bei einer neutralen Person abgegeben und von dieser ausgewertet. Diese Person stellt danach die Ergebnisse auf einer moderierten Arbeitstagung zur Diskussion. Zu den kritischen Punkten sollen konkrete Vereinbarungen getroffen werden. Dieser Prozess wird in unserem Bereich jährlich durchgeführt, sodass auch die Entwicklungen im Laufe der Zeit betrachtet werden können.
Als dieses Verfahren vor einigen Jahren im Zusammenhang mit der Erarbeitung von Grundsätzen der Führung einführt wurde, stieß es bei vielen Führungskräften auf große Skepsis. Ein Einwand war zum Beispiel: „Meine Aufgabe ist es nicht, mich bei meinen Mitarbeitern beliebt zu machen, um möglichst gute Noten zu bekommen. Ich muss auch einmal harte Entscheidungen treffen."
Auch der Prozess verläuft nicht reibungslos. Was passiert mit Leitenden, die das Führungsfeedback nicht durchführen oder die sehr kritische Rückmeldungen bekommen? Welche Konsequenzen hat es, wenn die Vorgesetzten ihre kritischen Punkte nicht verbessern? Nachdem sich das Führungsfeedback nach zwei Jahren etabliert hatte, zeigten sich für alle Beteiligten vornehmlich positive Effekte.
So fließen durch die Rückmeldungen über den erlebten Führungsstil viele neue Impulse in die Zusammenarbeit ein, wodurch die Führungskultur kontinuierlich weiterentwickelt wird.

Intensiv-Lernen: Coaching/Supervision

Die Verwendung von Begriffen ist manchmal schon merkwürdig. Das Wort „Coaching“ ist eines der Trendwörter im Management. Das gilt insbesondere für Unternehmen, in denen kooperative Führungsstile favorisiert werden. Doch Coaching ist eher mit autoritärem Verhalten verbunden. Coaching heißt übersetzt Training oder Nachhilfe. Erscheinungsformen dieser Übersetzung kommen täglich ins Haus. Die aus dem Fernsehen allseits bekannten Coaches, die am Spielfeldrand hin und her tigern und Anweisungen zu den Spielern brüllen, sind ein wenig geeignetes Symbol für kooperatives Lernen. Dies mag ein Grund dafür sein, dass auch unter Lehrkräften die Skepsis gegenüber Coaching groß ist. Dabei kann Coaching in internes und externes Coaching differenziert werden:

- *Internes* Coaching bezieht sich auf die Art einer Führungskraft, dem Mitarbeiter durch Diskussion, Feedback und Hinweise bei der möglichst eigenständigen Lösung von Aufgaben zu helfen. In diesem Sinne ist alles, was das selbstständige Lernen fördert, Teil des internen Coachings.
- *Externes* Coaching ist dagegen Beratung von Außenstehenden oder gegenseitige Beratung zu vereinbarten Schwerpunkten.

In pädagogischen Arbeitsbeziehungen wird an Stelle des Begriffs Coaching oft Supervision gebraucht. Doch auch dieses Wort hat im ursprünglichen Sinne eine hierarchische Dimension. Ein Supervisor ist ein Aufseher, Supervision, das heißt beaufsichtigen. Der Begriff wurde seit Ende des 19. Jahrhunderts vor allem in der angelsächsischen Sozialarbeit verwendet. Heute sind in den Schulen die Ausbildungssupervision (vor allem von Referendaren) und die Weiterbildungssupervision (in Form von Unterrichtshospitationen) verbreitet.

Der tiefere Grund, dass vielfältige Vorbehalte gegen Coaching und Supervision bestehen, liegt allerdings nicht in Übersetzungsfragen, sondern in den Ängsten, die mit einer Beobachtung von außen verbunden sind.

Beraten durch Prozessbeobachtung

Coaching und Supervision beinhalten prozessorientierte Begleitung und persönliche Beratung.

Trotz der angedeuteten Unterschiede sprechen wir im Folgenden nur von Coaching als prozessorientierte Begleitung und persönliche Beratung, da mit Blick auf Schule der Begriff Coaching nicht durch die stark hierarchisierten Formen der Ausbildungssupervision im Referendariat vorbelastet ist.

Die Verhaltensweisen der Trainer am Spielfeldrand und im Training („*Ich stelle die Mannschaft auf!*“) mögen im Leistungssport ihre Tradition haben, sie sind allerdings das Gegenteil von Coaching in dem hier verwandten Sinne.

Sich selbst mit den Augen des anderen sehen lernen

Mit dem Einzug von Camcordern in die Haushalte ist es normaler geworden die eigene Person in Aktion zu sehen und die eigene Stimme zu hören. Als es vor Jahren möglich wurde Tonbandaufnahmen zu machen, fanden viele Familien ein neues Hobby. Man sprach oder sang in das Mikrofon des Tonbands und spielte mit erhöhtem Puls die Aufnahme ab: Das also ist meine Stimme, so hören mich andere.

Der Reiz, sich aus einer anderen Perspektive sehen und hören zu können, ist enorm. Die Ängste, die damit verbunden sind, ebenfalls. Coaching bezieht sich auf einen sehr sensiblen Bereich der Persönlichkeit.

Während des Erziehungsprozesses erhalten Kinder und Jugendliche vor allem von ihren Eltern ständig Rückmeldungen über ihr Verhalten: „Das tut man aber nicht, das macht man so ..." Mit dem Erwachsenwerden wird dieser Rückmeldungsprozess sukzessive reduziert, obwohl nicht selten bestimmte Beziehungsstereotype die Jahre überdauern.

Das Lernen in den gesellschaftlichen Institutionen Kindergarten, Schule und weiterführende Einrichtungen ist ebenfalls dadurch gekennzeichnet, dass die erzieherischen Aspekte, die auf Verhalten bezogen sind, immer stärker in den Hintergrund treten. Ziele, Inhalte und Methoden der Arbeit sind Gegenstand von Fortbildungsseminaren, individuelles Verhalten bei der Arbeit dagegen nicht.

> **Verhalten ändern lernen**
>
> Coaching ist eine Methode, den Bereich des individuellen Verhaltens und situativen Handelns als wichtige Lernmöglichkeit für Erwachsene neu zu entdecken.

Einerseits wissen wir wenig darüber, wie wir auf andere wirken. Anderseits wissen andere viel darüber, wie wir wirken. Diese Diskrepanz hat auch eine entlastende Funktion: Wer ständig mit dem Gedanken handelt, was werden jetzt wohl die anderen denken, verliert leicht ein Stück innerer Gelassenheit und Autonomie. Gleichzeitig ist diese Diskrepanz eine Quelle, aus der ich vom anderen über mich lernen kann.

Allerdings sollte Klarheit darüber bestehen, dass es hier um Arbeitsbeziehungen geht. Coaching ist nicht zu verwechseln mit freundschaftlichen Beziehungen oder professioneller Therapie. Diese Abgrenzung ist eine unerlässliche Voraussetzung für ein entspanntes und erfolgreiches Coaching.

Distanz gewinnen – Handlungsalternativen erkennen

Coaching eignet sich besonders für das Handeln in Konfliktsituationen. Typisch für zugespitzte Konflikte ist die zunehmende Vereinseitigung der eigenen Sichtweise auf bestimmte Ursachen und die Einengung des Denkens auf nur einen Lösungsweg. Im Extremfall kommt es zur Handlungsunfähigkeit: Das Individuum erkennt keinen Ausweg aus der Situation.

Die zentrale Funktion des Coachings ist zunächst *Distanz zum Konflikt* zu gewinnen. Distanz ermöglicht, die verschiedenen Seiten des Konflikts ins Blickfeld zu bekommen, unterschiedliche Interessen zu erkennen *und* Alternativen für das eigene Handeln zu entwerfen.

In der Psychologie gibt es den bedeutsamen Satz, wonach der Mensch nicht zuletzt dadurch zum Menschen wird, dass er in jeder Situation über *Handlungsalternativen* verfügen kann. Diese zugänglich zu machen durch das Heraustreten aus dem Konflikt - durch Entspannung, Selbstvergewisserung und Akzeptanz anderer Sichtweisen -, darum geht es beim Coaching.

Prozessreflektierendes und prozessbeobachtendes Coaching

Das Darstellen und Besprechen von Situationen, insbesondere von Konflikten, erfolgt in einem *prozessreflektierenden Coaching* entweder in persönlichen Gesprächen („individuelles Coaching") oder in Gruppengesprächen („Teamcoaching"). In diesem Fall stellt ein Teilnehmer eine Situation und Lösungsmöglichkeiten dar, während die Gruppenmitglieder Nachfragen und eigene Einschätzungen in den Dialog einbringen. Der Coach arbeitet hier vor allem als Moderator.

Eine andere Form des Coachings ist die *Prozessbeobachtung*, was auch als Supervision bezeichnet wird. Es beinhaltet neben der Prozessreflexion auch die unmittelbare Beobachtung der Handlungen in Arbeitsprozessen durch Berater. Ein solches Coaching ist sehr zeitaufwändig, kann aber außerordentlich

Prozessreflektierendes Gruppen-Coaching	**Prozessbeobachtendes individuelles Coaching**
3-5 Teilnehmer – 1 Berater/in	1 Teilnehmer – 1 Berater/in
Vereinbarungen über die Ziele, Inhalte und Vorgehensweise beim Coaching	Vereinbarungen über die Ziele, Inhalte und Vorgehensweise beim Coaching
Regelmäßige Gruppentermine: Alle 14 Tage 2-3 Stunden	Begleitung „on the job" an 1-3 Tagen
Prozessreflexion Ein Teilnehmer stellt einen Prozess dar, erläutert die eigene Problemanalyse und macht eigene Vorgehensvorschläge und/oder stellt an die Gruppe Fragen dazu.	*Prozessbeobachtung* Der Berater begleitet den Teilnehmer an 1-3 Tagen eine bestimmte Zeit (3 – 6 Stunden) möglichst bei Arbeitsprozessen (Unterricht, Konferenz, Elterngespräch).
Beratung Die Gruppe stellt Nachfragen, entwickelt Alternativen, gibt Empfehlungen. Der Berater ist hauptsächlich Moderator, nimmt aber auch persönlich Stellung.	*Beratung* Der Berater diskutiert direkt nach der Begleitung mit dem Teilnehmer seine Beobachtungen.
Bilanz Das Coaching wird ausgewertet.	*Bilanz* Das Coaching wird ausgewertet.

lernintensiv sein. Allerdings erfordert diese intensive Form sowohl klare Vereinbarungen („Was ist Gegenstand der Beobachtung?") zwischen den Beteiligten als auch großes Vertrauen und strikte Vertraulichkeit.

Allgemeine Essentials des Coachings

Null Hierarchie
Die Beteiligten stehen in einem gleichberechtigtem Verhältnis. Es gibt keinen Anweisungsgeber und -empfänger.

Professionalität
Die Beteiligten stehen in einer professionellen Arbeitsbeziehung mit klar verteilten Rollen. „Wie wirke ich auf andere? Was mache ich gut? Was kann ich besser machen?" Das sind Fragen, zu denen ein Coaching vereinbart werden kann. Beobachtung und Beratung ist Aufgabe des Coaches. Was Gegenstand des Coaching ist, wird vorher vereinbart.

Vertrauen und Offenheit
Coaching ist nur möglich, wenn alle Fragen der professionellen Arbeitsbeziehung auf den Tisch kommen können. Beide Partner brauchen Zeit und Ruhe um sich kennen zu lernen.

Respekt und Relativität
Beobachtung und Beratung führt auf Seiten des Coaches zu bestimmten Einschätzungen. Grundsätzlich gilt, dass alle Einschätzungen relativ sind. Es gibt keine richtigen und falschen Hinweise des Beraters. Es gibt allein Hinweise, die aus Sicht des Teilnehmers, also des Handelnden, *wertvoll* sind. Dann, und nur dann, war der Hinweis für den Teilnehmer sinnvoll. Jeder Hinweis beinhaltet uneingeschränkten Respekt vor der Person und den Leistungen des anderen.

Stärken stärken
Die positiven Wirkungen werden nicht aus taktischen Gründen zuerst und mit zentralem Stellenwert reflektiert. Lernen heißt zuallererst, die eigenen Stärken kennen, erweitern und sinnvoll einsetzen. Schwächen gilt es bewusst zu machen und damit umzugehen. Das Ent-Lernen von Schwächen ist zumeist nur in engen Grenzen möglich. Die Persönlichkeit steht dabei niemals zur Diskussion, nur konkretes Verhalten (Nicht: „Sie sind ignorant", sondern: „Sie sehen die Menschen nicht an, wenn diese zu Ihnen sprechen").

Praxisorientierung
Coaching findet als beobachtende Teilnahme an der Praxis statt oder bezieht sich in Reflexionsgespräche auf den beruflichen Alltag.

Vertraulichkeit
Es versteht sich von selbst, dass die Ergebnisse des Coaching vertraulich behandelt werden.

Anwendungsmöglichkeiten des Coachings

Das Teamcoaching eignet besonders gut für bestimmte Arbeitsphasen während schulinterner Fortbildungen. Beispiel: Arbeit am Schulprogramm.
Jede Lehrkraft soll auf einem Arbeitsblatt (siehe Kopiervorlage 26 *Arbeitsblatt für ein Teamcoaching zum Schulprogramm*, Seite 189) Fragen zum

Schulprogramm schriftlich beantworten. Danach werden Gruppen aus drei bis vier Lehrkräften gebildet. In jeder Gruppe stellt danach je eine Lehrkraft die Antworten vor und visualiert diese auf einer Flipchart mit Stichworten. Die anderen Gruppenmitglieder stellen Nachfragen zu den Ausführungen. Nach circa 10 bis 15 Minuten ist das nächste Gruppenmitglied an der Reihe und trägt die eigenen Überlegungen vor. Ist dieser Durchgang beendet, werden alle Visualisierungen ausgehängt. Das gesamte Kollegium erhält danach Zeit, um die verschiedenen Ergebnisse des Teamcoachings zu sichten. Danach erfolgt eine Auswertung im Plenum.

Weitere Themen für das Team- und Individualcoaching sind u.a.:

- Führung von Konfliktgesprächen,
- Verhalten in Konfliktsituationen,
- Verhalten im Unterricht gegenüber Schülern,
- Umgang mit schwierigen Schülern,
- Moderation von Konferenzen,
- Gestaltung von Elternabenden und Elterngesprächen,
- Verständlichkeit der Sprache und
- Körpersprache.

Fallbeispiel eines Gruppen-Coachings
Bewältigung einer problematischen Situation

Unternehmen

Situation:

Ein Abteilungsleiter hat folgendes Problem, das im Rahmen des Gruppen-Coachings bearbeitet werden soll.

Eine seiner Mitarbeiterinnen, gegen deren Einstellung er votiert hat, kommt sehr gut mit seinem Vorgesetzten klar. Der Chef sieht in ihr eine gute Mitarbeiterin. Der Abteilungsleiter beurteilt die tatsächliche Arbeit der Mitarbeiterin eher negativ. In größeren Sitzungsrunden stärkt der Chef die Position der Mitarbeiterin und untergräbt mit abwertenden Äußerungen die Position des Abteilungsleiters.

- Welche Probleme könnten dieser Situation zu Grunde liegen?
- Wie verhalten Sie sich als Abteilungsleiter?
- Mit wem führen sie *zuerst* ein Gespräch?
- Welche Ziele verfolgen Sie bei den Gesprächen?

Schule

Situation:

Ein Fachlehrer hat folgendes Problem, das im Rahmen des Gruppen-Coachings bearbeitet werden soll.

Die Eltern üben Kritik am Unterricht, sprechen jedoch nicht den Kollegen an, sondern wenden sich vor allem an den Schulleiter. Bei einem Gespräch zwischen den Elternvertretern, dem Schulleiter und dem Lehrer bezieht der Schulleiter Position für die Eltern.

- Welche Probleme könnten dieser Situation zu Grunde liegen?
- Wie verhalten Sie sich als Fachlehrer?
- Mit wem führen sie *zuerst* ein Gespräch?
- Welche Ziele verfolgen Sie bei den Gesprächen?

Das Abc der Diskussionsleitung

A. Redeliste
Wortmeldungen werden auf einer Redeliste festgehalten. Der Moderator bestätigt zum Beispiel durch ein Kopfnicken, dass er die Meldung aufgenommen hat. Wortmeldungen können für alle sichtbar auf einer Tafel notiert werden. Bei längeren Redelisten werden die notierten Namen in bestimmten Abständen vorgelesen um Orientierung zu schaffen. Geht dem Moderator die Übersicht verloren, sollte er kurz unterbrechen und um nochmalige, deutliche Meldungen bitten.

B. Reihenfolge
Zwiegespräche und Unterbrechungen werden *in der Regel* mit Nachdruck unterbunden. Die scheinbare Legitimation „ich werde hier konkret angesprochen, also bin ich jetzt dran", ist keine. Jeder hat das gleiche Recht sich zur Sache zu äußern. Antworten und Klarstellungen können auch später (und entspannter) erfolgen.

C. Persönliche Stellungnahmen und Geschäftsordnungsanträge
In Ausnahmefällen kann die Redeliste unterbrochen werden: Bei starker Betroffenheit kann man mit dem Aufzeigen beider Arme signalisieren direkt zu Wort kommen zu wollen. Der Moderator fragt dann das Plenum, ob dem Wunsch gefolgt werden kann. Geschäftsordnungsanträge (ebenfalls beide Arme heben) beispielsweise zum „Schluss der Debatte und Abstimmung" *müssen* sofort behandelt werden (eine Gegenrede und anschließende Abstimmung).

D. Redezeit
Der Moderator achtet auf die Verhältnismäßigkeit der Redezeiten, in besonderen Fällen begrenzt er die Redezeit beispielsweise auf 3 Minuten.

E. Themenzentrierung und Wiederholungen
Der Moderator behält den roten Faden im Auge und weist daraufhin, dass Wiederholungen zu vermeiden sind, fragt nach neuen Argumenten und fasst *kurz* zusammen, welche Aspekte genannt worden und welche Fragen noch offen sind. Das beliebte Spiel sich mit umfangreichen Zusammenfassungen ins Zentrum der Debatte zu bringen, stört eine Konferenz.

F. Ende der Redeliste oder der Debatte
Der Moderator kann den Schluss der Debatte vorschlagen und abstimmen lassen. Unkomplizierter ist es die Redeliste zu schließen und vorher noch gewünschte Wortmeldungen zu notieren. Ein Abbruch der Debatte sollte mit einem konkreten Verfahrensvorschlag verbunden sein.

G. Zusammenfassung von Ergebnissen und offenen Punkten
Am Ende eines Tagesordnungspunktes und der Konferenz werden die wichtigsten Ergebnisse, offenen Punkte und Verfahrensweisen zusammengefasst und für alle nachvollziehbar dargestellt. Diese Punkte sind zentraler Inhalt des Konferenzprotokolls.

Weitere Hinweise für die Moderationspraxis

1. Anregen – „Vor der Konferenz hörte ich in verschiedenen Diskussionen, dass ein Schulprogramm eigentlich schon existiert, auch wenn es noch nicht schriftlich festgehalten ist. Mich würde Ihre Meinung dazu interessieren: Was ist aus Ihrer Sicht kennzeichnend für diese Schule?“

2. Bremsen – „Nachdem Herr X sehr ausführlich die Frage des Schulprogramms erörtert hat, würde mich die Meinung der anderen interessieren. Ich möchte Sie bitten, die Wortbeträge etwas kürzer zu fassen.“
Hinweis: Blickkontakt mit Vielrednern reduzieren - Blickkontakte wirken zumeist bestätigend und ermunternd - ein fragender Blick veranlasst leicht zur abermaligen Wiederholung oder weiteren Ausschweifung.

3. Nachfragen – „Können Sie bitte den von Ihnen genannten Punkt einmal an einem Beispiel illustrieren?“

4. Auffordern – „Vor der Konferenz gab es den deutlich ausgesprochenen Wunsch, sich über diesen Konflikt auszusprechen. Nun ergreift keiner das Wort. Soll der Punkt besser nicht behandelt werden? Was ist Ihre Meinung dazu Frau Y?“

5. Gegenpositionen erfragen – „Bislang erscheint es in meinen Augen so, dass alle einer Meinung sind. Ist das wirklich so oder gibt es andere Positionen?“

6. Auf Zusammenhänge hinweisen – „Können Sie meinen Eindruck bestätigen, dass in der Diskussion ein Zusammenhang deutlich wird zwischen den ablehnenden Äußerungen zur Evaluation und der Unsicherheit, wie Evaluation konkret aussehen könnte?“

7. Auf noch nicht beachtete Aspekte hinweisen – „In der Vorlage zum Schulprogramm wird die Frage der Zusammenarbeit mit Vereinen und anderen kommunalen Organisationen aufgeworfen. Dieser Aspekt ist in der Konferenz noch nicht diskutiert worden. Gibt es dazu Meinungsäußerungen?“

8. Provozieren – „Entschuldigen Sie, wenn ich etwas pointiert nachfrage: Betreffen die bereits angesprochenen Punkte tatsächlich das Wesen der Auseinandersetzung über die Besetzung des Schulleitungsteams? Mein Eindruck ist, dass hier nicht offen diskutiert, sondern um den heißen Brei herumgeredet wird.“

9. Beruhigen – „Ich habe das Gefühl, dass die zuletzt aufgetretenen Spannungen daher rühren, dass das Thema stark die jeweilige Identität der Beteiligten berührt. Die kontroversen Positionen scheinen vielleicht auch deshalb so unüberbrückbar zu sein, weil sie real vorhandene Widersprüche der Evaluation aufdecken. Insofern ist mein Eindruck, dass die verschiedenen Argumente wichtige Aspekte des Themas beleuchten. Vielleicht wäre es sinnvoll, wenn wir die wichtigsten Argumente an dieser Stelle zusammenfassen könnten und die Kontroverse auf den Punkt bringen.“

10. Persönliche Eindrücke artikulieren und Gefühle zeigen – „Ihre Diskussionskultur beeindruckt mich. Die Ergebnisse Ihrer Konferenz, so meine ich, können sich sehen lassen. Es hat mir Freude bereitet mit Ihnen zusammenzuarbeiten.“
„Ich bin mir unsicher, ob ich mit meinem Eindruck richtig liege: Meinem Gefühl nach gibt es in der Diskussion unterschwellige Unterstellungen und Spannungen. Wie sehen Sie das?“

Schule:	**Protokoll der Lehrerkonferenz**	Datum: Teilnehmerzahl: Protokollant:
Thema	**Ergebnisse/Beschlüsse**	**Verantwortlichkeit/ Terminierung**

Fragebogen zur Auswertung einer Tagung

Thema der Tagung: ______________________________

Ort und Datum: ______________________________

	Bewertung				
	++	+	0	-	--
1. Ergebnisse der Tagung					
2. Klarheit über das weitere Verfahren					
3. Arbeitsklima auf der Tagung					
4. Einbeziehung aller Beteiligten					
5. Moderation der Plenumsdiskussion					
6. Moderation der Arbeitsgruppen					
7. Leistung des Referenten					
8. Einsatz von Medien					
9. ...					
10 ...					

Weniger gut gefallen hat mir:	**Besonders gut gefallen hat mir:**

Meine Anregungen und Wünsche:	**Insgesamt bewerte ich die Veranstaltung:**

Erstellung eines Selbstbildes

Schlüsselqualifikation	Ausprägung				
	++	+	0	-	--
1. Analytisches Denkvermögen Kann einen Sachverhalt in seine Einzelbestandteile zerlegen. Erkennt die Ursachen- und Wirkungszusammenhänge und leitet Chancen und Risiken daraus ab.					
2. Flexibilität Kann sich auf die unterschiedlichsten Situationen, Sach- und Personenaufgaben einstellen und Probleme lösen.					
3. Kreativität Produziert viele Ideen, aus denen Veränderungen und Innovationen resultieren. Kann seine/ihre Denk- und Arbeitsstrukturen in Frage stellen und probiert unkonventionelle Wege, wobei er/sie sich nicht scheut, Risiken einzugehen.					
4. Übersicht Erkennt Probleme, kann sie aus verschiedenen Blickwinkeln betrachten und aus einer Vielzahl von Informationen und Verflechtungen logische Schlussfolgerungen ableiten. Handelt und denkt unter Berücksichtigung der Unternehmensziele.					
5. Entscheidungsfähigkeit Kann auch bei komplexen Sachverhalten schnell die richtige Entscheidung treffen, wobei er/sie diese auf adäquate Informationen gründet. Bedenkt bei seinen/ihren Entscheidungen die Folgen. Übernimmt Verantwortung für die Folgen.					
6. Lernfähigkeit Kennt seine/ihre Stärken und Schwächen, ergreift gezielte Maßnahmen zu deren Verstärkung oder Beseitigung. Ist in der Lage, neuartige Situationen schnell zu erfassen und für neue Aufgabenfelder zu lernen.					
7. Leistungsmotivation Richtet die Quantität und Qualität der eigenen Arbeit an hohe, sich selbst gesetzte und/oder von anderen vorgegebenen Leistungsstandards aus.					

Schlüsselqualifikation	Ausprägung				
	++	+	0	-	--
8. Belastbarkeit Zeigt Ausdauer auch bei schwierigen Aufgaben; lässt sich in seinem/ihrem Verhalten durch äußere Störungen kaum irritieren und ist wenig stressanfällig.					
9. Initiative Ergreift die Initiative in zwischenmenschlichen Situationen und bei Sachaufgaben. Besitzt einen Drang zur Tat, agiert aus sich selbst heraus ohne unmittelbaren Anstoß von außen.					
10. Selbstvertrauen Wirkt sicher, kann sich kritisch äußern, auch wenn dies nicht immer willkommen ist; hat eine positive Grundeinstellung, kennt seine/ihre Fähigkeiten und kann sich auch in Szene setzen.					
11. Kommunikationsfähigkeit Formuliert klar und verständlich, strukturiert Argumente; berücksichtigt den Informationsstand des Gegenübers. Nutzt Beispiele, Analogien und Vergleiche. Präsentiert sich unter Einsatz unterschiedlicher Medien.					
12. Kontaktfähigkeit Kann menschliche Kontakte offensiv herstellen, erhalten und gestalten, aber auch Meinungen und Bedürfnisse anderer erkennen und sich darauf einstellen.					
13. Konfliktfähigkeit Geht Konflikte, wenn notwendig, ein und löst diese der Situation angemessen.					
14. Kooperationsfähigkeit Fügt sich schnell in ein Team ein; greift Ideen anderer auf und führt sie weiter. Kann durch unterschiedliche Methoden Aktivitäten koordinieren und steuern.					
15. Durchsetzungsfähigkeit Seine/ihre Ideen und Vorschläge werden von anderen übernommen. Kann andere überzeugen und sich auch selbst überzeugen. Kann alternative Lösungsmöglichkeiten aufzeigen. Setzt sich auch gegen Widerstand durch und beweist Zivilcourage.					

Feed-back für Führungskräfte

	voll und ganz umgesetzt	zum großen Teil umgesetzt	verbesse-rungsbe-dürftig	stark verbesse-rungsbe-dürftig
1. Meine Führungskraft vermittelt mir das Gefühl, dass ich mit meiner Arbeit einen wichtigen Beitrag leiste.				
2. Für meine persönlichen und fachlichen Anliegen hat meine Führungskraft ein offenes Ohr.				
3. Meine Führungskraft fördert die Zusammenarbeit zwischen mir und meinen Kollegen.				
4. Die Ziele meiner Arbeit werden klar vereinbart.				
5. Alle Informationen, die ich zur Erfüllung meiner Aufgaben brauche, bekomme ich rechtzeitig von meiner Führungskraft.				
6. Meine Führungskraft würdigt gute Leistungen.				
7. Bei Fehlern kritisiert meine Führungskraft nicht nur, sondern zeigt mir Lösungsansätze auf.				
8. Meine Führungskraft akzeptiert Kritik und kann eigene Fehler und Schwächen zugeben.				
9. Ich kann mich zu Fehlern offen bekennen.				
10. Meine Führungskraft ermöglicht zügige Entscheidungen.				
11. Meine Führungskraft spricht Konflikte offen an und setzt sich für konstruktive Lösungen ein.				
12. Meine Führungskraft unterstützt meine Qualifizierung und Weiterentwicklung bei Bedarf.				

Arbeitsblatt für ein Teamcoaching zum Schulprogramm

1. Welche Kennzeichen hat Ihre Schule? (Besonderheiten)

____

____

2. Worin liegen Stärken und Schwäc hen Ihrer Schule?

☺	☹
☺	☹
☺	☹
☺	☹

3. Was wollen Sie mit Blick auf den *Unterricht* in den nächsten 1-3 Jahren verändern und woran wollen Sie den Erfolg *messen*?

⇨	✓
⇨	✓
⇨	✓

4. Was wollen Sie mit Blick auf das *Schulleben* in den nächsten 1-3 Jahren verändern und woran wollen Sie den Erfolg *messen*?

⇨	✓
⇨	✓
⇨	✓

5. Über welche Initiativen und Organisationsformen könnten das Kollegium, die Schülerinnen und Schüler und die Eltern in die Erarbeitung des Schulprogramms einbezogen werden?

- ____
- ____

6. Welches sind Ihre nächsten Schritte?

- ____

Effizienz – Budgetierung, Arbeitszeitmodelle, Zeitmanagement

Budgetierung

Effizienz

Effizienz basiert auf dem Prinzip Ressourcen zielorientiert und angemessen einzusetzen: Sparsamkeit im Umgang mit den vorhandenen Ressourcen ist ein generelles Gebot des Managements. Hohe Effizienz ist bei einem optimalen Nutzen der eingesetzten Mittel erreicht. Verschwendung, Reibungsverluste, doppelt ausgeführte Arbeiten und so weiter sind Zeichen eines uneffizienten Managements. Wichtige *Effizienzfaktoren* sind

- Zeit,
- Personal,
- Sachmittel,
- Räume und
- Energie.

In diesem letzten Teil des Buches stellen wir Leitideen und praktische Hilfen für das Finanz- und Zeitmanagement dar.

Budgetierung

Budgetierung beschreibt eine Finanzierungsform, bei der ein Unternehmensbereich oder eine Schule mit bestimmten pauschalisierten Geldmitteln im Rahmen vereinbarter oder vorgegebener Ziele eigenständig wirtschaftet. Eine für Schulen sehr weitgehende Variante ist die aus den Niederlanden und aus angelsächsischen Ländern bekannte *lump-sum*-Finanzierung, bei der die Schulen für die Sach- und Personalmittel einen bestimmten Pauschalbetrag erhalten, über den sie verfügen; darüber hinaus können die Schulen auch zu Eigentümern der Gebäude werden.
Für deutsche Schulen ist Budgetierung durch die Teilung in die innere und äußere Schulverwaltung begrenzt. Die *staatliche Schulaufsicht* regelt alle „inneren“ Angelegenheiten, wozu die personelle und pädagogische Ausgestaltung der Schulen gehört (Lehrerausbildung, -einstellung, -besoldung, Schulgesetze, Schulverwaltungsgesetze, Lehr-, Bildungs- und Rahmenpläne). Die Schulträger (Gemeinden, Städte, Kreise) sind verantwortlich für die Einrichtung, Organisationsänderung und Aufhebung der Schulen. Zur äußeren Schulverwaltung gehört unter anderem die Errichtung von Gebäuden und die Gestaltung des Geländes, die Ausstattung der Schulen mit Lehrmitteln, die Bereitstellung von Mitteln zum Unterhalt der Gebäude, Einrichtungen und Anlagen sowie die Anstellung oder Finanzierung von Verwaltungspersonal und Hilfskräften.
Diese getrennte Steuerung der Personal- und Sachmittel, die das Verwaltungspersonal einschließen, erschwert die Gesamtverantwortung für eingesetzte Ressourcen und Substitutionsüberlegungen. Auf der Schulträgerebene können Entscheidungen getroffen

werden, ohne dass die entsprechenden personellen Konsequenzen abgesichert sind. Insgesamt engt dieses getrennte Steuerungssystem den Gestaltungsspielraum vor Ort erheblich ein. Die Alternative ist ein *System dezentraler Ressourcensteuerung* im Rahmen der Pauschalfinanzierung, durch das die Trennung der Zuständigkeiten für Personal- und Sachmittel aufgehoben würde. Die Verantwortung für den Mitteleinsatz läge bei einem solchen System auf der Ebene der Schulträger und der Einzelschule.

Einerseits ist eine erweiterte finanzielle Autonomie eine zentrale Voraussetzung für größere Eigenständigkeit von Schulen. Andererseits ist eine solche Entwicklung mit Gefahren verbunden, denen durch entsprechende Regelungen

Vorteile und Probleme größerer finanzieller Autonomie	
+ Der sorgsame Einsatz von Ressourcen wird gefördert, Verschwendung vermieden. Verantwortungsvoller Umgang mit Mitteln wird zentrales Thema einer Schule und auch zu einem Erziehungsziel.	– Die Schulen profitieren nicht von Einsparungseffekten, die womöglich zu einer Reduzierung des Globalbudgets für Schulen führen.
+ Schulen erhalten einen größeren finanziellen Spielraum, indem sie Mittel ansparen, neue Mittel durch Bildungsangebote erschließen und diese entsprechend den jeweiligen Zielen einsetzen.	– Die soziale Differenzierung der Schulen wird drastisch vergrößert. Es kann zu erheblichen Nachteilen für bestimmte Schultypen und Schulen beispielsweise in sozialen Brennpunkten kommen.
+ Die Identifikation der an Schule Beteiligten wächst deutlich durch Mitentscheidungsmöglichkeiten über den Einsatz der Ressourcen.	– Die Mittelverteilung innerhalb einer Schule führt zur Benachteiligung bestimmter Fächer, Lehrer und Lerngruppen.
+ Zusätzliche Mittel durch Sponsoring.	– Verstärkte Abhängigkeit von privaten Geldgebern.

bewusst entgegengesteuert werden sollte:

Budgetierung an deutschen Schulen ist wegen der getrennten Mittelzuweisung zunächst vor allem auf die äußere Schulverwaltung bezogen, indem Schulen größere Befugnisse im Umgang mit den finanziellen Ressourcen erhalten. Dazu gehören beispielsweise die folgenden Verfahren und Instrumente:

- Zusammenfassung verschiedener Haushaltsstellen zu Budgets,
- erweiterte Deckungsfähigkeit zwischen verschiedenen Haushaltsstellen,
- selbstverantwortliche Bewirtschaftung der Lehrmittel und anderer Budgets,
- Verantwortung für die bauliche Unterhaltung des Gebäudes,

- Möglichkeiten, Verwaltungsmittel anzusparen und ins nächste Haushaltsjahr zu übertragen,
- Entbürokratisierung des Bestellwesens,
- Erweiterung der Rechtsfähigkeit des Schulleiters,
- „fifty:fifty"-Programme, bei denen Schulen an der Einsparung von Energieausgaben beteiligt sind.

Darüber hinaus sind Schritte zur Aufhebung der getrennten Mittelzuweisung und -verantwortung für eine größere Eigenständigkeit von Schule wichtig:

- *Geld* statt *Stellen-Programme*, bei denen Schulen finanzielle Ressourcen für pädagogisches Personal oder für die Vergütung von nebenamtlichen Tätigkeiten beziehungsweise Mehrarbeit erhalten.
- *Pauschalbudgets* mit der Möglichkeit partieller Substitution von Sach- und Personalmitteln. Das Pauschalbudget müsste den Schulen ein Grundbudget für Personal- und Sachausgaben über mehrere Jahre hinweg sichern. Die Kriterien sollten öffentlich bekannt sein und eine Kombination aus verschiedenen Faktoren beinhalten, die eine Qualitätssicherung der Schule ermöglichen. Die Kopplung an Schülerzahlen könnte zu einem Bestandteil der Budgetzuweisung werden.
- Zusätzlich zur Sicherung des Angebots durch ein Grundbudget sollte es regionale *Entwicklungsfonds* und andere öffentliche Ressourcen geben, um die Schulen miteinander in Wettbewerb treten.
- Zum Ausgleich besonderer Belastungen oder Benachteiligungen zum Beispiel von Schulen in sozialen Brennpunkten bedarf es entsprechender *Förderprogramme.*
- Schulen sollten darüber hinaus die Möglichkeit erhalten in bestimmten Grenzen *private Mittel* einzuwerben und Leistungen auf dem Bildungsmarkt zu verkaufen.
- Eine derartige Dezentralisierung ist untrennbar mit dem Aufbau eines *Berichts-* und *Controllingwesens* verbunden, in dem die Schulen Rechenschaft über die verausgabten Mittel, die Zwecke und die Resultate ablegen.

Dezentrale Ressourcenverantwortung

Ein erster Schritt in Richtung dezentrale Ressourcenverantwortung ist, die bislang für die Schulen geltende Anzahl von Haushaltsstellen im Verwaltungshaushalt drastisch zu verringern, wobei gegenseitige Deckungsfähigkeit gilt. Damit erhielte die Schulverwaltung – wie seit 1995 in Frankfurt praktiziert – ein disponibles Globalbudget zum Beispiel mit den Bereichen:

- Einrichtungsgegenstände, Betriebsgeräte, Lehrmittel und Ähnliches (Unterhaltung von Einrichtungsgegenständen, Betriebsgeräten, Lehrmittel, Lehrer- und Schülerbücherei, Beschäftigungsmittel für Vorklassen).
- Hygiene, Schutzkleidung und Ähnliches (Reinigung von Inventar, Reinigungsmaterial, Beschaffung und Reinigung von Dienst- und Schutzkleidung, Körper- und Gesundheitspflege).
- Geschäftsbedarf (Büromaterial, Fotokopien für den Verwaltungsbereich).

Jede Schule erhielte für diese Bereiche zusammengefasst ein Jahresbudget, wobei die Buchung bereichsweise erfolgen könnte unter der Voraussetzung gegenseitiger Deckungsfähigkeit. Die Schule dürfte das Budget nicht überschreiten, sie könnte jedoch nichtverausgabte Mittel auf das Folgejahr übertragen.

Eine andere, von Schulen in Bremen praktizierte Möglichkeit ist, verschiedene Haushaltpools („Töpfe") zu bilden, die je nach Wahl der Schule eigenverantwortlich verwaltet werden. Dazu gehören:

- Lehr- und Lernmittel,
- kleiner Baufond für Kleinreparaturen und Wartung,
- Inventar (Ausstattung mit Tischen und Stühlen),
- Geschäftsbedarf (Verwaltungsbetrieb),
- Fortbildung,
- Energie,
- Müllentsorgung und Grundstückspflege.

Exkurs: Controlling in Unternehmen
Controlling sorgt dafür, dass jede Führungskraft sich selbst kontrollieren kann im Hinblick auf die von der Geschäftsführung gestellten Ziele. Der Begriff Controlling kommt aus dem Angelsächsischen: *to control* bedeutet steuern oder regeln und hat mit Kontrolle im Sinne von Fremdkontrolle nur in zweiter Linie etwas zu tun. Selbstkontrolle bedarf gestellter Ziele, die es wiederum nur gibt, wenn eine Planung vorhanden ist und über diese Planung Maßstäbe für eine Selbstkontrolle gesetzt sind. Das Controlling spielt sich in der Praxis als Soll-Ist-Vergleich von Zahlen und qualitativen Zielen ab. Ziele sollten quantifizierbar sein. „Kostensparen" ist hingegen kein Ziel, sondern ein Appell. Kernbestand des Controllings ist die *Planung* und der *Soll-Ist-Vergleich.* Unternehmensplanung legt fest, was getan werden soll in den nächsten Planungsperioden (meist Jahren). Planung geht also über Prognose hinaus, weil sie eine Willenserklärung beinhaltet.
Praktisch erfolgt der Einstieg in die Jahresplanung über eine differenzierte Planung des Absatzbereichs: Welche Stückzahlen welcher Produkte können zu welchen Preisen abgesetzt werden? Welche variablen Kosten sind mit diesen Produkten verbunden? Variabel im Sinne einer Abhängigkeit von der produzierten Stückzahl (Output) sind zum Beispiel Materialkosten, Energiekosten, Fertigungslöhne oder Transportkosten. In einem letzten Schritt werden die sogenannten Strukturkosten, also Output unabhängige („fixe") Kosten, geplant, die zur Leistungserstellung notwendig sind. Diese Kosten dokumentieren sich in Detailplänen für einzelne Abteilungen.
Der Planungsprozess für das folgende Kalenderjahr beginnt in den meisten Unternehmen im September des laufenden Jahres. Tatsächlich findet die Planung der Einzelpläne nicht hintereinander, sondern simultan statt. Stets ist vom Controlling zu überprüfen, ob das operative und strategische Gesamtziel des Unternehmens, gesetzt durch die Geschäftsführung oder den Vorstand bzw. den Unternehmer, durch die laufende Planung auch erreicht werden kann.

Diese Planungsrechnung wird auch „Budget" genannt. Sie beinhaltet jeweils Maßnahmeplanungen zur Erreichung der gesetzten Planziele. In der laufenden unterjährigen dispositiven Planung, die sich aus dem Soll-Ist-Vergleich der Planung mit den Ergebnissen ergibt, werden Korrekturmaßnahmen abgeleitet. Planung und Improvisation sind also keine Gegensätze.

Mit dem Budget werden einzelne Erlös- und Kostenpositionen verantwortlichen Managern zugewiesen. Sie erhalten „ihre Budgets". Im laufenden Soll-Ist-Vergleich wird der „Management-Erfolg" gemessen. Dieser ergibt sich mindestens aus einer Einhaltung des Budgets bzw. einer positiven Planabweichung (Übererfüllung).

Im Rahmen des eigenen Budgets ist der verantwortliche Manager in der Regel frei in der Wahl der Mittel: zweckmäßiger Einsatz des Werbebudgets, einzelne Personalentscheidungen, Investitionen bis zu einer definierten Höhe, Maßnahmen der Instandsetzung etc. liegen in seiner Kompetenz.

Wichtig auch für den öffentlichen Bereich: Das sogenannte *Zero Base-Budgeting* versucht, gegenwärtige und vergangene Budgets nicht einfach in die Zukunft zu extrapolieren, sondern das Management zu zwingen, durch detaillierte Maßnahmeplanung einzelne Kostenpositionen von unten nach oben zu begründen. Beispiel: nicht einfache Fortschreibung des Werbebudgets in Höhe von „5% des Umsatzes", sondern Aufstellung eines Werbeplans, der mit konkreten Einzelmaßnahmen (Messen, Anzeigen etc.) und deren Einzelkosten gefüllt ist.

Zero Base-Budgeting entwickelt ferner für die sogenannten fixen Kosten Standards of Performance, die zum Teil aus eigenen Erfahrungen, zum Teil aus Benchmarking-Daten, also Vergleichszahlen aus der Industrie, gewonnen werden.

Damit wird eine Verbindung zwischen Kosten und dem erreichten Niveau der administrativen Vorgänge hergestellt und somit die Basis für Kostensenkung (und Qualitätsverbesserung) gelegt. Zum Beispiel wird sichtbar, was eine einzelne Personallohnbuchung kostet. Solche Berechnungen können auch Ansatzpunkt von Überlegungen sein, Teile des administrativen Prozesses aus dem eigenen Unternehmen auszulagern (Buchhaltung, EDV, Instandhaltung ...) und sie einem professionellen (das heißt auch kostengünstigeren) Partner zu übertragen (sogenanntes Outsourcing).

Das Darmstädter Budgetierungsmodell

Praxisbeispiel von *Michael Hüttenberger*

Wenn es in der Schule um Geld geht, wird es eindeutig, und eindeutig ist aus Sicht der Schulen auch, dass sie immer zu wenig Geld haben. Ein im Grunde größeres Problem ist allerdings, dass es kaum kompliziertere Strukturen als die eines Schulhaushaltes gibt: Er speist sich aus unterschiedlichen Töpfen und unterliegt jeweils unterschiedlichen Ausgaberichtlinien. Dabei sind Ausgabefristen zu beachten: Mittelverfallsdaten begünstigen fieberhafte Bestellaktivitäten. Die Überwachung der Haushalte erfordert häufig eine Buchführung fern ab jeder schulbezogenen Pragmatik.

Haushaltsfragen sind für jede Schulleitung eine Herausforderung: Die Neigung, sie außerhalb der schulischen Öffentlichkeit zu regeln, hat weniger mit der Abwehr kollegialer Partizipationsansprüche zu tun, als vielmehr mit Vermittlungs- und Strukturproblemen.

Wie kompliziert schulische Haushaltsstrukturen sind, verdeutlicht eine Analyse der Erich Kästner-Schule in Darmstadt-Kranichstein. Diese Schule umfasst eine 6-zügige Grundschule mit Vorklasse und eine 3-zügige Integrierte Gesamtschule im Aufbau. Die Daten und Zahlen beziehen sich auf das Haushaltsjahr 1998:

Der Schulhaushalt speist sich aus mehreren Töpfen. Der größte Geldgeber ist der Schulträger, in diesem Fall die Stadt Darmstadt. Deren Zuwendungen unterteilen sich in den Verwaltungshaushalt sowie den Vermögenshaushalt und sind jeweils budgetiert.

Die Mittel des Landes Hessen werden jährlich per Erlass festgelegt. Dabei werden Einzelbeträge pro Schüler festgesetzt, die abhängig sind von Jahrgangsstufe und Schulform. Als Bemessungsgrundlage der Zuweisung für das neue Schuljahr gilt die in der amtlichen Statistik festgestellte Schülerzahl des aktuellen Schuljahres. Der so entstehende Gesamtbetrag kann auf besonderen Antrag aufgestockt werden, wenn dies im Einzelnen begründet wird. Dies ist insbesondere der Fall bei Schulen im Aufbau oder bei starken Schwankungen der Jahrgangsbreite.

Drittmittel entstehen durch Sponsoring, Spenden von Schulelternbeirat und Schulförderkreis, Zuweisungen von Sondermitteln des Landes, Wettbewerbsgewinne und durch Zuzahlungen

Der Haushalt der Erich Kästner-Schule

Rückstellungen der Schule	Drittmittel Eltern	Mittel vom Land Hessen	Mittel von der Stadt Darmstadt	
			Verwaltungs-haushalt	Vermögens-haushalt
7 072 DM	7 000 DM	34 372 DM	51 193 DM	8 550 DM

der Eltern. So zahlen an der Erich Kästner-Schule die Eltern für ihr Kind einen jährlichen Pauschalbetrag. Dieser Betrag wird zur zentralen Bewirtschaftung von Verbrauchsmaterialien verwendet, die ansonsten einzelfallbezogen im jeweiligen Unterricht abgerechnet werden müssten (zum Beispiel im Kunstunterricht für Werkstoffe).

Rückstellungen aus dem abgelaufenen Haushaltsjahr sind erst mit der Einführung der Budgetierung möglich geworden. Dabei kann die Schule Gelder für das nächste Haushaltsjahr ansparen, um größere Anschaffungen vorzunehmen.

Struktur der Haushaltsposten			
Pädagogische Verwendung	Bauunterhaltung, Geschäftsbedarf, Reinigung	Möblierung	Kopien, Reparaturen, Kleingeräte, Sport- und Musikgeräte ...

Zur Zeit werden Maßnahmen zur Bauunterhaltung und Energiebewirtschaftung vom Schulträger zentral gesteuert, die Gebäudereinigung aber noch separat verrechnet. Hausmeister und Sekretärinnen werden als städtische Bedienstete vom Schulträger bezahlt, die Lehrkräfte vom Land direkt besoldet.

Deshalb steht im Mittelpunkt der schulinternen Haushaltsführung die pädagogische Verwendung. Diese umfasst alle Lehr- und Unterrichtsmittel von Schulbüchern, Kopien, Karteien, Anschauungsmaterialien bis zu Computern, Musikinstrumenten, Sportgeräten, Overhead-Projektoren und Stellwänden. Auch die Neu- und Ersatzbeschaffung von Möbeln, kleinere Reparaturen und Ähnliches sowie der schulische Geschäftsbedarf werden über den schulischen Haushalt abgewickelt.

Haushaltsplanung

Bestimmte Ausgaben sind vertraglich festgelegt (zum Beispiel Kopierer-Leasing) oder auf Grund langjähriger Erfahrungswerte bezifferbar (Reparaturen, Ersatzbeschaffungen). Weiterhin können durch äußere Vorgaben bestimmte Ausgaben nötig werden, die die gestaltbaren Ausgabemöglichkeiten verringern (zum Beispiel der Austausch von Mobiliar auf Grund veränderter Sicherheitsrichtlinien). Diese weitestgehend unbeeinflussbaren Positionen werden von der Schulleitung in den Haushaltsplan eingebracht.

Für den gestaltbaren Ausgabenbereich erarbeiten und koordinieren die Lehrerinnen und Lehrer in den einzelnen Jahrgängen insbesondere für die pädagogischen Mittel Prioritätenlisten. Um den Bedarf vollständig zu erfassen, gibt es dabei planerisch keine Ausgabenbegrenzung. Diese jahrgangsbezogenen Anschaffungsvorstellungen werden von den Fachkonferenzen abgeglichen. Darüber hinaus verfügen die Jahrgänge und Fachbereiche über festgesetzte Verbrauchsbudgets. Die Gesamtkonferenz beschließt über die Prioritätenliste und die Verbrauchsbudgets. Die Schulleitung legt dann den Entwurf des gesamten Haushaltsplanes der Schulkonferenz zur Verabschiedung vor.

Haushaltsumsetzung

Bei der Umsetzung des Haushaltes müssen die bis dahin ausschließlich nach schulischen Bedarfskriterien geplanten Ausgaben haushaltstechnisch zurücksortiert werden. Dabei sind die entsprechenden Haushaltsrichtlinien zu beachten. Landesmittel können ausschließlich für pädagogische Arbeitsmaterialien wie Schulbücher oder Ähnliches und in begrenztem Umfang für Verbrauchsmaterialien eingesetzt werden. Aus Mitteln des Schulträgers dürfen nur pädagogische Anschauungsmaterialien, nicht aber Arbeitsmaterialien für die Hand des einzelnen Kindes angeschafft werden. Über die Verwendung von Sonderzuweisungsmitteln ist gegebenenfalls gesondert zu berichten. An der Erich Kästner-Schule liegt deshalb das gesamte Bestellwesen in der Hand der Schulleitung. Nur so ist es möglich, die sachlich notwendigen und im Haushaltsplan beschlossenen Anschaffungen auch haushaltstechnisch abzuwickeln. Dabei werden zunächst die Haushaltsmittel mit den engsten Richtlinienvorgaben verausgabt. Die relativ flexibel und frei einsetzbaren Drittmittel dienen dabei als Puffer für nicht den Richtlinien gemäß darstellbare Ausgaben. Die Prioritätenlisten werden sukzessive abgearbeitet. Der Vollständigkeitsgrad ihrer Abwicklung ist abhängig von der Höhe der akquirierten Drittmittel.

Da die einzelne Schule nicht rechtsfähig ist, verfügt auch die Erich Kästner-Schule über kein eigenes Konto. Alle Zahlungen werden über das städtische beziehungsweise das staatliche Schulamt (Landesmittel) getätigt und mittels sogenannte Haushaltsüberwachungslisten überprüft. Die Drittmittel werden über das Konto des Elternbeirates beziehungsweise des Schulförderkreises buchungstechnisch abgewickelt.

Schulhaushalt und Budgetierung

Für die Zukunft wäre zu fordern: Alle Beträge, die der Schule aus den unterschiedlichen Anspruchsgrundlagen zustehen, ob Landesmittel, städtischer Verwaltungs- oder Vermögenshaushalt, Sonderzuweisungen oder Drittmittel aller Art werden der Schule auf ein Konto gutgeschrieben. Die Schule verausgabt diese Gesamtmittel nach den Grundsätzen ihres Haushaltsplanes und ist verpflichtet darüber entsprechend Buch zu führen.

Eine so weitgehende Budgetierungspraxis gibt es sicherlich an keiner öffentlichen Schule. Solange den Schulen Gelder aus unterschiedlichen Haushaltstöpfen zur Verfügung stehen, werden getrennte Abrechnungsverfahren notwendig sein. Bevorteilt sind dabei die Stadtstaaten, da hier das Bundesland gleichzeitig Schulträger ist und die Unterscheidung zwischen städtischem Haushalt und Landeshaushalt entfällt.

In Hessen sind die Landesmittel im Grunde budgetiert, die Mittel können zwar jedem einzelnen Schüler zugeordnet werden, sie stehen jedoch als Gesamtbudget zur Verfügung. Die Schule

hat weitestgehende Entscheidungsfreiheit bei ihren Ausgabenschwerpunkten.
Inzwischen haben viele Schulträger die strengen Grundsätze kameralistischer Haushaltsführung zugunsten der Budgetierung zurückgestellt. So hat auch die Stadt Darmstadt als Schulträger an den Darmstädter Schulen die Budgetierung eingeführt.
Auf den einfachsten Nenner gebracht meint *Budgetierung* hier die Zusammenfassung einzelner Haushaltsstellen zu einem Gesamtbudget. Die Budgetierung bezieht sich sowohl auf den Verwaltungs- als auch auf den Vermögenshaushalt. Beide Haushalte bleiben aber voneinander getrennt, wobei Mittel aus dem Verwaltungshaushalt auf den Vermögenshaushalt übertragbar sind. Der umgekehrte Weg ist in Darmstadt nicht zulässig.
Die Budgetierungsvereinbarung ist verbunden mit zwei politischen Zusagen: *Erstens* werden die Ansätze der budgetierten Haushaltsstellen zu 100% freigegeben und unterliegen keiner Haushaltssperre; *zweitens* können alle Restmittel ohne Abzug in das nächste Haushaltsjahr übertragen werden.
Bei der Haushaltsabwicklung gilt folgender Grundsatz: Die Schulen bestellen selbstständig bei der von der Beschaffungsstelle oder der von der Abteilung Schulausstattung des Schulamtes durch Ausschreibung ermittelten Firma. Sollten Schulen einzelne Dinge günstiger als zu den allgemeinen Konditionen anschaffen können, ist dies gestattet.
Folgende Haushaltsstellen sind in Darmstadt zu einem Verwaltungshaushaltsbudget zusammengefasst, werden nicht mehr einzeln beziffert und sind den Schulen zur Bewirtschaftung zur Verfügung gestellt:

- Unterhaltung des Büro- und Betriebsinventars,
- Anschaffung geringwertiger Wirtschaftsgüter,
- Verbrauchsmaterial,
- Lehr- und Unterrichtsmittel,
- Kopierkosten,
- Schulsportfeste und -mittel,
- Geschäftsbedürfnisse,
- Rundfunkgebühren.

Im Rahmen des Budgets entfallen damit Umbuchungsvorgänge und entsprechende Übertragungsanträge zwischen den einzelnen Haushaltsstellen. Bei der Führung der Haushaltsüberwachungslisten müssen die einzelnen Ausgabepositionen allerdings den Haushaltsstellen sachlich zugeordnet werden, was den bürokratischen Aufwand entsprechend erhöht.
Alle anderen die Schule betreffenden Haushaltsstellen (Energiekosten, Telefon, Bauunterhaltung ...) werden nach wie vor von den zuständigen Ämtern zentral bewirtschaftet. Die Haushaltsstelle Reinigung gehört formal zum Budget, die vertraglichen Verpflichtungen werden aber vom Schulamt abgewickelt. Ausnahmeregelungen gelten nur für die wenigen Schulen, die am „Modellversuch Eigenreinigung“ beteiligt sind.
Die Mittel dieser Verwaltungshaushaltsstellen werden nach folgenden Schlüssel aus dem vom Stadtparlament beschlossenen Gesamtansatz verteilt und den einzelnen Schulen anteilig zugewiesen:

- 10% der Haushaltsmittel bilden den Sockelbetrag,
- 40% werden nach dem Schülerfaktor,
- 20% nach dem Klassenfaktor,
- 15% nach dem Lehrer-Soll- und
- 15% nach dem Raumfaktor verteilt.

Die zur Verfügung gestellten Gesamtmittel des Vermögenshaushaltes werden nach folgendem Schlüssel für allgemeinbildende Schulen zugewiesen:

- Jede Schule erhält einen Sockelbetrag von 2500 DM.
- Der Rest wird zu $^{2}/_{3}$ nach dem Klassenfaktor und zu $^{1}/_{3}$ nach dem Raumfaktor zugewiesen.
- 15% werden als Reserve für Unvorhergesehenes beim Schulamt zurückgehalten. Nicht benötigte Reservemittel werden in das nächste Haushaltsjahr übertragen und erhöhen das Gesamtbudget.

Die Verteilerschlüssel wurden in Darmstadt von einer „Arbeitsgruppe Budgetierung" erarbeitet. Dieser Gruppe gehören neben Mitarbeitern des Schulamtes jeweils ein Schulleiter als Vertreter der einzelnen Schulformen an. Dieser Arbeitsgruppe obliegt auch die Entscheidung über die Verteilung der einbehaltenen Reservemittel für Unvorhergesehenes. Außerdem soll sie in regelmäßigen Abständen die Tauglichkeit der Verteilerschlüssel überprüfen und Vorschläge unterbreiten zum Beispiel zur Einbeziehung weiterer Haushaltsstellen ins Budget. Die bisherigen Erfahrungen mit dem Faktorenmodell zeigen, dass es in Darmstadt bislang offenbar gelungen ist, einen finanziellen Interessenausgleich zwischen den allgemeinbildenden Schulen zu erzielen.

Fazit

Die Budgetierung an Schulen ist ein Schritt in die richtige Richtung. Er führt weg vom kameralistischen System der Haushaltsführung hin zu angemesseneren und flexibleren Strukturen. Innerhalb der verschiedenen Budgetierungsmodelle gibt es noch ungenutzte Möglichkeiten zur Vereinfachung von Verwaltungsabläufen. Das Umdenken hat begonnen. Zu umfassenden Budgetierungsverfahren ist es allerdings noch ein weiter Weg.

Flexible Arbeitszeitmodelle

In mehreren Bundesländern hat die Diskussion über neue Arbeitszeitmodelle begonnen. In Bremen wurden bereits verschiedene Modelle an einigen Schulen erprobt. Im Zentrum der Überlegungen stehen folgende Varianten:

- *Lebensarbeitszeitkonten:* Mehrarbeit in Zeiten erhöhter Schülerzahlen wird in späteren Jahren durch entsprechend geringere Arbeitszeiten kompensiert.
- *Sabbaticals:* In 7 Jahren erhält der Beschäftigte 6/7 des Gehalts und kann 1 Jahr während dieser Zeit Urlaub nehmen.
- *Jahresarbeitszeitkonten:* Die Gesamtsumme der Jahresarbeitszeit wird berechnet und den verschiedenen Arbeitsbereichen des Lehrers zugeordnet.

Vor- und Nachteile der Pflichtstundenregelung

Die Pflichtstundenregelung ist seit einiger Zeit in die Kritik geraten. Doch sollte bei Veränderungen von Arbeitszeitregelungen bedacht werden, dass die Pflichtstundenregelung auch eine Reihe von positiven Aspekten besitzt:

Pflichtstundenregelung	
Vorteile	**Nachteile**
+ Die Planung und Kontrolle der Pflichtstunden ist einfach und unbürokratisch zu handhaben.	– Die gesamte Arbeitszeit bleibt für die Öffentlichkeit intransparent, was leicht zum Vorurteil des Lehrers als „Halbtagsbeschäftigten mit vollem Lohn" führt.
+ Die festgelegte Arbeitszeit ist für Beschäftigte und Arbeitgeber leicht übersehbar.	– Da die Realisierung der nichtunterrichtlichen Arbeitszeit intransparent ist, können erhebliche Belastungsunterschiede innerhalb der Kollegien entstehen mit der Folge einer ungerechten Arbeitsverteilung.
+ Die Pflichtstundenregelung eröffnet relativ große individuelle Gestaltungsspielräume und Zeitsouveränität.	– Der Schultag, die Didaktik und Methodik werden nach dem 45-Minuten-Rhythmus ausgerichtet.
+ Die Beschäftigten besitzen klar definierte Grenzen mit Blick auf den Hauptbelastungsfaktor, den Unterricht.	– Ein flexibler Einsatz der Beschäftigten ist erschwert u.a. mit der Folge von Unterrichtsausfällen. Freistunden durch abwesende Klassen, letzte Schultage u.a. werden häufig nicht kompensiert.

Natürlich lassen sich weitere Problematiken der Pflichtstundenregelung aufzeigen. Das gilt insbesondere für die Gewichtung von Fächern mit Blick auf die Vor- und Nachbereitungszeiten. Diese Problematik, die Anfang der 70er Jahre bereits Gegenstand der Knight-Wegenstein-Studie war, betrifft ebenso neue Arbeitszeitmodelle. Allerdings ermöglichen flexible Arbeitszeitmodelle im unten stehenden Sinne größere Möglichkeiten auch in dieser Frage Belastungsausgleiche innerhalb eines Kollegiums zu finden.

Pädagogisches Konzept und flexible Arbeitszeitmodelle[1]

Die Diskussion über Arbeitszeitmodelle für Lehrer ist Bestandteil einer generellen Debatte über Arbeitszeit: Konzepte der Mobilzeit, der flexiblen Standardarbeitszeit oder der Wahlarbeitszeit lösen in verschiedenen Unternehmen tradierte Formen der Voll- bzw. Teilzeitarbeit nach Stechuhr ab. Eine zentrale Frage ist die der *Effizienz* von Arbeit. Kritiker solcher Modelle sprechen von Leistungsverdichtung. Befürworter verweisen auf den Abbau unnötiger Arbeitsabläufe und auf größere Freiräume für die Mitarbeiter.

In der Debatte über Arbeitszeitmodelle im Schulwesen geht es nicht allein um neue Verrechnungsmodelle. Es besteht vielmehr ein enger Zusammenhang zwischen den jeweiligen Schulprogrammen und neuen Arbeitszeitmodellen. Reformen von Schulen sowie die Entwicklung spezifischer Profile verändern die Arbeitsarrangements und erfordern adäquate Arbeitszeitregelungen.

Im Zentrum von Schulreformen und den damit verbundenen Arbeitszeitmodellen steht der Unterricht. Unterricht ist für die meisten Schulformen der konstituierende Ort. Hier finden wesentliche Lern- und Erziehungsprozesse statt. Für die Lehrerarbeit ist Unterricht der entscheidende Bezugspunkt. Das jeweilige Verständnis von Unterricht hat weitreichende Folgen für das Schulleben und die konkreten Arbeitsabläufe an einer Schule.

Eine Reform des Unterrichts ermöglicht den Wechsel von belastenden und entlastenden Arbeitsphasen. Sicher könnte man einwenden, dass projektbezogene, kooperative und individuelle Lernformen in der ersten Zeit eine intensivere Vorbereitung durch die Lehrerinnen und Lehrer verlangen, vor allem, wenn neue Routinen erworben werden müssen. Solche Arbeitsweisen führen aber recht schnell zu einer deutlichen Entlastung bei der Arbeit, insbesondere dann, wenn mit anderen Kollegen kooperiert werden kann.

Grundlage für ein flexibles Arbeitszeitmodell ist die Bestimmung und Bewertung der zu leistenden Aufgaben in der Schule im Allgemeinen und im Unterricht im Besonderen. Der vorfindbare Istwert der Arbeitszeiten ist dabei nicht notwendigerweise als anzustrebender Sollwert anzusehen.

Ohne Aufgabenkritik und konkrete Zielvereinbarungen bleiben die Kriterien für die Verteilung von Arbeitszeiten

---

1 Vgl. zu den Ergebnissen des Modellversuchs in Bremen Riecke-Baulecke: Bericht an den Senator für Bildung, Bremen 1999 und Combe/Riecke-Baulecke (Hrsg.): Aufbruch in neue Zeiten. Schulreform durch neue Arbeitszeitmodelle? Beltz-Verlag: Weinheim 1997

und für notwendige schulinterne Belastungsausgleiche im Dunkeln.

Staatliche Vorgaben und Eigenständigkeit von Schulen

Neue Arbeitszeitmodelle müssen dem Anspruch genügen, mehr Flexibilität im Interesse aller an Schule Beteiligten zu ermöglichen. Bestimmte Probleme lassen sich nur schwer durch zentrale Vorgaben lösen – adäquate Antworten für spezifische Anforderungen an der jeweiligen Schule können vielfach nur direkt vor Ort gefunden werden. Einerseits bedarf es zentraler Rahmenbestimmungen, um Mindeststandards und Schutzbestimmungen festzulegen. Andererseits könnten flexible Arbeitszeitmodelle innerhalb gesetzlicher Rahmenbestimmungen erhebliche Entscheidungsspielräume eröffnen: Sie erhöhten die Möglichkeiten der Schulen, inhaltliche Schwerpunkte im Schulprogramm mit den entsprechenden Veränderungen der Arbeitsarrangements und Zeitszenarien zu verbinden. Gleichzeitig erhielten Schulen Anreize, sorgsam und reflexiv mit dem wertvollen Gut Zeit umzugehen.

Vorgaben durch Gesetze oder Verordnungen	**Gestaltungsspielraum der Einzelschule**
• Arbeitszeit des Lehrers (pro Jahr in Stunden) und Zeitbudget (Lehrerstunden pro Schule)	• flexible Arbeitszeitkonten mit Über- und Unterstunden in bestimmten Zeiträumen (Übertragung auf das folgende Schuljahr)
• Stundentafel (Unterrichtsansprüche)	• Art und Weise der Realisierung der Stundentafel (im Projektunterricht, mit veränderten Zeitrhythmen ...)
• Mindestanforderungen und Grenzen: Bandbreiten für die einzelnen Bereiche der Lehrer- und Schulleitungsarbeit	• Vereinbarungen über die konkrete Festlegung von Bandbreiten, über schulspezifische Belastungsausgleiche und individuelle Regelungen
• Festlegung inhaltlicher Mindeststandards	• Einsatz der Zeitkontingente für die Realisierung der Mindeststandards und die darüber hinausgehende Profilbildung, für besondere pädagogische Schwerpunkte

Arbeitszeitmodelle: Funktionen und Zusammenhänge

1 Transparenz nach außen: Lehrerbild	2 Transparenz nach innen: Gerechtigkeit	3 Wir und unsere Schule: Verantwortung für das Ganze
8 Effizienz: Prozessreflexion	**Arbeitszeit-modelle**	4 Verlässlichkeit: Unterrichtsausfall vermeiden
7 Effektivität: Ziel- und Inhaltsreflexion	6 Differenzierung: Fördern und fordern	5 Rhythmisierung des Schultages: Individualisierung

1. *Transparenz der Arbeitszeiten nach außen*
Mit neuen Arbeitszeitmodellen kann die Lehrertätigkeit in der Öffentlichkeit realistischer dargestellt und das Vorurteil, Lehrer arbeiteten nur halbtags für den vollen Lohn, korrigiert werden. Dies ist ein nicht zu unterschätzender Faktor für das Selbstbewusstsein und Selbstwertgefühl von Lehrern.

2. *Transparenz der Arbeitszeit nach innen*
Durch die Dokumentation von Arbeitszeiten, die über den Unterricht sowie die Vor- und Nachbereitung hinausgehen, kann innerhalb des Kollegiums für mehr Arbeitsgerechtigkeit oder entsprechende Belastungsausgleiche gesorgt werden. Dies betrifft sowohl die Frage nach der Beteiligung an der Organisationsentwicklung als auch den Vor- und Nachbereitungsaufwand für die verschiedenen Fächer oder pädagogischen Konzepte. Schulen sollten die Möglichkeit erhalten, Belastungsausgleiche für besonders aufwendige Tätigkeiten sicherzustellen, sofern diese einen wesentlichen Beitrag im Rahmen der Qualitätsentwicklung einer Schule darstellen.

3. *Verantwortungsübernahme für die Schule als Ganzes*
Neue Arbeitszeitmodelle beinhalten das Abgehen von der Einstellung „Ich und meine Klasse" hin zur Haltung „Wir und unsere Schule". Bandbreiten in den einzelnen Arbeitsbereichen erleichtern es, Wünschen nach weniger oder mehr Unterrichtszeit bzw. Schulentwicklungszeit nachzukommen. Dies gilt insbesondere für die Einbeziehung von Lehrern in das Schulleitungsteam.

4. *Verlässlichkeit durch Flexibilisierung*
Mit Hilfe von Zeitkonten wird ein bedarfsgerechter Einsatz der Lehrer erleichtert, sodass Unterrichtsausfall leichter vermieden und verlässliche Öffnungszeiten eher garantiert werden können.

5. *Rhythmisierung des Schultages*
Der Arbeits- und Lernrhythmus kann durch Zeitbänder flexibler gestaltet und

den Lehrinhalten sowie den Bedürfnissen der Lernenden angepasst werden.

6. *Differenzierung*
Die mit neuen Arbeitszeitmodellen verbundenen Veränderungen des Schultages erleichtern beispielsweise die Wochenplanarbeit sowie gezielte Förderangebote für leistungsschwächere und -stärkere Schüler.

7. *Reflexion der Effektivität*
Zentraler Punkt der Diagnose und Evaluation von Arbeitszeitmodellen ist die Überprüfung von Zielen und Inhalten der Unterrichts und die Frage, inwieweit diese realisiert werden.

8. *Reflexion der Effizienz*
Ist die eingesetzte Zeit in den verschiedenen Arbeitsbereichen den Resultaten angemessen? Welche überflüssigen oder zu aufwendigen Tätigkeiten gibt es bei der Arbeit? Um diese Frage geht es bei einer mit Arbeitszeitmodellen verbundenen Effizienzanalyse.

Das Jahresarbeitszeitmodell
Die genannten Zusammenhänge und Funktionen sind die Ausgangspunkte für das Jahresarbeitszeitmodell. Grundlage für dieses Modell ist die Addition aller zu leistenden Arbeitsstunden in einem Jahr, wobei die Maßstäbe des Öffentlichen Dienstes gelten, die je nach Bundesland unterschiedlich hoch sind: Zwischen 38 und 40 Stunden pro Woche.

Berechnung von Lehrerarbeitszeiten
entsprechend der Tarifverträge im Öffentlichen Dienst (hier: Beamte in Bremen)

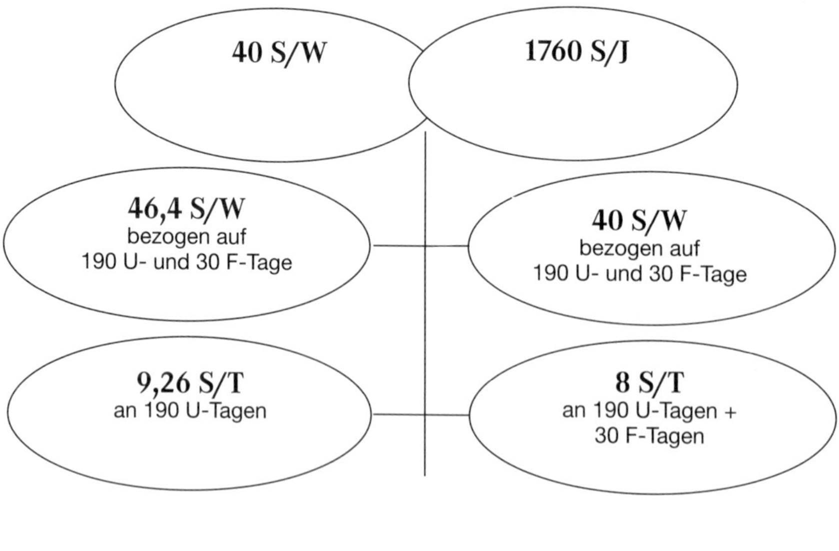

Berechnungsgrundlagen (Beispiel Beamte in Bremen):
40 Std./Woche entsprechen 1760 Std./Jahr. Diese ergeben sich wie folgt:

- 252 Arbeitstage pro Jahr minus 30 Tage Urlaub minus 2 flexible Tage = 220 Arbeitstage.
- 220 Arbeitstage pro Jahr geteilt durch 5 Tage pro Woche = 44 Arbeitswochen.
- 44 Arbeitswochen multipliziert mit 40 Std./Woche = 1760 Std./Jahr, wobei 1Std. = 60 Minuten ist.

1760 Std./Jahr können unterschiedlich auf die Unterrichts- und Ferienzeit verteilt werden.

Zwei Grenzbeispiele sind:

- *Keine Arbeit in den Ferien*
  gleichbedeutend mit
  9,26 Zeitstd./Tag an 190 Schultagen
  oder 46,4 Std./Woche

- *Arbeit an 24 Ferientagen*
  gleichbedeutend mit
  8 Zeitstd./Tag an 190 Schul- und
  30 Ferientagen (220 Arbeitstage)
  oder 40 Std./Woche

Je nach Schulstufe hat der Lehrer mit dem Unterricht 39-50% seiner Arbeitszeit ausgeschöpft.

Praktikabilität und Transparenz
Im Jahresarbeitszeitmodell wird die zur Verfügung stehende Arbeitszeit für die verschiedenen Bereiche der Lehrertätigkeit aufgeteilt. Dabei hat es sich als nicht praktikabel erwiesen, zahlreiche Teiltätigkeiten aufzulisten und zu dokumentieren, da dies – wie in Dänemark geschehen – zur Bürokratisierung der Arbeit führt.
Flexible Arbeitszeitmodelle müssen den Ansprüchen genügen,

- einfach strukturiert,
- leicht durchschaubar sowie
- mit wenig Aufwand umsetzbar zu sein.

Arbeitszeitmodelle müssen außerdem den jeweiligen Bedingungen der Schule entsprechen, und es bedarf immer einer bestimmten zumeist ein- bis dreijährigen Erprobungsphase, um ein maßgeschneidertes Modell zu finden. Die folgende Eckpunkte neuer Arbeitszeitmodelle sind also veränderbare und situativ anzupassende Größen.
Die Einzelaspekte der Lehrertätigkeit sollten in wenige Arbeitsbereiche zusammengefasst werden, wobei die Dokumentation der Arbeitszeiten in sehr unterschiedlicher Weise behandelt werden kann. Wir plädieren für Dokumentationsformen, die auf *Vertrauen* basieren und die gleichzeitig Transparenz über die Verteilung der Arbeit im Kollegium schaffen. Es ist durchaus sinnvoll, die Dokumentation beispielsweise der *Systemzeit* zunächst auf einen bestimmten Zeitraum (1 Halbjahr) zu beschränken und dann neu zu entscheiden, inwieweit die Dokumentation fortgesetzt werden soll.

Arbeitsbereiche und flexible Bandbreiten[2]

Bereich 1: **Zeit mit Schülern**	**Bereich 2:** **Vor- und Nachbereitung**	**Bereich 3:** **Systemzeit**
Dazu gehören u.a. • Unterricht • Betreuung • Aufsicht • Beratung	Dazu gehören u.a. • inhaltliche und methodische Vorbereitung • Erstellung von Arbeitsmaterialien • Korrekturen	Dazu gehören u.a. • Absprachen im Kollegium • Konferenzen • Schulentwicklung • Zusammenarbeit mit Eltern und außerschulischen Einrichtungen • Fortbildung

Diese Bereiche werden je nach Schulstufe in unterschiedliche Bandbreiten aufgeteilt:

	Bereich 1: **Zeit mit Schülern**	**Bereich 2:** **Vor- und Nachbereitung**	**Bereich 3:** **Systemzeit**
Primarstufe	45-50 %	25-30 %	30-20 %
Sekundarstufe I	42-47 %	29-35 %	29-18 %
Sekundarstufe II	39-45 %	32-38 %	29-18 %
Dokumentation **(Möglichkeiten)**	über den Stundenplan gesetzt – Abweichungen werden von der Schulleitung notiert	pauschalisiert - kein Nachweis	individuelles Arbeitszeitkonto – vom Lehrer dokumentiert

2 Die Zahlen basieren unter anderem auf dem Bremer Arbeitszeitaufteilungsgesetz vom 27.5.1997. Einen wesentlichen Beitrag zur Ausarbeitung neuer Arbeitszeitmodelle und dieses Gesetzes hat der Kollege André Schulz, Referent beim Senator für Bildung in Bremen, geleistet. Die Bandbreiten wurden im Ergebnis des Modellversuchs geringfügig erweitert (vgl. Riecke-Baulecke, a.a.O., S. 203).

Zeit mit Schülern:

- Diese Zeit ist so bemessen, dass die unteren Werte ungefähr den Zeiten der jeweiligen Pflichtstundenregelung entsprechen. Beispiel Bremen: Ein Lehrer in der Primarstufe unterrichtet 28 Pflichtstunden, das sind 21 Zeitstunden pro Woche. Bezogen auf die Wochenarbeitszeit von 46,4 Stunden machen die Pflichtstunden 45% der Arbeitszeit – also den unteren Wert der Bandbreite – aus.
- Demnach kann eine Schule nach einem neuen Arbeitszeitmodell vorgehen und den Stundenplan unverändert lassen.
- Der untere Wert der Bandbreiten ist nicht ausreichend, wenn – wie in Bremen der Fall – die Bandbreiten für das gesamte Kollegium einschließlich Schulleitung gelten, sodass die Zeit für Schulleitungsaufgaben durch einen internen Belastungsausgleich sicherzustellen ist.
- Höhere Prozentsätze bei der Zeit mit Schülern bedeuten allerdings nicht notwendigerweise mehr traditionellen Unterricht, da dieser Bereich auch Betreuungs- und Aufsichtszeiten umfasst.
- Das Arbeitszeitkonto sollte auf die Unterrichtsstunden bezogen werden. Lehrkräfte erhalten damit auch die Möglichkeit zeitweise Über- bzw. Unterstunden zu machen und diese während des Schuljahres auszugleichen.

Zusammengefasst zeigen die bisherigen Erfahrungen, dass mit dem neuen Arbeitszeitmodell die Arbeitszeit *in* der Schule im Interesse der Lehrkräfte flexibler gestaltet wird.

Vor- und Nachbereitungszeit:

- Diese Zeit steigt oder sinkt proportional zur Zeit mit den Schülern. Da die Zeit mit Schülern in der Regel nicht differenziert wird, bezieht sich die V/N-Zeit auf die Gesamtsumme der Zeit mit Schülern.
- Durch eine Pauschale in diesem Bereich ist die Dokumentation der Arbeitszeiten vereinfacht und den Lehrern verbleibt ein quasi intransparenter Freiraum.
- Auf Grund der Brisanz der Fächerproblematik erscheint es uns ratsam, diesen Freiraum so zu belassen. Allerdings sollte diese Problematik nicht tabuisiert werden, da der Aufwand für die Vor- und Nachbereitung von Fach zu Fach sehr unterschiedlich ist. In bestimmten Fällen könnte ein Kollegium einvernehmlich beschließen, den Vor- und Nachbereitungsaufwand zu analysieren und besonders stark belastete Kollegen zu entlasten.
- Ein Beispiel kann die Wochenplanarbeit sein, bei der die Kollegen die geleisteten Arbeiten der Schüler wöchentlich auswerten und kommentieren, um dann individuell angemessene Aufgabenstellungen für jeden Schüler mit Blick auf die Folgewoche zu formulieren (erfahrungsgemäß können allein für diese Begutachtung und Planung wöchentlich ca. 30 Minuten pro Schüler veranschlagt werden).
- Von Interesse an Analysen der Vor- und Nachbereitungszeiten ist vor allem die Frage nach der Effizienz: Welche Arbeiten bewirken wenig, werden doppelt geleistet und könnten durch Absprachen vereinfacht werden?

Zusammengefasst lässt sich sagen, dass solche Effizienzanalysen dann außerordentlich hilfreich für die Lehrkräfte sind, wenn sie zu Arbeitserleichterungen führen.

Systemzeit:

- Bei der Systemzeit hat es sich bewährt, bestimmte Zeiten für die Kooperation im Kollegium festzulegen (OE-Zeit), die nicht gesondert dokumentiert werden müssen.
- Ansonsten könnten die übrigen Zeiten auf einem individuellen Arbeitszeitkonto durch die Kollegen selbst festgehalten werden.

Zusammengefasst ist festzuhalten, dass größere Systemzeit (z.B. bei Ämtern) durch geringere Zeit mit Schülerinnen und Schülern kompensiert werden sollte – und umgekehrt (vgl. das folgende Schaubild).

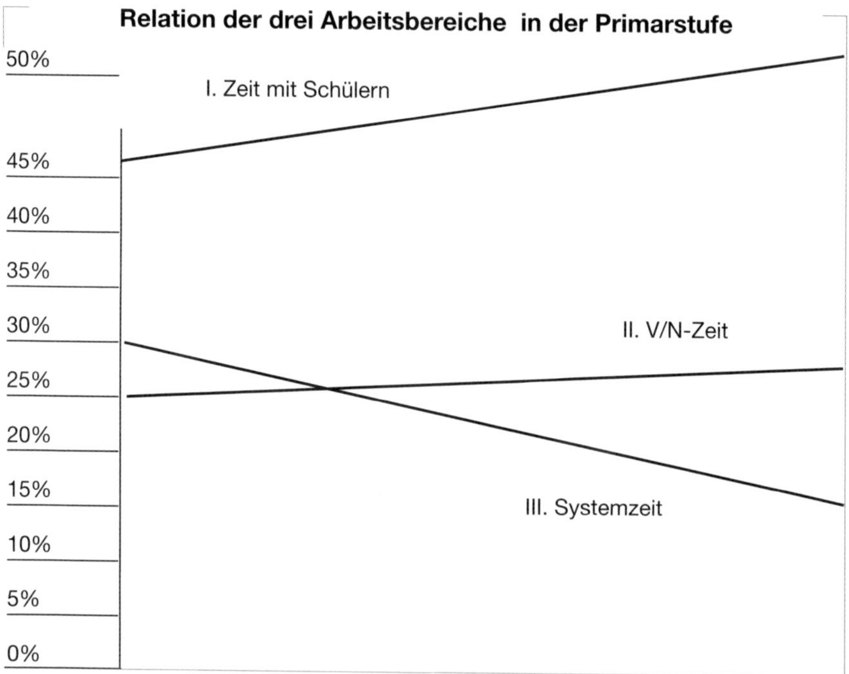

Die Grafik veranschaulicht den Zusammenhang zwischen den einzelnen Arbeitsbereichen: Je größer die „Zeit mit Schülern“ eines Lehrers, desto größer die „V/N-Zeit“, desto kleiner die „Systemzeit“.

Beispiele für die Arbeitsaufteilung:

Voll- und Teilzeitbeschäftigte

Berechnung der Arbeitszeit pro Woche (voll- oder teilzeitbeschäftigte Beamte in Bremen):

Name	Vertrag	Zeit mit Schülern	V/N-Zeit	Systemzeit
Meyer	100% 46,4 Std./W	47% 21,9 Std./W	27% 12,5 Std./W	26% 12,0 Std./W
Müller	75% 34,8 Std./W	47% 16,4 Std./W	27% 9,4 Std./W	26% 9 Std./W

Lehrer mit größerer Zeit für Schüler – weniger Systemzeit[3]

	Stunden	Primarstufe
1. Zeit mit Schülern	23,2 Std./W	50%
2. V/N-Zeit	13,9 Std./W	30%
3. Systemzeit	9,3 Std./W	20%
Summe	46,4 Std./W	100%

Lehrer mit geringerer Zeit für Schüler – größerer Systemzeit

	Stunden	Primarstufe
1. Zeit mit Schülern	20,9 Std./W	45%
2. V/N-Zeit	11,6 Std./W	25%
3. Systemzeit	13,9 Std./W	30%
Summe	46,4 Std./W	100%

Schulleiter mit geringer Zeit für Schüler – großer Systemzeit

	Stunden	Primarstufe
1. Zeit mit Schülern	6 Std./W	13%
2. V/N-Zeit	4 Std./W	9%
3. Systemzeit	36,4 Std./W	78%
Summe	46,4 Std./W	100%

[3] Für das Bundesland Bremen mit einer 40 Std./Woche für Beamte im öffentlichen Dienst: 1760 Std./Jahr entsprechen 46,4 Std./Woche für Lehrer berechnet auf die Nicht-Ferienzeit.

Individuelles Arbeitszeitkonto für Systemzeit

Name: Meyer

Woche	Systemarbeit	Zeit [Std.]	Summe [Std.]	12 +/-[4] [Std.]
1.	Konferenz	2		
	Elterngespräche	40 Min.		
	Schülergespräche	20 Min.		
	Fachkonferenz	2		
	Stadtteilinitiative	2		
	Vorlage Schulkonferenz	1		
	Arbeit in der Sammlung	1	9	–3
2.	3 Tage Klassenreise (s.u.)[5]		+ 21 ÜStd.	+18
3.	...	2		
		6	8	+14
4.	...	4	6	+8
		2		
5.	...	3	4	0
		1		

Verrechnung von Klassenfahrten

Anrechenbare Arbeitszeit je Klassenfahrtstag:

			anrechenbar
Arbeitszeit	7-23 Uhr	16 Std.	
davon Pausen[6]		0,45 Std.	15,25 Std.
Bereitschaftszeit	23-7 Uhr	8 Std.	1 Std.
Summe[7]			**16,25 Std.**

Siehe hierzu die Kopiervorlagen 27 und 28 *Stundenplan - Zeit mit Schülern* und *Individuelles Arbeitszeitkonto für Systemzeit*, Seite 220/221

[4] Fortlaufende Summierung von Über- oder Unterstunden. Ausgleichspflicht im Quartal.

[5] Klassenreise werden mit 16,25 Stunden angerechnet. Bei 46,4 Arbeitsstunden in der Woche ergeben sich normalerweise 9,25 Std./Tag. Die durch die Klassenreise entstandenen Überstunden können beispielsweise mit der Systemzeit verrechnet werden: 16,25 Std. - 9,25 Std. = 7 Überstd.

[6] entsprechend der Verordnung über die Arbeitszeit der Beamten (Bremen) § 4(1) und Hamburg §4(1).

[7] entsprechend ... (Hamburg) § 6.

Erste Erfahrungen mit neuen Arbeitszeitmodellen

Welche Erfahrungen haben Kollegien mit neuen Arbeitszeitmodellen gemacht? Im folgenden stellen wir eine erste Auswertung der Modellversuche von einigen Bremer Schulen, insbesondere im Primarbereich, dar (vgl. Riecke-Baulecke, a.a.O., S. 203).

Verlässlichkeit

Der Ausfall von Zeiten in der Schule, insbesondere von Unterricht, ist durch den flexiblen Einsatz der Lehrkräfte und durch die Einrichtung von Betreuungswerkstätten drastisch minimiert worden und stellt die seltene Ausnahme dar. Die Schulen bieten feste Öffnungszeiten, auf die sich die Schüler und Eltern verlassen können. Die verbindlichen Stundentafeln werden ausnahmslos realisiert. Diese Tatsache ist einer Gründe für die außerordentliche positive Resonanz von Eltern auf die Modellversuche.

Klare Settings und kindgemäße Lernarrangements

Die Veränderungen mit dem neuen Arbeitszeitmodell haben zu praktikablen und übersichtlichen Lern- und Arbeitsarrangements geführt, wobei an den Grundschulen der Unterricht nicht mehr im 45-Minuten-Rhythmus stattfindet:

- Es gibt feste Öffnungszeiten. Die Schüler (und Eltern) wissen, dass von 7.35-13.15 Uhr Schule ist, und sie können sich besser auf diesen Rahmen einstellen.
- Die Unübersichtlichkeit von unterschiedlichen Anfangszeiten, das Wechseln der Organisationsformen (Klasse-Gruppe-Klasse) und die damit verbundenen Probleme sind mit den verlässlichen Unterrichts- und Betreuungszeiten weitgehend überwunden worden.
- Damit entfällt der frühere Erklärungsbedarf bei Vertretungsunterricht und Stundenplanänderungen. „Schule findet statt! Darauf können sich Schüler und Eltern verlassen."

Die mit dem neuen Arbeitszeitmodell verbundenen pädagogischen Veränderungen (weniger Fachlehrerwechsel, Unterrichtsblöcke, regelmäßige Projekttage...) wirken positiv auf den Unterricht und das Unterrichten:

- Regelmäßige Projekttage ermöglichen die kontinuierliche Arbeit an bestimmten Themen.
- Die Arbeit an der Schule verläuft durch die klare Rhythmisierung „gleichmäßiger" und „ruhiger" als zu früheren Zeiten.
- Dadurch, dass die Schüler mehr Zeit in der Schule verbringen, wird auch der Unterricht entzerrt. Es herrscht weniger Hektik und Zeitnot im Unterricht. Das Unterrichtsklima ist entspannter. „Wir hetzen nicht mehr durch den Unterricht."
- Pausen werden dann gemacht, wenn sie notwendig und angebracht sind. Dies fördert die Lernatmosphäre.
- Der Unterricht liegt zumeist in einer Hand bzw. in zwei Händen. Durch Teamteaching ist ein enger Kontakt der Klasse zu beiden Lehrern gesichert.
- Die Schüler arbeiten bzw. lernen unter relativ überschaubaren, ruhigen,

bekannten und dem Lernprozess angemessenen zeitlichen und sozialen Bedingungen.

Betreuungsangebote
Im Zuge des neuen Arbeitszeitmodells haben die Schulen Betreuungswerkstätten eingerichtet, in denen Kinder vor und nach der regulären Unterrichtszeit oder bei Krankheit von Kollegen unter Aufsicht spielen, lernen und Ruhe finden können. Außerdem wird die Werkstatt für die gezielte Förderung genutzt.

- Das Betreuungsangebot wird von ca. 25% der Schüler genutzt, wobei die Auslastung der Betreuungswerkstatt sehr unterschiedlich ist.
- Damit erhalten insbesondere die Schüler Lernmöglichkeiten, die zu Hause weder eine ruhige Lernumgebung, noch Hilfestellungen durch die Eltern vorfinden.
- Die Angebote, die über den Unterricht hinausgehen, können im Rahmen des neuen Arbeitszeitmodells leichter umgesetzt werden.

Kooperation - regelmäßige Absprachen
Übereinstimmung besteht in den Kollegien über die positive Funktion von regelmäßiger Kooperationszeit: „Durch den verbindlichen Termin kommen Probleme auf den Tisch und werden diskutiert." „Differenzen werden eher ausgesprochen." „Spannungen können dadurch leichter abgebaut werden." „Die gründlichere Reflexion von Rahmenbedingungen und Organisation führt zu mehr Übersicht."

- Durch die Kooperationstermine sind mehr Kollegen in die Organisation von Schule einbezogen. Die Arbeit wird damit gerechter verteilt.

Dokumentation der Arbeitszeiten und Belastungen
Die Einschätzungen des schriftlichen Festhaltens der Arbeitszeiten ist widersprüchlich. Die Meinungen reichen von „sehr positiv" bis „sehr negativ".

- Die Dokumentation der Arbeitszeiten wird von einigen Kollegen als aufschlussreich eingeschätzt, da der als sehr groß eingeschätzte Umfang der eigenen Arbeit bestätigt und belegt wird. Außerdem wird die Transparenz über die verschiedenen Arbeitsbereiche des Lehrers erhöht. „Das Verfahren hat die Sicht auf unsere Belastung versachlicht." „Jetzt weiß ich genau, dass ich viel arbeite." „Ich habe kein schlechtes Gewissen mehr." „Die Dokumentation ist gut für mein Wohlbefinden."
- Andere Kollegen betonen dagegen, dass der Dokumentationsaufwand zu hoch sei und diesen als lästig empfänden.

Arbeitsbelastung
Da in Bremen die Lehrerarbeitszeit im Schuljahr 1997/1998 erhöht wurde, beklagen viele Kollegen, dass die Arbeitsbelastung die Grenzen des Zumutbaren überschreite - dies ist jedoch kein Problem allein für die Modellversuchsschulen, sondern für alle Schulen in Bremen.

Arbeitszeitmodelle und Schulqualität (Primarbereich)

Klare Settings vereinbaren - Verlässlichkeit nach innen und außen sicherstellen	Viel Unterricht „aus einer Hand“ – wenig Fachlehrerwechsel	Differenziert fördern – Leistung fordern
Zeit lassen – eine ruhige Lernatmosphäre schaffen	**Schulqualität**	Projektunterricht u.Ä. – neue Methoden erproben, ohne Bewährtes aufzugeben
Flexibilität – Unterrichtsrhythmen und Pausen auch den Bedürfnissen anpassen	Feste Kooperationszeiten – Absprachen intensivieren und Teamarbeit nutzen	Ein positives Schulklima schaffen – Eltern einbeziehen

Evaluation neuer Arbeitszeitmodelle
Arbeitszeitmodelle sollten, wie bereits gesagt, über ein bis drei Jahre erprobt und den jeweiligen Bedingungen der Schule angepasst werden. Gerade in der ersten Phase ist eine kontinuierliche Prozessreflexion von großer Bedeutung, um Fehlplanungen (Anhäufung von Überstunden) und Unstimmigkeiten (zu hoher bürokratischer Aufwand) vermeiden oder korrigieren zu können.
Bei der Einführung neuer Arbeitszeitmodelle hat es sich bewährt, zielgerichtete Aussprachen im Kollegium (Hearings mit schriftlicher Dokumentation der Ergebnisse) mit Umfragen zu kombinieren (vergleiche dazu die Kopiervorlagen 29 und 30 *Fragestellungen für Hearings*, und den *Fragebogen zum Arbeitszeitmodell*, Seite 222-227).

Persönliches Zeitmanagement

Praxisbeispiel von
Holger Arpe, Schulleiter der Grund- und Hauptschule Schönberg und
Michael Doppke, Schulleiter der Grundschule Kaltenweide und Vorsitzender des Schulleiterverbandes Schleswig-Holstein

„Dieser Tage habe ich wieder mehr gearbeitet als genossen."
Johann Wolfgang von Goethe,
Italienische Reise, 12. September 1787

Es wird sich wohl nicht immer vermeiden lassen, dass manche Tage so aussehen, aber ein gutes Zeitmanagement kann dazu beitragen, dass beide Anteile jeden Tag in einem vernünftigen Verhältnis zueinander stehen. Wir kennen es, die Arbeit zu planen, aber zu leicht vergessen wir, auch das Ende der Arbeitszeit zu bestimmen und die Freizeit bewusst einzuplanen. Erholungsphasen sichern langfristig die Leistungsfähigkeit und Gesundheit, sie sind also notwendig, damit Arbeit nicht zum Stress wird.

Welche Termine sind zu planen?

Alle anfallenden Tätigkeiten werden in der folgenden Beschreibung als Termine bezeichnet. Begegne ich ihnen nur reaktiv, dann bestimmen sie meinen Lebensrhythmus. Handele ich jedoch aktiv, dann gestalte ich so viel wie möglich. Darin liegt eine große Chance, so oft wie möglich selbstbestimmt zu arbeiten. Ich sage nicht mehr, ich muss, sondern, ich will. Dennoch gibt es Zwänge, die zwar nicht vollständig abzubauen, aber zumindest doch zu mindern sind. Der Vormittag wird in erster Linie durch den eigenen Unterrichtsplan bestimmt. Bei dessen Gestaltung sollte auf die speziellen Bedürfnisse einer Leitungsfunktion Rücksicht genommen werden. Empfehlenswert ist es, nicht schon mit der ersten Unterrichtsstunde eingebunden zu sein, denn sehr häufig sind Regelungen für Klassen und Vertretungsunterricht zu treffen oder kurze Arbeitsbesprechungen mit Sekretärin, Stellvertreter oder Hausmeister notwendig. Um diese Fixpunkte am Vormittag rankt sich die übrige Tätigkeit der Schulleiter.

Wir unterscheiden zwischen Terminen, auf die kein Einfluss genommen werden kann (zum Beispiel Schulleiterdienstversammlungen, Sitzungen des Schulträgers, Prüfungen, bedingt Fortbildung), und zu denen man in der Regel ohne Absprache eingeladen wird, und anderen, die man zwar festlegen kann, aber mit anderen absprechen muss (zum Beispiel Konferenzen, Besprechungen mit dem Stellvertreter, dem Personalrat, Elternvertretungen). Leicht kollidieren diese mit eigenen Vorhaben, sodass neu terminiert werden muss.

Es darf durch die Reihenfolge der Eintragungen nicht der Eindruck erweckt werden, das Dienstleben dominiere auf jeden Fall das Privatleben. Im Gegenteil: Auf keinen Fall sollte das Private immer nur dann stattfinden, wenn der Dienstplan eine Lücke aufweist. Private Vorhaben können durchaus auch Priorität haben. Darum gehören sie in den Planer, besonders die langfristigen, damit die selbstbestimmten Termine keine Kollision verursachen.

Darüber hinaus fallen weitere Termine an, die kurz- oder mittelfristig aufzunehmen sind, weil Handlungsbedarf besteht (zum Beispiel Gespräche mit Eltern, Kollegen, Schulträgern, Vertretern von Lehrmittelfirmen, Krankenkassen, Behörden, Schulen), für solche Termine müssen Freiräume eingeplant sein (siehe unten).

Wie viel Termine kann ich bewältigen?

Termine zu machen und Termine abzuarbeiten sind zweierlei Dinge, deshalb muss ein Schulleiter sich immer folgende Fragen stellen:

- Was muss sofort erledigt werden?
- Was kann ich pro Tag und pro Woche abarbeiten?
- Was muss ich delegieren?
- Welchen Termin muss ich streichen (Wichtigkeit)?

Bei dieser Entscheidung kann das *Eisenhower* - Prinzip hilfreich sein:

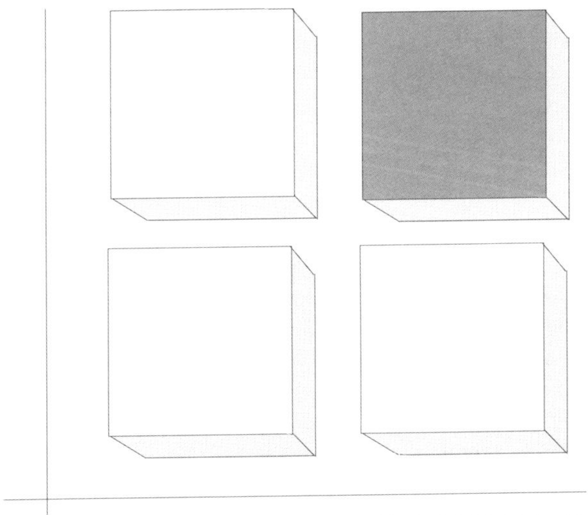

A-Aufgaben	Dringlich und wichtig	Sofort selbst erledigen
B-Aufgaben	Wichtig, aber nicht besonders dringlich	Für spätere Arbeit zurecht legen bzw. an Mitarbeiter delegieren
C-Aufgaben	Nicht besonders wichtig, aber dringlich	Delegieren oder kurzfristig selbst erledigen
Papierkorb	Weder wichtig noch dringlich	Erledigt sich in der Regel von selbst

Empfehlung

Papierkorb-Angelegenheiten auf einen Stapel legen und abwarten. Nach ein bis zwei Wochen haben sich viele Dinge bereits von selbst erledigt.

B/C-Aufgaben mit ungefährem Zeitbedarf kennzeichnen und in einem Speicher ablegen, um sie gegebenenfalls bei anstehenden Tages- und Wochenplänen sinnvoll einbauen zu können.

Wer einen Timer im DIN- A5-Format oder noch größer führt, wird schnell durch die Menge Platz für Termine verführt und nimmt sich vielleicht zu viele vor. Man muss jedoch auch an diese Zeitverbraucher denken:

- Muss ich mich vorbereiten?
- Brauche ich Zeit, um einen Weg zurückzulegen?
- Ist anschließend unmittelbares Handeln gefordert?
- Muss ich am häuslichen Schreibtisch noch etwas erledigen?
- Wann soll der Arbeitstag beendet sein?

In allen Fällen sollte ein Schulleiter bedenken, dass erfahrungsgemäß die meisten geplanten Zeiten um ca. 20% überschritten werden. Das führt dann schnell zu einer Kettenreaktion: Man kommt in Eile zum nächsten Termin, man beginnt und beendet zu spät und so weiter. *Der Stress beginnt*!

Für die Wochenplanung muss geklärt sein: Wie viele fremdbestimmte Nachmittag- und Abendtermine will ich akzeptieren? Wie viele Stunden pro Woche kann ich über einen längeren Zeitraum oder in Ausnahmesituationen arbeiten? Habe ich noch genügend persönliche Freiräume?
Mein wichtigster Arbeitsplatz ist in der Schule, deshalb ist die zentrale Frage: Habe ich so geplant, dass ich genügend Zeit am Vormittag in der Schule habe, um für Eltern, Schüler und Kollegium erreichbar zu sein? Habe ich bei meiner Planung bedacht, dass ich bei Kontakten mit Behörden deren Kernarbeitszeiten nutze, um mit den richtigen Leuten sprechen zu können?

Für welches Planungsinstrument entscheide ich mich?

Wer mehrere Timer (kleiner Taschenkalender, Tischkalender, Wandplaner, elektronischer Timer und so weiter) parallel führt, kann nur effektiv arbeiten, wenn die Aufzeichnungen ständig aufeinander abgestimmt und aktualisiert werden.
Wer gern mit neuen Medien umgeht, wird der Verlockung kaum widerstehen können und sich einen elektronischen Timer anschaffen. Die Erfahrung zeigt aber, dass unverhältnismäßig viel Zeit aufgebracht werden muss, um Termine einzugeben oder zu ändern (kleine Tastatur, mit einem Finger zu bedienen). Die Übersicht über eine ganze Woche oder noch größere Zeiträume ist meist nicht gegeben, dadurch wird das langfristige Planen unnötig erschwert.
Es gibt gute PC-Programme, die auf dem Bildschirm einen virtuellen Timer in Taschenbuchform zeigen, in den alle Termine den entsprechen Tagen und Uhrzeiten (einschließlich Dauer) zugeordnet werden können. Sie sind sehr

gut geeignet besonders für sich wiederholende Termine (zum Beispiel eigene Unterrichtsstunden, Fixtermine wöchentlich oder monatlich), die sie auf Befehl fortschreiben. Sehr nützlich ist ein Ausdruck als Tages- oder Wochenplan zur Information des Stellvertreters (damit er sich bei Planungen darauf einstellen kann) und für die Sekretärin, die damit eine gute Grundlage hat, um entsprechend der Vereinbarung weitere Verabredungen zu treffen.

Nach vielen persönlichen Versuchen hat sich für uns der in Leder gebundene Planer mit Ringmechanik im Format von ca. 12,5 cm x 16,5 cm als bestes Instrument erwiesen. Zu den vielen Vorteilen gehören

- seine Haltbarkeit,
- der individuell zusammenstellbare Inhalt,
- das Einstecken ins Jackett (damit entfällt er allerdings als Statussymbol!),
- eine große Übersichtlichkeit mit Jahres-, Wochenkalender, Arbeits- und Datenblättern,
- schnell machbare und veränderbare Eintragungen,
- Hervorhebungen durch Farbe, um unübersehbare Prioritäten setzen zu können,
- die Problemlosigkeit bei der Energieversorgung.

Wer setzt und verwaltet Termine?

Die meisten Termine machen wir selbst. Wir legen die langfristige Planung an, bestimmen Fixpunkte wie Konferenztermine, verabreden mit zuständigen Gremien Veranstaltungstermine (zum Beispiel Schulfeste, Sportveranstaltungen...), legen Termine für Gespräche, die wir gern führen möchten, mit den Personen persönlich fest oder bieten, wenn unsere Mitarbeiterinnen das erledigen, Alternativen an. Wir nennen auch die Zeiten, in denen wir ohne Unterbrechung eine Arbeit erledigen möchten. Darüber hinaus muss es aber auch für viele Menschen, die den Schulleiter sprechen möchten, Chancen für einen Termin geben. In der Regel kommen sie zur Sekretärin oder rufen bei ihr an. Eine Sekretärin, die nicht im Bilde ist, über welche Zeiten des Schulleiters sie verfügen kann, und immer nur vertrösten muss, fühlt sich an ihrem Arbeitsplatz nicht wohl. Für sie ist der Computerausdruck aus dem Zeitplaner oder eine entsprechende Aufstellung ein entscheidendes Planungsmittel.

Dieser PC-Ausdruck muss, wenn die Mitarbeiterin damit arbeiten soll, immer auf dem aktuellen Stand sein (Veränderungen sofort weitergeben), das heißt die Dauer der Termine (Pufferzeiten einbauen) und Aussagen über den Termin als Stichwort enthalten. Ziel: Transparenz schaffen, denn Informationen könnten in Problemfällen sehr nützlich sein und zum Beispiel eine Gerüchtebildung verhindern.

Wie gehe ich mit Terminen um?

Die Terminplanung soll helfen, den Arbeitstag, die Arbeitswoche zu gestalten, und der Timer entlastet mein Gedächtnis. Er ist mein Instrument gegen das Vergessen und den damit verbundenen Peinlichkeiten. Es hat sich als vorteilhaft erwiesen,

- am Ende des Arbeitstages einen realistischen Plan für den gesamten kommenden Tag zu erstellen,

- morgens den Plan mit der Sekretärin und dem Stellvertreter abzustimmen,
- mit den A-Aufgaben zu beginnen,
- angefangene Dinge sinnvoll zu Ende zu bringen,
- mehrmals täglich die Planung zu überprüfen und ggf. passende Aufgaben aus dem Themenspeicher einzubauen,
- ungeplante und impulsive Aktivitäten zu vermeiden (lieber in den Themenspeicher aufnehmen!).

Eine konkrete, ausführliche Planung macht mehr Übersicht, zeigt Prioritäten, macht Zeitdiebe, Erledigtes und Unerledigtes sichtbar (siehe die Kopiervorlage 31 *Planungsraster*, Seite 228).

Termine mit anderen Personen müssen exakt eingehalten werden, denn auch sie haben persönliche Planungen, was bei partnerschaftlichem Verhalten nicht ignoriert werden darf, weil es Einfluss auf Besprechungsergebnisse und die weitere Zusammenarbeit hat. Pünktliches Beginnen und Beenden (Teilnehmer auf möglichen eigenen Folgetermin hinweisen), keine Störungen von außen zulassen (zum Beispiel Besucher, Telefonate) schaffen schon ein großes Stück Effektivität.

Wie plane und überwache ich Projekte?

Projekte beginnen mit dem Sammeln und Darstellen von Ideen. Das Arbeiten mit Mindmaps für den PC hat viele Vorteile: Man kann ungeordnete Ideen übersichtlich darstellen, jederzeit ergänzen und erweitern, mit Prioritätssymbolen versehen, in Gliederungslisten umwandeln, mit Hyperlinks auf inhaltlich verbundene Dateien hinweisen.

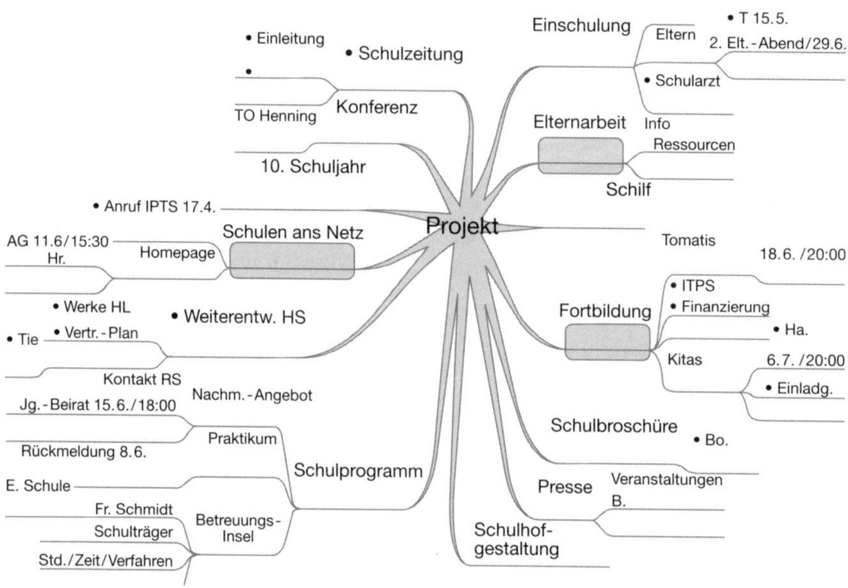

Die für die Durchführung des Projektes erforderlichen Termine sind mit den Mitarbeitern und Beteiligten abzustimmen und in einem Planer festzuhalten. Dieser Planer sollte als Aktivitäten-Checkliste oder *Aufgabenkontrollliste* (siehe dazu die Kopiervorlage 31, Seite 228) gestaltet sein. Diese muss allen Mitgliedern des Kollegiums und anderen Beteiligten zugänglich sein, damit einerseits Transparenz sichergestellt ist und andererseits der Fortschritt des Projekts deutlich wird. Daneben empfiehlt sich ein *Projekt-Verlaufsdiagramm* (Kopiervorlage 32, Seite 229), das noch besser zeigt, ob man sich noch im Planungszeitraum befindet.

Schlussbemerkung

Unsere moderne Gesellschaft ist eine Gesellschaft von Zeit-Managern, aber man kann auch ohne Zeitplanung leben. Robert Musil schrieb im „Mann ohne Eigenschaften“: „Sie waren besorgt, dass sie nicht für alles Zeit hätten, und erkannten nicht, dass ‚Zeit haben‘ eben bedeutet, dass man nicht für alles Zeit hat.“
Oder Elias Canetti:
„Man kann nur leben, indem man oft genug nicht macht, was man sich vornimmt."

Stundenplan

Zeit mit Schülern

Name	**Vertrag**	**Zeit mit Schülern**	**V/N-Zeit**	**Systemzeit**
	% Std./W.	% Std./W.	% Std./W.	% Std./W.

	Mo	**Di**	**Mi**	**Do**	**Fr**
1					
2					
3					
4					
5					
6					
Summe in Min.					
Summe in Std.					
Pro Woche					

Übersicht:

Stundenausfall – Zusatzstunden

+/-	Datum	+/-	Datum	+/-	Datum	+/-	Datum	+/-	Datum	+/-	Datum	+/-	Datum	+/-	Datum

westermann®

Individuelles Arbeitszeitkonto für Systemzeit

Name: ______________________________

Woche	Systemarbeit	Zeit	Summe	Systemzeit = ________ Differenz +/–

Fragestellungen für Hearings

Schule	Gesprächsteilnehmer	Datum

Verrechnungsmodi und Erfassungsverfahren

In welchen prozentualen Anteilen wird die Arbeitszeit verrechnet?	
Welche Bestandteile der Arbeitszeit werden wie erfasst?	
Was sind die Bestandteile der Zeit mit Schülern?	
Welche Probleme treten auf?	

Zeitszenarien und didaktisch-methodische Konzepte

Inwieweit werden die Rahmenvorgaben umgesetzt und die Mindeststandards erreicht?	
Inwieweit verändert sich die Stundentafel und die den Schülern zustehende Unterrichtszeit?	
Welchen Umfang und welche Wirkung haben neue Lern- oder Freizeitangebote?	
Welche Veränderungen im Lern- und im Sozialverhalten der Schüler sind zu beobachten?	
Inwieweit entsteht eine insgesamt befriedigendere Lernatmosphäre?	

Zeitszenarien und Arbeitsbelastung

Wie verändern sich die Intensität und Extensität der Arbeit?	
Welche Belastungskonstellationen treten bei welchen Zeitszenarien auf?	
Wie wirken sich die veränderten Zeitvorgaben auf bisherige Gestaltungsfreiräume aus?	

Fragestellungen für Hearings

Zeitszenarien und kollegiale Kooperation

Inwieweit verändert sich die fachliche und pädagogische Zusammenarbeit?	
Entstehen neue Möglichkeiten zur kontinuierlichen Reflexion der eigenen Arbeit? Inwieweit werden sie genutzt?	
Wie wirkt sich Transparenz über Arbeitszeiten auf das kollegiale Klima aus?	

Zeitszenarien und Schulmanagement

Welches Verhältnis von Eigenständigkeit der Schule und staatlichen Vorgaben fördert die Schulentwicklung im Falle neuer Arbeitszeitmodelle?	
Welche neuen Aufgabenbereiche in der Leitung der Schule und in der Schulaufsicht entstehen und in welchem Verhältnis stehen sie zu den bisherigen?	

Zeitszenarien und die Sicht der Schüler

Wirken die Zeitszenarien aus ihrer Sicht lernfördernd oder -hemmend?	
Wirken sie eher belastend oder entlastend?	
Inwieweit verändern sich ihre Kommunikations- und Umgangsformen im Unterricht?	

Zeitszenarien und ihre Wirkungen auf Eltern, Betriebe und Kommunalpolitik

Welche Auswirkungen haben neue Arbeitszeitmodelle und Schulreformen mit Blick auf das Verhältnis zu Eltern, Betrieben und zur Kommunalpolitik?	

Fragebogen zum Arbeitszeitmodell

Welche Meinung haben Sie über das Arbeitszeitmodell?

Werten Sie bitte mit einem Kreuz in den Zeilen 1 bis 23 die Bedeutung folgender, nicht systematisch geordneter Aussagen. Sollten Sie keine Meinung zu einer Aussage haben, machen Sie bitte *kein* Kreiuz in den Spalten 1 bis 4:

Mit einem neuen Arbeitszeitmodell verbinde ich …	1 **trifft voll zu**	2 **trifft zu**	3 **trifft eher nicht zu**	4 **trifft nicht zu**
1. Größere Gerechtigkeit bei der Arbeitsverteilung				
2. Keine gravierenden Veränderungen für meine Arbeit				
3. Mehr Zeit für Absprachen mit den Kollegen				
4. Negative Folgen durch zeitliche Mehrbelastung				
5. Weniger Hektik im Schulalltag				
6. Transparenz der Lehrerarbeit in der Öffentlichkeit				
7. Einen Wechsel zwischen belastenden und entlastenden Arbeitsphasen in der Schule				
8. Verlässliche Öffnungszeiten der Schule				
9. Größere Möglichkeiten für eine intensivere Beratung von Schülern und Eltern				

10. Verschlechterungen meiner Arbeitssituation				
11. Kindgerechtere Unterrichts- bzw. Lernrhythmen				
12. Wahlmöglichkeiten der eigenen Unterrichtszeiten in einem Schuljahr				
13. Eine Förderung des interdisziplinären Unterrichts				
14. Eine Belebung der Schulreform				
15. Erheblichen bürokratischen Aufwand				
16. Flexible Abstimmungsmöglichkeiten mit der Schulleitung, um in den folgenden Schuljahren evtl. neue persönliche Arbeitsschwerpunkte zu setzen				
17. Eine Verdichtung der Arbeit				
18. Mehr persönliche Zeitsouveränität				
19. Größere Möglichkeiten für die Übernahme zeitlich begrenzter Leitungsaufgaben				
20. Eine Förderung offener Unterrichtskonzepte				
21. Eine Aktivierung des gesamten Kollegiums				
22. ...				
23. ...				

Planungsraster

Uhr- zeit	Aufgabe	Zeit- bedarf	Puffer- zeit	Priorität	Kontroll- vermerk
8.00					
8.30					
9.00					
9.30					
10.00					
10.30					
11.00					
11.30					
12.00					
usw.					

Aufgabenkontrollliste

Datum	Priorität A B C	Aufgabe/Aktivität	delegiert an	Beginn	fertig bis	✔

Projekt – Verlaufsdiagramm

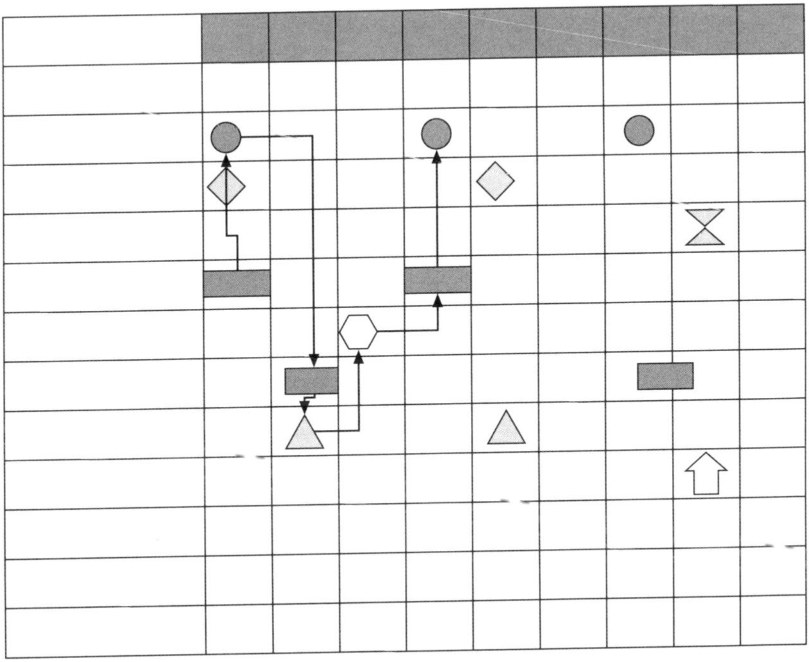

Literaturempfehlungen

Bildungskommission NRW: Zukunft der Bildung. Schule der Zukunft. Denkschrift der Kommission „Zukunft der Bildung - Schule der Zukunft“ beim Ministerpräsidenten des Landes Nordrhein-Westfalen. Luchterhand, Neuwied/Kriftel/Berlin 1995

Block, R./Klemm, K.: Lohnt sich Schule? Aufwand und Nutzen: Eine Bilanz. Rowohlt, Reinbek 1997

Doppler, K./Lauterburg, Chr.: Change Management. Den Unternehmenswandel gestalten. Campus, Frankfurt a.M./New York 1995

Hammer, M./Champy, J.: Business Reengineering. Die Radikalkur für das Unternehmen. Campus, Frankfurt a.M./New York 1995

Institut für Schulentwicklungsforschung: Jahrbuch der Schulentwicklung. Insbesondere Band 9/1996 und Band 10/1998. Juventa, Weinheim/München

Liket, T.E.: Freiheit und Verantwortung. Das niederländische Modell des Bildungswesens. Bertelsmann Stiftung, Gütersloh 1995

Rolff, H.-G./Buhren, G.B./Lindau-Bank, D./Müller, S.: Manual Schulentwicklung. Handlungskonzept zur pädagogischen Schulentwicklungsberatung (SchuB). Beltz, Weinheim/Basel 1998

Scherpenberg, N.v.: Wie Deutschland die Zukunft gewann. Eine finanzpolitische Vision. Ullstein, Berlin/Frankfurt a. M. 1996

Schulz von Thun, F.: Miteinander reden. 2 Bände. Rowohlt, Reinbek 1981

Sprenger, R.K.: Das Prinzip Selbstverantwortung. Wege zur Motivation. Campus, Frankfurt a.M./New York 1996

Videoempfehlung:
Die stille Revolution. Das Durham Board of Education, Ontario, Kanada. Ein Film von Reinhard Kahl über den Träger des Carl Bertelsmann-Preises 1996 „Innovative Schulsysteme im internationalen Vergleich“. Dokumentarfilm, 45 Minuten. Bertelsmann Stiftung, ISBN 3-89204-289-6

Angaben zu den Autoren

Thomas Riecke-Baulecke,
Dr. phil., Studienrat, arbeitet als Lehrbeauftragter an den Universitäten Hamburg und Bremen. Seit 1997 begleitet er im Auftrag des Senators für Bildung in Bremen neue Arbeitszeitmodelle an Schulen. Zur Zeit schreibt er an seiner Habilitationsschrift zum Thema „Arbeitszeit und Schulmanagement" an der Universität Bremen. Seit längerem ist er als Berater von Führungskräften in Unternehmen und Schulen tätig. Er begleitet Schulen bei der Erstellung und Evaluation von Schulprogrammen und er hat Bücher über neue Arbeitszeitmodelle an Schulen, zur Lerntheorie und über die Methodik des Fachunterrichts publiziert.

Hans W. Müller,
studierter Volkswirt, ist seit 1991 als Unternehmensberater mit Schwerpunkt in den Neuen Bundesländern tätig. Seit 1995 ist er geschäftsführender Gesellschafter einer Unternehmensberatung in Dresden. Vordem war er in verschiedenen mittelständischen Unternehmen als Vertriebsleiter, Controller und kaufmännischer Geschäftsführer tätig. Im Zentrum seiner Beratung steht der privatwirtschaftliche Mittelstand mit seinen spezifischen Transformationsproblemen von der Plan- zur Wettbewerbswirtschaft unter den Bedingungen der Globalisierung des Wettbewerbs. Dabei ist der Autor sowohl als Berater und Gutachter, als auch als Interimsmanager mit Ergebnisverantwortung bei Beratungsklienten tätig.

Beide Autoren arbeiten als Referenten und Berater zu den Themen dieses Buches.
Nachfragen richten Sie bitte an:

Dr. Thomas Riecke-Baulecke
Schulweg 27
D-22844 Norderstedt

Telefon: 040-5264-371
Telefax: 040-5264-0543
eMail: Dr.Riecke@t-online.de